高职高专新能源汽车产教融合创新教材

新能源汽车维护与故障诊断

主　编　陈健健　兰斌富

副主编　夏　斌　黄怀桐　谭克诚

参　编　黄元贵　卢子贤　陈源康
　　　　文艳玲　陆　洋

机械工业出版社

本书为高职高专新能源汽车产教融合创新教材之一，内容包括新能源汽车高压安全防护及重要注意事项、新能源汽车维护作业、新能源汽车检测与数据分析、纯电动汽车故障诊断与分析、混合动力汽车故障诊断与分析五个教学项目。

本书可作为职业院校、应用型本科院校新能源汽车技术和新能源汽车运用与维修专业的教学用书，也可作为新能源汽车维修专业培训用书和相关技术人员的参考书。

图书在版编目（CIP）数据

新能源汽车维护与故障诊断 / 陈健健，兰斌富主编. — 北京：机械工业出版社，2023.11

高职高专新能源汽车产教融合创新教材

ISBN 978-7-111-73810-7

Ⅰ.①新… Ⅱ.①陈…②兰… Ⅲ.①新能源 – 汽车 – 车辆修理 – 高等职业教育 – 教材②新能源 – 汽车 – 故障诊断 – 高等职业教育 – 教材
Ⅳ.①U469.707

中国国家版本馆CIP数据核字（2023）第170884号

机械工业出版社（北京市百万庄大街22号　邮政编码100037）
策划编辑：谢　元　　　　　　责任编辑：谢　元
责任校对：张昕妍　李小宝　　封面设计：张　静
责任印制：常天培
北京铭成印刷有限公司印刷
2023年12月第1版第1次印刷
184mm×260mm·18.75印张·440千字
标准书号：ISBN 978-7-111-73810-7
定价：75.00元

电话服务　　　　　　　　　　网络服务
客服电话：010-88361066　　　机 工 官 网：www.cmpbook.com
　　　　　010-88379833　　　机 工 官 博：weibo.com/cmp1952
　　　　　010-68326294　　　金 书 网：www.golden-book.com
封底无防伪标均为盗版　　　机工教育服务网：www.cmpedu.com

高职高专新能源汽车产教融合创新教材

编审委员会

前　言

为落实国务院印发的《新能源汽车产业发展规划（2021—2035 年）》文件精神，适应我国新能源汽车快速发展的形势，满足新能源汽车技术人才需求，我们按照新能源汽车技术专业教学标准的要求，紧密结合目前新能源汽车技术专业教学需求，编写了高职高专新能源汽车产教融合创新教材。

本书以典型的新能源汽车工作任务为案例，"理实一体"的实例来源于新能源汽车维修企业一线。本书图文对照，内容深入浅出，实操的目的性强，便于理解与指导操作。通过学习本书，学生可以培养对新能源汽车进行规范的一、二级维护；通过教师对典型故障的讲解分析，可以培养学生建立起触类旁通、举一反三的诊断思路，为新能源汽车各系统的维护、故障诊断和检修打下坚实的基础。

本系列教材在编写过程中，认真总结了全国职业院校的专业建设经验，注意吸收行业和企业先进技术以及发达国家先进的职业教育理念，具有以下特色：

1）与专业教学标准紧密衔接，体现了新技术、新工艺、新方法，满足新能源汽车技术专业高技能人才培养的需要。

2）尽量以多数职业院校配置的新能源车型为载体进行讲解，具有较广的适用性。

3）采用项目式编写体例，围绕学习目标，聚焦知识和技能培养，体现行动导向的教学观，使培养过程实现"理实一体"。

参加本书编写的人员分工如下：陈健健编写项目四；兰斌富编写项目五；文艳玲和陆洋编写项目二；夏斌、黄怀桐和谭克诚编写项目一；黄元贵、卢子贤和陈源康编写项目三。

本教材的编写得到上汽通用五菱汽车股份有限公司、沃思汽车咨询有限公司、小车匠汽车咨询有限公司和博世汽车咨询有限公司的大力支持，在此表示感谢。

限于编者水平，书中难免有疏漏和不妥之处，恳请广大读者提出宝贵建议，以便进一步修改和完善。

编　者

目　录

项目三
新能源汽车检测与
数据分析

项目四
纯电动汽车故障
诊断与分析

项目五
混合动力汽车故障
诊断与分析

项目一 新能源汽车高压安全防护及重要注意事项

学习目标

1. 能够说出高压电的危害。
2. 能够说出电动汽车的触电原理及防护措施。
3. 能够说出电动汽车高压安全防护设备的类型和作用。
4. 能够说出电动汽车高压维修的注意事项。
5. 能够说出事故紧急救援的处理方法。

任务一　新能源汽车高压安全防护

 一、高压电的危害

电动汽车的电压基本都在100V以上，有的车型甚至达到800V，远远超过人体的安全电压。高压电具有一定的危险性。如果我们接触到电气设施的带电部分，电流会通过我们的身体，我们就可能受到伤害，所以我们在维修新能源汽车时需要进行防护。下面介绍高压电的危害以及防护措施。

人体内的所有液体都是电解质，即它们都能导电，例如汗液、唾液、血液和细胞液等。高压电对人体的伤害主要分为以下3种：

1）接触电击伤害，电流通过人体（人体成为导体）。
2）电弧伤害（眩目/眼花、烧伤）。
3）二次效应（例如触电后从脚手架跌落）。

高压电对人体最直接的伤害是电流伤害，如果350mA电流流经人体的时间超过400ms，则可能会出现心脏心室纤维性颤动和临时心脏骤停。心脏心室纤维性颤动会停止心脏的泵血功能，从而导致死亡风险。

电弧效果是短路引起的。电焊过程中也会出现电弧。电弧效应会导致烧伤、火灾、压力波、金属熔化等。另外，电弧效应还会导致眩目 / 眼花或眼睛闪光烧伤等。

1. 接触电击伤害

高压电对人体最直接的伤害是电流伤害。人体内的所有液体都是电解质，例如汗液、唾液、血液和细胞液等都能导电，所以当电压达到一定程度后人体会成为导电体。电流对人体的伤害包括电能本身、电能转换为热能后对人体的烧灼以及电能转换为光能后对人体的影响等。流过人体的电流过大会危害延髓呼吸中枢，引起呼吸中枢的抑制、麻痹甚至呼吸停止。流经人体的电流过大还会导致心室纤维性颤动，从而影响心脏的泵血功能，进而导致死亡。另外，电能转换为热能后还会烧伤人体皮肤、肌肉、骨髓等，如图 1-1 所示。

当心触电

图 1-1　触电危险

一般认为电压在 36V 以下是安全的。作用于人体的电压、电流的大小、电流的持续时间、电流的频率、电流通过人体的途径、人体自身的状况等多种因素决定了电对人体的伤害程度。各因素之间，特别是电流大小与作用时间之间有着密切的关系。通过人体的电流越大，人体生理反应越明显、感觉越强烈，引起心室震颤需要的时间越短，致命的危害越大。触电的影响与电流的相互关系见表 1-1。

表 1-1　触电的影响与电流的相互关系

触电的影响	直流 /A		交流 /A	
	—		60Hz	
	男	女	男	女
可以感觉到（最小感知电流）	0.0052	0.0035	0.0011	0.0007
无痛冲击，肌肉自由	0.009	0.006	0.0018	0.0012
有痛冲击，肌肉自由（水解电流）	0.062	0.041	0.009	0.006
有痛冲击，分离极限（馈电电流）	0.074	0.05	0.016	0.0105
疼痛剧烈的冲击，肌肉僵硬，呼吸困难	0.09	0.06	0.023	0.015
心室颤动的可能性（通电时间 0.03s）	1.3	1.3	1.0	1.0

根据欧姆定律计算，如果人体的电阻为 5kΩ，直流电压为 12V，流经人体的电流为 0.0024A，电流小于表 1-1 中人能感觉到的最小电流，所以人体接触 12V 电源是安全的。如果直流电压为 310V，流经人体的电流为 0.062A，已经达到了表 1-1 中水解电流的水平，所以人体接触高压电是很危险的（人体的电阻 5kΩ 是指身体上有水或身体湿的情况），如图 1-2 所示。

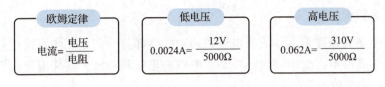

图 1-2　欧姆定律

2. 电弧伤害

高压电接通或断开的瞬间会产生电弧。如果不进行正确地防护，电弧会给人带来烧伤、火灾、眩目、眼花等伤害。

电动汽车的电压较高，目前电动汽车的最高电压可达 800V，如此高的电压在电路接通或断开时很容易产生电弧，因此在维修电动汽车时必须进行电弧伤害的防护。

为了避免高压电弧的伤害，在执行高压电路带电断开或供电时，要佩戴绝缘手套，同时应佩戴防护眼镜。

3. 二次效应

二次效应指的是人由于触电而导致附加伤害，例如人触电后从高处跌落等。

 二、电动汽车的触电原理及防护

电动汽车与传统汽车相比，其主要特点为使用高压动力电池作为动力源，电压通常在 100~800V，远远高于人体可承受的安全电压，因此在维修电动汽车时，要做好高压电源的安全防护。

1. 电动汽车高压电路特点

汽车的低压电路一般采用单线制，用车身作为用电设备共用的负极，电流经过用电设备到车身搭铁，然后回到低压蓄电池的负极，如图 1-3 所示。

电动汽车为了安全的需要，动力电池输出的高压线束采用双线制，负极没有通过车身搭铁，而是直接回到动力电池的负极，如图 1-4 所示。

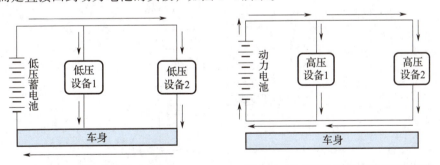

图 1-3　汽车的低压电路　　　　　图 1-4　动力电池输出的高压线束电路

如果动力电池的负极也是类似于低压电路依靠车身作为负极的回路，车身搭铁点出现接触不良会导致搭铁点存在高于人体安全电压的高压电，所以电动汽车的高压电不能像低压电路那样把车身作为公共搭铁点。

2. 电动汽车触电原理

触电的一个必要条件是人体成为电流回路中的一部分，例如人体直接接触动力电池的正负极。如图 1-5 所示，双手同时触摸动力电池的正极和负极，这样电流就能通过人体构成回路，导致电击事故的发生。

当动力电池的正极与车身短路时，如果人体同时接触车身和动力电池的负极，会导致触电事故的发生。同理，如果当动力电池的负极与车身短路时，如果人体同时接触车身和动力电池的正极，也会导致触电事故的发生，所以在接触高压线路或部件前，必须按照要求佩戴绝缘手套。

动力电池电流工作回路与大地无关，不存在电流经人体和大地构成回路造成触电的可能性，所以在一般情况下，人站在大地上接触单根电动汽车高压线是不会触电的，如图 1-6 所示。

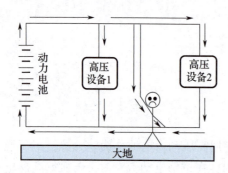

图 1-5 动力电池触电情况

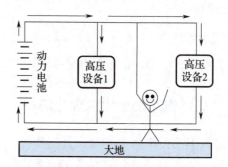

图 1-6 动力电池安全情况

注意： 断开手动维修开关或动力电池插头后，因高压用电设备的电容会有剩余电量，可能还会导致高压电击的发生，所以断开手动维修开关后，还需等待 5min 以上，等待电容放电完毕，这样可确保高压线路及部件不存在高压电。

电动汽车与民用交流电触电的原理不同。如果人站在大地上接触到民用交流电的一根火线，火线经人体和大地构成回路，就会造成触电事故，如图 1-7 所示。

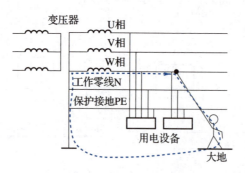

图 1-7 民用交流电触电情况

3. 电动汽车防触电措施

电动汽车为了防止高压接触触电的发生，防护设计如下：

（1）高压导线

高压线束采用橙色，提醒操作人员为高压线束，操作时需按照高压用电防护进行操作。同时，高压导线都采用绝缘层包裹，如图1-8所示。高压插接器的金属导线采用深埋式，目的是防止人体轻易地触碰到金属导体，如图1-9所示。

图1-8　高压导线颜色及绝缘层包裹

图1-9　高压插接器

（2）高压元件等电位线

当电动汽车高压系统出现一次故障时，如果电源对地（壳体或车身）短路，此时由于电源与大地之间并无回路关系，人接触了壳体，从人到电源负极之间没有形成回路，所以没有电流经过人体，人依然是安全的，如图1-10所示。

当车辆出现二次故障时，如图1-11所示，如果第一个故障是电源正极对壳体短路，第二个故障是电源负极对壳体短路，如果此时维修人员一手接触到了第一个壳体，另一只手接触到第二个壳体，此时人体会流过相当大的电流，导致严重的后果甚至死亡。虽然这是发生概率很低的故障，但万一发生，就会造成致命伤害。

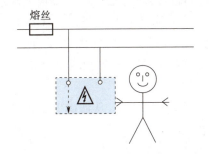

图1-10　电源对地（壳体或车身）短路

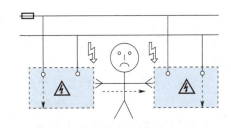

图1-11　车辆出现二次故障的伤害

如何避免上述情况发生呢？如果在每个高压部件的壳体都连接一个可靠的导线到车身上，即使车辆发生了二次故障，由于连接了共同的车身导线，电流就会直接通过而不会流过人的身体，这样就有效地保护了人体。这种连接保证了每个高压部件的壳体具有相同的电位，所以称为等电位线。

这种情况下，高压电路会因电流过大，导致高压电路的熔丝熔断而起到保护作用，如图1-12所示。

在维修过程中，每一次更换了高压部件，安装时要对等电位线进行紧固，紧固后建议对等电

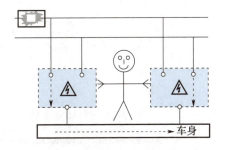

图1-12　车辆出现二次故障的安全（电位线）

位线对地电阻进行测量，以确认等电位线是否安装牢固，图 1-13 所示为电机控制器外壳到车身的等电位线。等电位线对车身的电阻要小于 0.04Ω（不同车型的标准可能不同），如图 1-14 所示。

图 1-13　电机控制器外壳到车身的等电位线

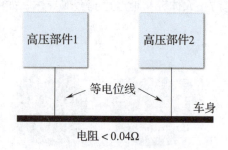

图 1-14　等电位线对车身的电阻

（3）绝缘监测

电动汽车安装了很多高压部件，例如驱动电机控制模块、动力电池、电动压缩机等。这些高压部件都会涉及绝缘问题。并且电动汽车工作环境复杂，振动、温度、湿度以及部件老化等都会使整车绝缘性能下降。当整车绝缘下降时，漏电电流就会增大，漏电电流达到一定值时，就会危及乘客安全以及整车电气系统的正常运行。因此，实时监测电动车辆高压部件的绝缘性能，确保车辆在绝缘状态下运行，对保证乘客人身安全以及车辆安全运行具有重要意义。

国内外的标准法规都有详细的电动汽车绝缘阻抗的测量方法介绍以及相关规范说明，标准中对于绝缘性能评估都有一个评判关键指标——绝缘强度（Ω/V），GB/T 18384.3—2015《电动汽车安全要求　第 3 部分：人员触电防护》规定：在最大工作电压下，直流电路绝缘电阻的最小值应至少大于 100Ω/V；交流电路绝缘电阻的最小值应至少大于 500Ω/V，如图 1-15 所示。

电动汽车绝缘监控系统持续监控整个高压系统的绝缘电阻，从而确定是否发生故障。如果在高压系统中检测到绝缘故障，则系统会报警或断开高压电源。

（4）高压线路完整性监测（高压互锁）

为了防止高压线断开导致触电事故，在电动汽车运行过程中，整车控制模块和电池管理单元会持续监测整个系统高压线束的连接情况，当线路断开时，控制系统会报警，同时禁止高压上电，以防止触电事故的发生，如图 1-16 所示。

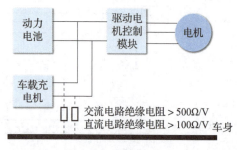

图 1-15　绝缘强度

图 1-16　高压线路完整性监测（高压互锁）

注意：在实际维修过程中，为了保证人身安全，在不能确定高压用电设备壳体是否带电时，接触高压部件前必须戴绝缘手套。通常在维修高压部件时，必须进行高压下电，然后再进行高压部件的维修作业。

（三）电动汽车高压安全防护设备

由于电动汽车存在高于安全电压的危险，维修操作借助一定的防护设备和工具，能够保护操作人员的安全，如图 1-17 所示。

图 1-17　维修操作人员安全防护设备示意图

1. 绝缘手套

绝缘手套具有保护双手免遭触电伤害的作用，绝缘手套使用乳胶橡胶制成，能承受 500V 以上的电压。绝缘手套使用时应避免被尖锐物品刺穿，并且每次使用前需要检查手套密封性能，如图 1-18 所示。

使用前，应进行外观检查，查看橡胶是否完好，查看表面有无针孔、疵点、裂纹、砂眼、杂质、修剪损伤、夹紧痕迹等。如有粘胶破损或漏气现象，应禁止使用。

使用前，应该检查绝缘手套是否存在漏电的可能。检查方法为，从绝缘手套的入口处开始卷压，正常情况下手套的末端应该充满气体而出现鼓胀不漏气的现象，且能维持鼓胀的现象，说明手套末端绝缘良好。如果出现漏气现象，说明手套出现开裂，手套可能漏电。

注意：当未确定高压元器件是否带电或在高压元器件带电检查作业时，必须戴上绝缘手套。

2. 绝缘鞋

绝缘鞋可以降低坠物对脚部的伤害，也可减轻尖锐物品对脚底部的伤害。在维修电动汽车高压系统时，还可以防止脚部触电，如图 1-19 所示。

3. 绝缘帽

绝缘帽的作用是当操作人员在交流高压现场作业时，防止高压电通过头部接触导致的触电事故的发生，如图 1-20 所示。

图 1-18　绝缘手套

图 1-19　绝缘鞋

图 1-20　绝缘帽

因户外高压电大多是裸露的金属导线，所以在裸露高压导线的工作环境，需要戴绝缘帽来保护人体。

4. 护目镜

护目镜可以避免触电或撞击时对眼睛或脸部造成伤害，同时也能防止飞行物体对眼睛的伤害。护目镜应使用防冲击玻璃或塑料镜片、加固的镜框和边护。在维修电动汽车时，护目镜还可以起到防护电弧的作用，如图 1-21 所示。

存放护目镜时，镜片应朝向不易被刮伤、手不易碰触、不易被污染的方向妥善保管为原则。镜片应随时保持清洁，手指不可碰触，以免影响视线。

5. 绝缘服

绝缘服应用在如下场景：在户外交流电工作环境操作时，防止人体同时接触火线与零线、火线与火线、火线与大地而导致的触电事故的发生，如图 1-22 所示。

在维修电动汽车时，绝缘服可以防止人体同时接触 2 个高压部件的外壳而导致的触电伤害。

注意：穿绝缘服时，也应该确保绝缘服干燥，且没有破损。

6. 高压作业警示标志

在高压电维修作业过程中，为了防止无关人员进入现场而导致触电事故发生，需要在车辆上或维修作业现场悬挂警示标志，如图 1-23 所示。在适当时候，还需要安装警示隔离带进行隔离。

图 1-21 护目镜　　　　图 1-22 绝缘服　　图 1-23 高压作业警示标志

四、电动汽车高压维修的注意事项

1. 高压下电流程

在维修电动汽车某些部件时，为了安全需要，有时需要事先进行高压下电操作。应按照如下流程进行高压电的下电操作：

1）点火开关 OFF 后，分离 12V 辅助蓄电池负极导线。

2）等待 5min 以上，等待电容器放电完成。

3）使用绝缘手套等个人保护装置。

4）拆卸手动维修开关（如果没有手动维修开关，断开动力电池高压导线），图 1-24 所示为上汽通用五菱宝骏 E100 手动维修开关。

5）检查驱动电机控制模块内部电容器是否放电完成（测量驱动电机控制模块端子间电压，低于 30V）。

6）高压下电结束。

注意: 断开手动维修开关后,因驱动电机控制模块内部的电容存在剩余电量,可能会导致高压电击的发生,所以在断开手动维修开关后,还需等待 5min 以上,等待电容放电完毕才能进行高压部件的维修。这样可确保高压线路及部件不存在高压电。如图 1-25 所示,上汽通用五菱宝骏新能源 E200、E300、N300LEV 以及 E50 没有手动维修开关,需要拔下动力电池的插头。

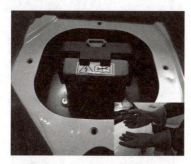

图 1-24　E100 手动维修开关

图 1-25　E200、E300、
N300LEV 和 E50 动力电池的插头

2. 电动汽车高压维修注意事项

因电动汽车动力系统采用直流高压电源,控制逻辑与传统车辆不同,在车辆维修过程中,应严格遵守本安全注意事项,避免发生意外事故。

（1）维修注意事项

1）维修电动汽车时必须有安全监护人,并穿戴好符合电压要求的绝缘手套(500V 以上),取下服装和身体上的金属物品。

2）车辆维修环境必须处于干燥状态,车辆周围与地面禁止有水或其他液体。

3）执行高压系统相关部件作业前,必须分离辅助蓄电池负极端子,并拆卸高压电源安全插头,等待 5min 以上,确保高压电容充分放电后,才可以操作。

4）所有高电压部件都贴着"高电压"预防措施警告标签,高压导线是橙色,接触这些部件时要格外小心。

5）明确高压系统维修工作人员,维修时防止其他无关工作人员触摸车辆。

6）若高压系统维修不能在短时间内完成,不维修时需在高压系统部件上粘贴"高压危险"标签。

7）如果车辆严重受损,如动力电池变形、破损或裂开时,未穿戴绝缘防护装备不能触碰车辆。

8）因混合动力系统控制逻辑变化,如对发动机运转部分及周边相关部件检测时点火开关禁止处于 Ready 状态,防止发动机意外启动造成伤害。

9）虽然点火开关处于 Ready 状态时发动机没有运转,但是变速杆挂到 D 位或 R 位后车辆能够行驶,如需要挂挡时请注意车辆点火开关的状态,并使用三角木和驻车制动器固定车辆。

10）因电动汽车系统应用了超强磁场的部件,如需要近距离接触电动汽车牵引电机或发电机,需取下随身携带的银行卡、手表、手机等易受磁场影响的物品。

11）使用兆欧表检测时必须严格按照维修手册要求进行操作，禁止使用兆欧表对模块正负电源端同时进行检测，避免兆欧表的高电压对模块造成损坏。

12）使用数字式万用表对高压电路的电压进行测量时，要佩戴安全防护设备。

13）针对电动汽车的特点，维修技师必须具备特殊工种上岗资格证书。

（2）充电注意事项

1）不能用湿的手操作充电器。

2）要把充电连接器正确连接到车辆充电口，并且必须确认锁止状态。

3）充电时，不能随意拆卸充电连接器。

4）周期性检查充电线束护套损坏、充电连接器损坏等安全状态。

5）下雨天或整理整顿时，要注意充电装置不能流入雨水。

6）实施充电前安全检查，充电后周边整理整顿。

3. 高压用电设备安全防护等级分类

IP 防护等级用数字表示，不同的数字代表的防护等级不同，例如防护等级 IP54，IP 为标记字母，数字 5 为第一标记数字，4 为第二标记数字。第一标记数字表示接触保护和外来物保护等级，第二标记数字表示防水保护等级。高压用电设备常用的防护等级有 IP23、IP44、IP54、IP55、IP56、IP65 等，电动汽车动力电池的防护等级一般为 IP67。

1）防护等级第一位数字及定义，见表 1-2。

表 1-2　防护等级第一位数字及定义

第一位	简称	定义
0	无防护	没有专门的防护
1	防护大于 50mm 的固体异物	能防止直径大于 50mm 的固体异物进入壳体
2	防护大于 12mm 的固体异物	能防止直径大于 12mm 的固体异物进入壳体
3	防护大于 2.5mm 的固体异物	能防止直径大于 2.5mm 的固体异物进入壳体
4	防护大于 1mm 的固体异物	能防止直径大于 1mm 的固体异物进入壳体
5	防护灰尘	不能完全阻止灰尘进入壳体，但灰尘进入的数量不足以影响电器的正常运行
6	灰尘封闭	无灰尘进入壳体

2）防护等级第二位数字及定义，见表 1-3。

表 1-3　防护等级第二位数字及定义

第二位	简称	定义
0	无防护	没有专门的防护
1	防垂直方向滴水	垂直方向滴水应无有害影响
2	防 15° 滴水	当外壳的各垂直面在 15° 范围内倾斜时，垂直滴水应无有害影响
3	防淋水	各垂直面在 60° 范围内淋水，无有害影响
4	防溅水	向外壳各方向溅水无有害影响
5	防喷水	向外壳各方向喷水无有害影响

（续）

第二位	简称	定义
6	防强烈喷水	向外壳各方向强烈喷水无有害影响
7	防短时浸水	浸入规定压力的水中经规定时间后，外壳进水量不致达有害程度
8	防持续潜水	按生产厂和用户双方同意的条件（应比特征数字为7时严酷），持续潜水后外壳进水量不致达到有害程度

五、事故紧急救援

遵循高压电安全操作规定，正确使用有效的防护用品，可以尽可能地避免人体触电的危险情况发生。然而，在电动汽车维修作业中，万一发生意外，必须立即进行应急处理。

1. 人员触电应急处理

（1）脱离电源

一旦发生触电事故，切不可惊慌失措，要立即使触电者脱离电源。

（2）现场救护

1）若触电者呼吸和心跳均未停止，此时应将触电者躺平就地，安静休息，不要让触电者走动，以减轻心脏负担，并应严密观察呼吸和心跳的变化。

2）若触电者心跳停止、呼吸尚存，则应对触电者做胸外按压，如图1-26所示。

3）若触电者呼吸停止、心跳尚存，则应对触电者做人工呼吸。操作时，捏住鼻翼采用口对口的方式向被施救人员吹气，单次吹气为1s，成人每次5~6s吹气1次，每分钟10~12次，每次吹气要保证足量的气体进入并使胸廓隆起。

图1-26　对触电者做胸外按压

4）若触电者呼吸和心跳均停止，应立即按心肺复苏方法进行抢救。

（3）注意事项

1）动作一定要快，尽量缩短触电者的带电时间。

2）切不可用手或金属和潮湿的导电物体直接触碰触电者的身体或与触电者接触的电线，以免引起抢救人员自身触电。

3）解脱电源的动作要用力适当，防止因用力过猛将带电电线击伤在场的其他人员。

4）在帮助触电者脱离电源时，应注意防止触电者被摔伤。

5）做人工呼吸或胸外按压抢救时，不得轻易中断。

注意：如果不遵守这些注意事项，会发生触电事故，导致严重伤害甚至身亡。

2. 车辆损坏或进水的应急处理

1）如果因车辆严重损坏在车辆室内或外部看见暴露在外的高电压线束或导线，现场救援人员应采取适当预防措施，并穿戴绝缘个人防护用具。

2）车辆浸水时，不要试图拆卸安全插头。

3）在车辆浸水的紧急救援情况中，如果车辆没有严重损坏，无论车辆在水中还是在干的地面上，都可以安全碰触车身或车架。

4）如果车辆浸没水中或部分浸水，把车辆从水中移出，并排出车辆内的水。一旦车辆从水中移出，必须切断高电压系统电流，关闭车辆系统。

3. 灭火操作

如果插电式混合动力汽车动力电池组已经被火灾吞没，或者存在被火灾吞没的危险，基于下列原因，执行灭火操作时必须谨慎：

（1）操作方法

1）在锂离子聚合物蓄电池内配备有在 150℃高温下喷溅、燃烧和产生火花的凝胶电解液。根据火焰燃烧效应，迅速燃烧。所以在灭火时，应采用电气火灾专用 ABC 灭火器进行灭火，并使用大量的水流冷却动力电池。

2）动力电池在熄火后，可能会复燃或重新起火。

注意：在离开事故车辆前，使用热成像仪进行检测，确保动力电池已经完全冷却。必须告知下一批现场救援人员动力电池具有重燃的危险性。在火灾、浸水或碰撞等事故后拆卸下来的动力电池，必须存放在通风良好和在周围 15m 范围内没有强烈光线的阴凉干燥和广阔的地方。

正在燃烧或过热的蓄电池会释放出有毒气体。这些有毒气体包括氟化氢、一氧化碳等。因此，必须穿戴通过认证的全面罩自给式呼吸器和全套防护用具。即使动力电池组没有被火焰吞没，在接近车辆时仍要非常小心。

（2）灭火器的使用

动力电池没有被火焰吞没的小火灾：使用电气火灾专用 ABC 灭火器进行灭火。

动力电池已经被火焰吞没的火灾，或者动力电池受热起火的火灾：使用大量的水流冷却动力电池，进行灭火。禁止使用小量的水流进行灭火。现场消防人员应及时地向车辆喷射高压水流。

（3）个人防护

动力电池内的电解质为烈性刺激物和致敏物。为了预防这些烈性刺激物和致敏物接触皮肤，必须穿戴设计为防这些危险物的正压自给式呼吸器和其他个人防护用具。如果没有正确穿戴自给式呼吸器和其他个人防护用具，会导致严重人身伤害甚至死亡。

1）熄灭车辆周围的全部火焰、火花和烟雾散尽。电解液会刺激皮肤。禁止接触和踩上泄漏的电解液。

2）如果发生电解液泄漏事件，应穿戴适当的防酸个人防护用具，并用沙土、干织物等清理泄漏的电解液，并且必须对电解液泄漏区域进行通风。

3）电解液会刺激眼睛，如果电解液进入到眼睛内，必须立即用大量的清水清洗眼睛 15min 以上，并立即就医。

4）电解液会刺激皮肤，如果电解液接触皮肤，必须立即用清水和肥皂清洗干净。

5）当电解液或其烟气遇到水时，发生氧化反应产生氧化物蒸汽，会飘在空气中，此蒸汽会刺激皮肤和眼睛。如果皮肤和眼睛接触此蒸汽，必须立即用大量的清水清洗，并应立即就医。

6）如果吸入电解液烟气，会导致呼吸困难和急性中毒，必须立即呼吸新鲜空气并用水清洗口腔，然后立即就医。

 # 任务二　新能源汽车重要注意事项

只有满足以下前提条件的维修人员才允许对带标记高电压组件进行作业：具备资质、遵守安全规定、严格按照维修说明操作。高电压组件能够可靠识别给车主带来危险的故障。

 ## 一、安全说明

1. 电工技术安全规程

下面是根据 DIN VDE 0105 制定的五点安全规程，每个电工都必须知晓。这五点安全规程也同样适用于负责处理新能源汽车上高压装置的有证人员（也就是高压电技工）。检修电气装置前，应按下述顺序来应用这些安全规程。

（1）这些工作必须由高压电技工来进行操作

1）停电。

2）严防设备重新合闸。

3）验电。

（2）这些工作与高压车辆无关

1）接地和短路。

2）遮盖住或者用拦道木拦住附近带电的部件。

（3）说明

1）25V 交流电压和 60V 直流电压对人来说就已经是危险的了。应留意维修手册和故障导航中的安全事项以及汽车上的安全警示。

2）高压设备的检修工作只可由经过认证的高压电技工来操作。

2. 警示符号

为了让用户、维修和服务站人员以及技术救援和医疗救援人员尽可能远离高压设备可能带来的危险，奥迪 Q5 hybrid quattro 车上设置了很多警示和提示标签。

警示标签一般分为两种类型：

1）黄色警示标签，其上有电压警示符号。

2）带有 Danger 字样的红底警示标签。

下面这些黄色标签表示高压部件就安装在附近或者在盖板下隐藏着，如图 1-27、图 1-28、图 1-29 所示。

警示电压危险

图 1-27　警示电压危险标志

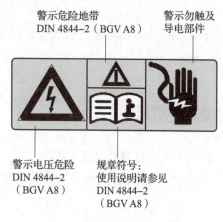

警示危险地带
DIN 4844-2（BGV A8）

警示勿触及
导电部件

警示电压危险
DIN 4844-2
（BGV A8）

规章符号：
使用说明请参见
DIN 4844-2
（BGV A8）

图 1-28　警示危险地带标志

警示电压危险，
DIN 4844-2
（BGV A8）

警示勿触及
导电部件

规章符号：
使用说明请参见
DIN 4844-2（BGV A8）

图 1-29　带有 Danger 字样的警示标签表示
有高压部件或者高压导电部件

 重要说明

1. 高电压组件的标记

每个高电压组件的壳体上都带有一个标记，维修人员或车主均可通过标记直观看出高电压可能带来的危险，如图 1-28 所示。

有关标记的特殊情况是高电压导线。由于导线可能有几米长，因此在一处或两处通过警告提示牌标记意义不大。维修人员可能会忽视这些标牌。因此用橙色警告色标记出所有高电压导线。高电压导线的插头以及高电压安全插头也采用橙色设计，如图 1-30 所示。

图 1-30　宝马 i3 纯电动汽车高电压导线的橙色标记
1—EME 上的高电压导线（EME，电机 - 电子伺控系统：Electro-Mechanical Emergency Brake）

2. 高电压系统作业

对宝马 i3 纯电动汽车的高电压组件进行作业前，必须遵守并执行电气安全规定：

1）必须将高电压系统切换为无电压。

2）必须固定住高电压系统以防重新接通。

3）必须确定高电压系统无电压。

（1）准备工作

开始工作前，必须固定住车辆以防溜车（挂入变速器驻车锁并拉紧驻车制动器）。必须关闭总线端 15 和总线端 R。拔下可能连接的充电电缆。车辆应处于"休眠模式"。

（2）将高电压系统切换为无电压

在宝马 i3 上通过高电压安全插头将高电压系统切换为无电压。切换为无电压时，必须从相应插口中拔出插头。这样可使高电压触点监控电路断开。

图 1-31 所示为高电压安全插头处于插上状态。高电压触点监控电路未断开。高电压安全插头上的"ON"字样表明高电压系统已启用。为使插孔和插头彼此拉开，必须按压机械锁止件 1，如图 1-32 所示。

图1-31　高电压安全插头处于插上状态　　　图1-32　按压机械锁止件

1—高电压安全插头　　　　　　　　　1—机械锁止件

松开锁止件后，便可将插头从插孔中拉出几毫米。感觉到阻力时，不要继续或用力拉。高电压安全插头的插头和插孔无法完全彼此拉开。将高电压安全插头拉出到一定程度就会看到"OFF"字样，如图1-33所示。由此关闭高电压系统的供电。

（3）固定住高电压系统以防重新接通

固定住以防重新接通也在高电压安全插头上进行。为此需要一个普通挂锁（例如ABUS 45/40）。

1）通过将高电压安全插头的插孔和插头彼此拉开，露出经过两个部件的通孔。必须将普通挂锁的卡箍穿入该孔中，如图1-34所示。

2）现在必须锁住挂锁，如图1-35所示。高电压系统作业期间必须将钥匙保存在安全的地方，以防有人未经授权打开该锁。通过在高电压安全插头上使用和锁止挂锁可确保插头无法再插在一起。这样可以有效防止无意间或在没有经过维修人员允许的情况下重新接通高电压系统。

图1-33　将高电压安全插头拉　　图1-34　普通挂锁的卡箍穿入　　图1-35　锁住挂锁
　　　　出看到"OFF"字样　　　　　　　通孔中

（4）确定系统无电压

在宝马维修站不通过测试仪或诊断系统确定系统无电压，而是由高电压组件测量自身电压并通过总线信号向组合仪表发送测量结果，如图1-36所示。

只有组合仪表从所有相关高电压组件处同时接收到系统无电压信号时，才会生成表示系统无电压的检查控制信息。该红色检查控制符号为带斜线的闪电符号。此外，还会在组合仪表上出现"高电压系统已关闭"文本信息。

需要确定系统无电压时，维修人员必须接通总线端 15 并等到组合仪表内出现检查控制信息及图 1-36 所示符号和文本，然后才能确保高电压系统无电压。确定系统无电压后，必须重新关闭总线端 15 和总线端 R，然后开始进行实际工作。

图 1-36　检查控制符号"高电压系统无电压"

1—表示系统无电压的检查控制符号和"高电压系统已关闭"文本信息

注意：

1）未显示检查控制信息时，不允许对高电压组件进行作业！

2）不允许同时进行车辆加油和高电压蓄电池充电！

3）插有充电电缆时不要加油，要与易燃物品保持充足安全距离，否则未按规定插入或拔出充电电缆时存在因燃油燃烧等导致人员受伤或物品受损的危险。

4）连接交流电压网络进行充电时，不允许进行高电压系统方面的任何工作。

3. 松开和插上高电压插头

松开或插上扁平或圆形高电压插头时，都必须严格遵守顺序进行操作。下面通过图文形式对各个步骤进行介绍。

（1）松开扁平高电压插头

1）高电压触点监控电桥。

松开高电压插头前，必须首先松开高电压触点监控电桥，如图 1-37 所示。电桥处于插入状态时使高电压触点监控电路闭合。高电压控制单元持续监控高电压触点监控电路，只有电路闭合时高电压系统才会启用。如果通过松开电桥使高电压触点监控电路断开，高电压系统就会自动关闭。这是一项附加安全措施，因为开始工作前维修人员已将高电压系统切换为无电压。

2）松开机械锁止件，如图 1-38 所示。

只有松开高电压触点监控电桥后，才能向箭头方向推移机械锁止件。机械锁止件是高电压组件（例如电机电子装置）高电压插头的组成部分。向箭头方向推移锁止件可实现高电压导线上高电压插头机械导向，从而进行接下来的拉拔。

3）拔出高电压导线的插头，如图 1-39 所示。

现在可向箭头方向拔出高电压导线的插头。将插头拔出几毫米后 A，可感觉到较大的反作用力。此后，必须向相同方向继续拔出插头 B。插头到达位置 A 后，切勿将插头重新压回高电压组件上，这样可能会造成高电压组件上的插头损坏。

注意：必须分两步朝同一方向垂直拔出高电压导线的高电压插头。在拔出过程中不允许反向移动。

图 1-37　松开高电压触点监控电桥　　　图 1-38　松开机械锁止件　　　图 1-39　拔出高电压导线的插头

重新连接高电压导线时按相反顺序进行。图 1-40 所示为高电压组件上高电压插头，由此可以看出为何松开和安装高电压导线时必须小心进行。

图 1-40　高电压组件上高电压插头

1—用于屏蔽的电气触点　2—用于高电压导线的电气触点　3—接触保护　4—机械锁止件
5—带高电压触点监控电路内电桥接口的插孔

（2）松开圆形高电压插头

在此所述的工作步骤适用于松开宝马 i3 圆形高电压插头。下面以电机电子装置上的高电压接口为例展示高电压导线与电气加热装置的连接方式。

1）高电压导线的插头 1 位于组件高电压接口 2 上且已锁止，如图 1-41 所示。

2）必须向箭头方向 1 将两个锁止元件 2 压到一起。这样可以松开高电压组件接口上的插头机械锁止件，如图 1-42 所示。

3）在将锁止元件继续压到一起期间，必须沿纵向箭头方向 1 拔出插头，如图 1-43 所示。

图 1-41　松开圆形高电压插头 1　　　图 1-42　松开圆形高电压插头 2　　　图 1-43　松开圆形高电压插头 3

重新连接高电压导线时，无须将锁止元件压到一起，只需将插头纵向推到组件高电压接口上即可。此时，必须确保锁止元件卡入（发出"咔嗒"声）。随后，还应通过拉动插头检查锁止件是否卡入。

图1-44所示为圆形高电压插头的结构。

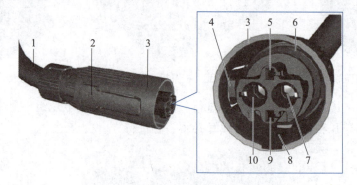

图1-44 圆形高电压插头的结构

1—高电压导线 2—锁止元件操作部位 3—壳体 4—锁止元件 5—插头内电桥接口1
6—用于屏蔽的接口 7—线脚2高电压接口（DC，负极） 8—机械设码
9—插头内电桥接口2 10—线脚1高电压接口（DC，正极）

高电压插头内的电桥用于确保电气安全。高电压导线连接到高电压组件上时，高电压触点监控信号经过该电桥。高电压导线连接到电动制冷剂压缩机和电气加热装置上时，EKK或EH控制单元供电经过该电桥。上述某一电路断路时，会使相关高电压导线内的电流也自动归零。由于电桥两个触点相对高电压触点来说布置在前面，因此该措施可防止松开高电压插头时产生电弧。

4. 电位补偿导线接口

高电压系统的安全方案包括测量和监控高电压导线相互之间以及对车辆接地的绝缘电阻。在宝马i3上由SME控制单元执行该安全功能，可识别整个高电压电路内的绝缘故障。为此，需使所有高电压组件壳体与车辆接地导电连接，电气加热装置上的电气接口如图1-45所示。

图1-45 电气加热装置上的电气接口

1—电位补偿导线 2—电气加热装置壳体 3—高电压插头

如果电位补偿导线未按规定连接在高电压组件上，则不允许高电压系统运行。

如果维修时更换高电压组件或电位补偿导线，组装时必须注意：应按规定重新建立高电压组件壳体与车辆接地之间的导电连接。应严格遵守维修说明（拧紧力矩、自攻螺钉）。此外，还必须由第二个维修人员检查维修工作（正确的拧紧力矩和正确地接触裸露金属）并在维修工单上进行书面记录。

 # 任务三　高压用电防护技能实训

 ## 一、实训目标

1. 能够说出导致电动汽车高压触电的原因。

2. 能够说出高压安全防护设备的名称和作用。

3. 能够掌握电动汽车高压维修注意事项。

4. 能够掌握电动汽车高压下电流程并能熟练执行高压下电操作。

 ## 二、实施计划

项目	内容
训练情景	一辆 E50 进店保养，作为一名技师，你知道高压电的危害吗？你知道维修高压电有哪些注意事项吗？
小组分工	• 学员分为四个小组 • 每组成员按顺序轮流独立进行操作
时间安排	• 实训时间为 30min
实操车型	• E50 • E300 • 其他纯电动汽车
设备与工具	• 举升机 4 台 • 车辆 4 台 • 常用手动工具 4 套 • 高压安全防护设备 4 套 • 绝缘工具 4 套 • 数字万用表 4 个 • VDS 诊断设备 4 套 • 手电筒 4 个
实施路径	• 讲师分配学习任务，学员按照讲师的要求进行操作 • 任务完成后，每组派代表陈述实训结果，学员对结果进行讨论 • 最后老师进行点评，给出正确答案
注意事项	• 严格按照老师的要求进行操作，禁止随意使用工具进行操作

三、实训任务

1. 下列哪些情况会导致触电事故的发生？请在正确选项后打勾

1）双手同时触摸动力电池的正极和负极。 是□ 否□

2）当动力电池的正极与车身短路时，如果人体同时接触车身和
动力电池的负极。 是□ 否□

3）当动力电池的负极与车身短路时，如果人体同时接触车身
和动力电池的正极。 是□ 否□

4）人站在地面上，一只手触摸动力电池的正极。 是□ 否□

5）人站在地面上，一只手触摸动力电池的负极。 是□ 否□

2. 写出下列高压安全防护设备的名称和作用

序号	设备	名称	作用
1			
2			
3			
4			

3. 下列关于电动汽车高压维修注意事项的描述是否正确？请在正确选项后面打勾

1）维修电动汽车时必须有安全监护人，并穿戴好符合电压要求的绝缘手套（500V 以
上），取下服装和身体上的金属物品。 是□ 否□

2）车辆维修环境必须处于干燥状态，车辆周围与地面禁止有水或其他液体。
是□ 否□

3）执行高压系统相关部件作业前，必须分离辅助蓄电池负极端子，并拆卸高压电源安
全插头，等待 5min 以上，确保高压电容充分放电后，才可以操作。
是□ 否□

4）所有高电压部件都贴着"高电压"预防措施警告标签，高压导线是橙色，接触这些
部件时要格外小心。 是□ 否□

5）明确高压系统维修工作人员，维修时防止其他无关工作人员触摸车辆。

是□　否□

6）若高压系统维修不能在短时间内完成，不维修时需在高压系统部件上粘贴"高压危险"标签。

是□　否□

7）如果车辆严重受损，如动力电池变形、破损或裂开时，未穿戴绝缘防护装备不能触碰车辆。

是□　否□

8）虽然点火开关处于 Ready 状态时发动机没有运转，但是变速杆挂到 D 位或 R 位后车辆能够行驶，如需要挂挡时请注意车辆点火开关的状态，并使用三角木和驻车制动固定车辆。

是□　否□

9）因电动汽车系统应用了超强磁场的部件，如需要近距离接触电动汽车牵引电机或发电机，需取下随身携带的银行卡、手表、手机等易受磁场影响的物品。

是□　否□

10）使用兆欧表检测时必须严格按照维修手册要求进行操作，禁止使用兆欧表对模块正负电源端同时进行检测，避免兆欧表的高电压对模块造成损坏。

是□　否□

11）使用数字式万用表对高压电路的电压进行测量时，要佩戴安全防护设备。

是□　否□

12）针对电动汽车的特点，维修技师必须具备特殊工种上岗资格证书。

是□　否□

4. 下列关于电动汽车充电注意事项的描述是否正确？请在正确选项后面打勾

1）不能用湿的手操作充电器。　是□　否□
2）要把充电连接器正确连接到车辆充电口，并且必须确认锁止状态。　是□　否□
3）充电中，不能随意拆卸充电连接器。　是□　否□
4）周期性检查充电线束护套损坏、充电连接器损坏等安全状态。　是□　否□
5）下雨天或整理整顿时，要注意充电装置不能流入雨水。　是□　否□
6）实施充电前安全检查、充电后周边整理整顿。　是□　否□

5. 请按照下面电动汽车高压下电流程执行高压下电操作

1）点火开关 OFF 后，分离 12V 辅助蓄电池负极导线。　完成□
2）等待 5min 以上，等待电容器放电完成。　完成□
3）使用绝缘手套等个人保护装置。　完成□
4）拆卸维修开关（如果没有维修开关，断开动力电池高压导线）。　完成□
5）检查驱动电机控制模块内部电容器是否放电完成（测量驱动电机控制模块端子间电压，低于 30V）。　完成□
6）高压下电结束。　完成□

6. 下列关于电动汽车车辆损坏或进水的应急处理的描述是否正确？请在正确选项后面打勾

1）如果因车辆严重损坏在车辆室内或外部看见暴露在外的高电压线束或导线，现场救援人员应采取适当预防措施，并穿戴绝缘个人防护用具。　是□　否□

2）车辆浸水时，不要试图拆卸安全插头。　　　　　　　　　　是□　否□

3）在车辆浸水的紧急救援情况中，如果车辆没有严重损坏，无论车辆在水中还是在干的地面上，都可以安全碰触车身或车架。　　　　　　　　　　是□　否□

4）如果车辆浸没水中或部分浸水，把车辆从水中移出，并排出车辆内的水。一旦车辆从水中移出，必须切断高电压系统电流，关闭车辆系统。　　　　是□　否□

在下面记录您的要点信息：

_____

_____

_____

_____

_____

⚙ 项目小结

1. 特殊的车辆需要有特别的维修、保养、意外事故和灾难或援救的操作程序。

2. 纯电动汽车和混合动力汽车，它们与传统的汽车不同，使用电能或电能和发动机来提供驱动力。同样，维修保养的程序与传统车辆也不同，需要特别注意。

3. 在维修新能源车辆时，如果采用不适当方法或在工作中疏忽对待，会造成严重电击或身体伤害的潜在危险。

4. 车内有高压的电器零件和电路。如果错误操作，这些特性都有可能导致严重伤害甚至死亡。因此在动手维修普锐斯前先进行思考，不仅要考虑到你自身的安全，同时也要考虑附近人员的安全。

5. 认真学习厂家提供的培训手册。

6. 认真学习手册的内容将维修中的风险降到最低，并确保经销商内所有相关的安全设备始终可用且处于良好状态。

7. 所有高压电线为橙色：为了方便辨别，所有新能源汽车连接高压回路部分的电线和插头为橙色，高压回路及其他回路与车身绝缘。高压组成部分包含 HV 电池、驱动桥、变频器、转换器及维修塞。

8. 警告标签贴在 HV 电池和变频器上，它们提供了基本的警告、操作说明及回收信息。

💡 思考与练习（不定项选择题）

1. 一般情况下，也就是干燥而触电危险性较大的环境下，安全电压规定为____V？（　　）

　　A. 12　　　　　　　B. 24　　　　　　　C. 36　　　　　　　D. 48

2. 下列哪些设备属于维修电动汽车高压线路或设备的防护装备？（　　　）

　　A. 绝缘手套　　　　B. 绝缘鞋　　　　C. 绝缘服　　　　D. 安全帽

3. 关于维修电动汽车高压系统的注意事项，下列哪几项描述是正确的？（　　　）

　　A. 车辆维修环境必须处于干燥状态，车辆周围与地面禁止有水或其他液体

　　B. 执行高压系统相关部件作业前，必须分离辅助蓄电池负极端子，并拆卸高压电源安全插头，等待 5min 以上，确保高压电容充分放电后，才可以操作

　　C. 所有高电压部件都贴着"高电压"预防措施警告标签，高压导线是橙色，接触这些部件时要格外小心

　　D. 若高压系统维修不能在短时间内完成，不维修时需在高压系统部件上粘贴"高压危险"标签

4. 下列哪几项是电动汽车防触电措施？（　　　）

　　A. 特殊设计的高压导线　　　　　　B. 高压用电设备安装等电位线

　　C. 绝缘监测　　　　　　　　　　　D. 高压互锁

5. 关于断开整车动力电源，下列哪几项描述是正确的？（　　　）

　　A. 断开 12V 蓄电池负极电缆

　　B. 断开手动维修开关或动力电池高压插头后等待 5min

　　C. 断开手动维修开关，如果没有手动维修开关，拆除与动力电池连接的高压插接器

　　D. 使用绝缘胶带封好动力电池接口

项目二　新能源汽车维护作业

学习目标

1. 知道汽车维护作业的作用与技术要求。
2. 掌握纯电动汽车和混合动力汽车的维护作业特点和安全注意事项。
3. 熟悉纯电动汽车的维护作业项目和技术要求。
4. 熟悉混合动力汽车的维护作业项目和技术要求。
5. 学会纯电动汽车维护作业操作技能。
6. 学会混合动力汽车维护作业操作技能。

 ## 任务一　纯电动汽车维护作业

 ### 一、纯电动汽车维护作业项目

新能源汽车维护作业与内燃发动机汽车维护作业相比，大部分作业内容还是传统汽车的维护作业，所以掌握传统汽车维护作业内容、技术要求，实操能力，对学习掌握新能源汽车作业是十分必要的。由于纯电动汽车和传统内燃发动机汽车在动力系统是不相同的，所以纯电动汽车和传统内燃发动机汽车的维护作业存在差异。

1. 纯电动汽车和传统汽车维护作业的差异

纯电动汽车与传统汽车的驱动动力源是完全不同的，传统汽车是依靠内燃机燃烧燃料做功产生动力，纯电动汽车没有传统汽车的发动机，由动力电池提供电能给驱动电机，驱动车轮转动，如图2-1所示，所以二者在驱动系统的维护作业项目完全不同。

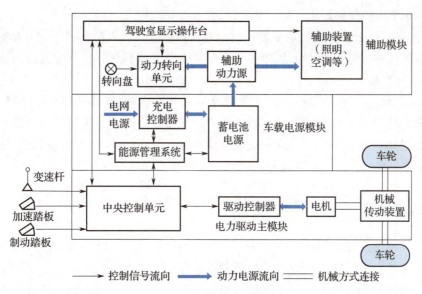

图 2-1　纯电动汽车的结构组成

1）传统汽车的内燃机发动机的维护内容主要是燃油系统、点火系统、润滑系统和冷却系统的维护，定期更换机油和三滤是维护项目中的主要项目。纯电动汽车没有内燃机，所以没有燃油系统、点火系统和润滑系统，也就没有上述系统的维护作业，不需要更换机油和三滤，维护作业项目减少，维护时间也大大减少。

2）纯电动汽车驱动系统主要是对动力电池组和驱动电机进行检查养护，包括电机外部清洁，目检动力电池管理器、电机控制器、功率转换器、高压线束和插接件，诊断仪检测各系统是否正常，是否需要系统升级等。由此可见，电动汽车驱动系统的维护作业项目比传统内燃机汽车减少了许多。

3）在底盘方面，传统汽车传动系统包括离合器、手动变速器（或自动变速器）等总成，而纯电动汽车使用固定速比的变速器和减速器，所以维护检查项目减少了许多。在悬架系统、行驶系统、转向系统和制动系统方面，由于二者的结构组成基本相同，所以维护内容也基本相同。但由于纯电动汽车没有真空源，所以增加了一个电动真空泵，给制动真空助力泵提供真空源。

总之，纯电动汽车和传统汽车在底盘方面的维护作业项目基本相同，略有不同。当然不同车型也会有不同之处，譬如，比亚迪 e6 使用的是博世智能制动系统 iBooster，与此完全不同。

4）纯电动汽车和传统汽车的空调压缩机结构不同，纯电动汽车的空调压缩机由电机驱动，但其制冷系统高低压力检查、制冷效果、出风量等与传统汽车基本相同。

5）纯电动汽车和传统汽车在车身电器方面的维护作业是相同的。

2. 纯电动汽车维护作业特点

纯电动汽车的特点是"三电"，所以维护的特点也在于"三电"。

1）加强对高压系统的安全防护。日常维护时切勿用手触摸橙色高压线束和带有警告标记的部件，定期维护前做好高压安全防护措施。

2）对高压系统的维护检查主要使用目检和仪器检查，目视检查高压线束和部件外部是否损坏。诊断仪检查各系统有无故障码，数据是否以红色显示，红色数据表示该数据超出标准范围，有故障。

3）高压绝缘要用绝缘仪检查。正常情况下不需要检查高压导线和高压部件的绝缘性能，只有高压导线和高压部件外部有破损，或诊断仪读出高压系统有绝缘故障，或绝缘性能方面的数据用红色显示，这时应用绝缘仪检查高压导线和高压部件的绝缘性能。当高压系统发生绝缘不良故障时，高压互锁起作用，车辆将不能起动行驶。

二、纯电动汽车的日常维护要点

车辆的日常维护对车辆的使用寿命有着很大的影响，日常维护是以清洁、补给和安全检视为作业内容，由驾驶人负责执行的车辆维护作业。日常维护主要内容包括对汽车外观进行清洁，保持车容整洁；对汽车各部润滑油（脂）、燃油、冷却液、各种工作介质、轮胎气压进行检视补给；对汽车制动、转向、传动、悬架、灯光、信号等安全部位和位置以及发动机运转状况进行检视，确保行车安全。

纯电动汽车与传统内燃机汽车的驱动动力不一样，纯电动汽车的日常维护应注意以下三点。

1. 勤充电

动力电池经常大电流放电而不及时补充充电是影响电池寿命的最主要因素之一，使用后应及时对动力电池补充充电，有利于延长电池的使用寿命，尤其是冬天更要"勤充电"。

2. 多观察

平时多注意观察仪表板上的仪表和指示灯、动力电池电量显示、仪表显示是否正常，是否有警示信息显示，如果仪表显示不正常，或警示灯常亮，应及时到维修厂进行检查和缝修。

3. 重维护

1）平时白天使用车辆，下班或晚上回家后应及时补充充电。

2）如果长期不用时，定期一个月充电一次。保持电池充满电后存放。

3）电动汽车虽然有良好的防水功能，但仍要避免长期日晒和雨淋，防止车体和机械传动部件生锈，防止电器件进水损坏。

4）加强日常检查，主要检查制动是否灵活有效；转向盘转向是否可靠；轮胎是否气足；各紧固件、螺母、螺栓、插接件是否松动；低压蓄电池极桩线是否氧化松动，搭铁是否牢靠；电源锁、喇叭、灯泡、按钮是否有效。

5）加强对高压电系统的目测检查，目测检查黄色高压线束是否损坏，带高压警告标志的插接件有无破损。

三、纯电动汽车检查项目及车辆操作安全

1. 纯电动汽车检查项目

不同车系、不同车型的纯电动汽车检查项目基本相同的，下面以吉利帝豪纯电动汽车为例，介绍纯电动汽车的检查项目。

（1）在操作车辆时应检查的项目

1）喇叭操作。应偶尔按动喇叭，确保喇叭工作正常，检查所有按钮位置。

2）制动系统的操作。制动时应警惕制动系统的异响、制动踏板行程的增加或重复性的制动跑偏现象。此外，如果制动警告灯启亮或闪烁，则说明制动系统某部分可能出现故障。

3）轮胎、车辆和定位操作。对以正常公路速度行驶时出现的转向盘或座椅振动应保持警惕，这种情况说明可能有某个车轮需要平衡，此外，在平直路面上左右跑偏表明可能需要调整轮胎气压或进行车轮定位。

4）转向系统的操作。警惕转向动作的变化，当转向盘转动困难或自由行程过大时，或者转向时或驻车时有异响时，需进行检查。

5）照明系统的操作。前照灯对光应偶尔观察一下灯光图案，如果前照灯对光不正确，则应进行调整。

（2）每次加注时应检查的项目

1）检查驱动电机冷却液液面及状况。检查膨胀罐总成中的液面，必要时添加驱动电机冷却液。检查驱动电机冷却液，更换脏污的驱动电机冷却液。

2）检查前风窗玻璃清洗剂液面。检查储液罐内的玻璃清洗剂液面，必要时添加玻璃清洗剂。

（3）至少每月一次应检查的项目

1）轮胎和车轮及气压检查。检查轮胎是否异常磨损或损坏，还要检查车轮是否损坏，检查轮胎冷态时的压力，同时也要检查备用轮胎，保持轮胎标签上的推荐压力。

2）车灯的操作。检查牌照灯、前照灯（包括远、近光）、驻车灯、雾灯、尾灯、制动灯、转向灯、倒车灯和危险警告闪光器的操作。

3）油液泄漏检查。车辆停放一段时间后，应定期检查车下地面是否有水或其他液体。空调系统使用后滴水属正常现象，如果发现泄漏，应立即查找原因并排除故障。

（4）至少每年两次应检查的项目

1）制动主缸储液罐液面。检查油液并使其保持正确液面，液面过低可能表明盘式制动器的制动衬块已磨损，需要维修。检查储液罐盖上的通气孔，确保无污垢且气道通畅。

2）门窗密封条的润滑。用清洁的抹布给密封条涂一层硅基润滑脂薄膜。

3）每次更换油液时应检查的项目。

①减速驱动桥。

检查液面，必要时添加油液。

②制动系统检查。

注意：制动液液面过低可能表明盘式制动器的制动衬块已磨损，需要维修。此外，如

果制动系统警告灯一直不熄灭或启亮，则制动系统可能有问题。如果防抱死制动系统警告灯一直不熄灭或启亮，则防抱死制动系统可能有问题。应在拆卸车轮进行换位时完成本项检查。检查管路和软管连接是否正确，以及有无卡滞、泄漏、开裂或擦伤等。检查盘式制动器制动衬块是否磨损。检查制动盘的表面状况，同时检查其他制动器部件，包括制动轮缸、驻车制动器等。检查驻车制动器调整情况，如果驾驶习惯或行车条件要求频繁制动，应缩短检查制动器的时间间隔。

4）悬架和前驱动桥护罩和密封件的检查。检查前、后悬架和转向系统是否有零件损坏、松动或缺失，是否出现磨损或润滑不足的迹象。清洁并检查驱动桥护套和密封件是否损坏、破裂或泄漏，必要时，更换密封件。

（5）至少每年一次应检查的项目

1）安全带的状况及操作。检查安全带系统，包括编织带、锁扣、锁板、卷收器、导向环和固定装置。

2）备胎和千斤顶的存放。警惕车辆后部出现的嘎嘎声，备胎、所有举升设备和工具必须始终固定好，每次使用后，用油脂润滑千斤顶棘齿或螺旋机构。

3）电子转向柱锁的保养。润滑电子转向柱锁的锁芯。

4）车身润滑保养。润滑所有车门铰链，包括前机舱盖、充电口盖、行李舱铰链和锁闩、杂物箱和控制台门，以及折叠座椅的任何机件。

5）车身底部清洁。首先，松动聚集在车辆封闭区的沉积物，然后，清洁车身底部。冬季后，一年至少清洁一次车身底部。清洁车身底部，可清除用于除去冰雪及防尘的腐蚀性物质。

警告：车身底部清洁需要遵守电动车维修安全注意事项，避免触电伤害。

6）驱动电机冷却系统。

警告：在运行的驱动电机周围工作时，应避免接触运动部件和热表面，以防受伤。检查驱动电机冷却液。如果驱动电机冷却液过脏或生锈，应排放、冲洗驱动电机冷却系统并重新加注新的驱动电机冷却液。保持适当的驱动电机冷却液浓度，以保证正确的防冻、防沸、防腐性能及驱动电机运行温度。检查软管，更换开裂、膨胀或老化的软管。紧固卡箍，清洁散热器和空调系统冷凝器外部，清洗加注口盖和加注口管颈。对冷却系统和盖进行压力测试，以便确保系统运行正常。

2. 纯电动汽车车辆操作安全

为避免人身伤害，在仅用千斤顶支撑的车辆上或车辆下进行任何工作时，应使用千斤顶座。

注意：当在车架边梁或者其他指定的举升点举升车辆时，要确保千斤顶垫块未碰到动力电池、制动油管或者高压线。如果碰到了上述部位，会造成车辆损坏或车辆性能下降。开始任何举升程序前，应确保车辆位于清洁、坚硬、水平的表面上。确保所有提升装置都符合重量标准，且处于良好的工作状态。确保所有的车辆负载平均分布并且固定不动。如果只是从车架纵梁支撑车辆，应确保提升装置未在车架纵梁上施加过大的力或损坏车架纵梁。

1）车辆举升点，如图 2-2 所示。

2）后端举升机垫块。

注意：后端举升机垫块不能碰到门槛板至车架纵梁外侧或地板。将后端举升机垫块放置在以下位置：在后车架纵梁和侧车架纵梁之间连接处的下面，如图2-3所示。

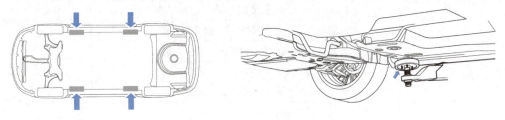

图 2-2　车辆举升点　　　　　　　　　图 2-3　后端举升机垫块

3）前端举升机垫块。

注意：前端举升机垫块不能碰到门槛板至车架纵梁外侧或地板。将前端举升机垫块放置在前车架纵梁和侧车架纵梁之间连接处的下面，如图2-4所示。

图 2-4　前端举升机垫块

四、纯电动汽车维护周期及项目

下面以北汽EV160/200、吉利帝豪和上汽通用五菱纯电动汽车为例，介绍纯电动汽车的维护作业。在学会典型纯电动汽车维护作业能力的基础上，再了解其他类型的纯电动汽车结构组成、维护周期、维护项目、维护作业规范，就能触类旁通，学会其他纯电动汽车的维护作业。

1. 维护周期（北汽EV160/200）

不同汽车生产厂家制定的维护周期有所差异，北汽纯电动汽车维护周期见表2-1。

表 2-1　北汽纯电动汽车维护周期

维护类别	维护项目	累计行驶里程 /km					
		10000	20000	30000	40000	50000	以此类推
A级维护	全车维护	√		√		√	
B级维护	高压、安全维护		√		√		√

注：北汽纯电动汽车维护周期是北汽新能源厂制定的维护规范，具体作业方法可查阅北汽新能源厂规定的作业方法。

2. 维护保养项目及说明（吉利帝豪）

吉利帝豪保养项目及说明见表2-2。

表 2-2　吉利帝豪保养项目及说明

总成	保养项目	保养内容	保养周期
动力电池总成	电池箱外围	电池箱体（含尾部挂梁）与车辆底盘的固定螺柱紧固	10000km 或 6 个月保养一次
		电池箱体（含尾部挂梁）与车辆底盘的固定螺柱腐蚀 / 破损	
		MSD 拉手及底座内部清洁度 / 腐蚀 / 破损	
		高压插接器公插与母插清洁度 / 腐蚀 / 破损	
		低压插接器公插与母插连接可靠性	
		低压插接器公插与母插清洁度 / 腐蚀 / 破损	
		电池箱箱体划痕 / 腐蚀 / 变形 / 破损	
		电池下箱体底部防石击胶划痕 / 腐蚀 / 破损	
	电池状态	检查电池状态参数 /SOC/ 温度 /cell 电压	
		检查 Pack 绝缘电阻	
驱动电机	清洁	清洁电机外壳体，保证无水渍、泥垢	10000km 或 6 个月保养一次
	电机水冷系统	检查管路有无老化、渗漏	
		检查水泵是否有冷却液渗漏	
	电机机械连接	紧固检测螺栓上的漆标，若漆标位置有移动则对螺栓进行紧固，若无则不做要求	
	接地线连接	电机接地线部位的接地电阻不大于 0.1Ω	
冷却系统	冷却液	检查或更换	20000km 更换一次
减速器	减速器齿轮油	检查或更换	50000km 更换一次
车载充电机	一般检查	清洁	10000km 或 6 个月保养一次
		高、低压接插件表面完好无破损，牢固	
		接地线牢固无松动	
		充电机安装牢固，无松动	
		充电机诊断测试	
驱动电机控制器	绝缘、接地、检测	绝缘电阻 ≥ 100MΩ；接地电阻 ≤ 100mΩ	50000km 检查一次
	不可维修件，无需保养		
分线盒	无需保养		

3. 维护项目

北汽纯电动汽车维护项目见表 2-3。

表 2-3　北汽纯电动汽车维护项目

系统类别	检查内容	处理方法	A 级维护			B 级维护		
			项目	配件及材料	数量或价格	项目	配件及材料	数量或价格
1. 动力电池系统	安全防护	检查视情处理	√			√		
	绝缘	检查视情处理	√			√		
	接插件状态	检查视情处理	√			√		
	标识	检查视情处理	√			√		
	螺栓紧固力矩	检查视情处理	√			√		

（续）

系统类别	检查内容	处理方法	A级维护			B级维护		
			项目	配件及材料	数量或价格	项目	配件及材料	数量或价格
1. 动力电池系统	动力电池加热功能检查	检查视情处理	√					
	外部检查	清洁处理	√			√		
	数据采集	分析视情处理	√					
2. 电机系统	安全防护	检查视情处理	√			√		
	绝缘	检查视情处理	√			√		
	电机及控制器冷却检查	检查视情处理	√			√		
	外部检查	清洁处理	√			√		
3. 电气控制系统	机舱及各部位低压线束防护固定	检查视情处理	√			√		
	机舱及各部位接插件状态	检查视情处理	√			√		
	机舱及各部位高压线束防护固定	检查视情处理	√			√		
	机舱及底盘各高低压电器固定及插接件连接状态	检查视情处理并清洁	√			√		
	蓄电池	检查点亮状态,并视情处理	√			√		
	灯光、信号	检查视情处理	√			√		
	充电口及高压线	检查视情处理	√			√		
	高压绝缘监测系统	检查视情处理	√			√		
	故障诊断系统报警监测	检测、检查视情处理	√					
4. 制动系统	驻车制动	检查效能并视情处理	√			√		
	制动装置	泄漏检查	√			√		
	制动液	液位检查	√	更换制动液		√	检查视情况添加	
	制动真空泵、控制器	检查（漏气），并视情处理	√			√		
	前后制动摩擦副	检查视情况更换	√			√		
5. 转向系统	转向盘与转向管柱连接紧固状态	检查视情处理	√			√		
	转向机本体连接紧固状态	检查视情处理	√			√		
	转向横拉杆间隙及防尘套	检查视情处理	√			√		
	转向助力功能	检查视情处理	√					
6. 车身系统	风窗玻璃刮水器	检查视情更换处理	√	添加风窗玻璃洗涤剂	材料收费	√	检查视情况添加	材料收费
	顶窗	检查视情处理	√	加注润滑脂	润滑脂250g	√		
	座椅及滑道	检查视情处理	√			√		
	门锁及铰链	检查视情处理	√			√		

（续）

系统类别	检查内容	处理方法	A级维护			B级维护		
			项目	配件及材料	数量或价格	项目	配件及材料	数量或价格
6. 车身系统	机舱铰链及锁扣	检查视情处理	√	加注润滑脂	润滑脂250g	√		
	行李舱门铰链及锁	检查视情处理	√			√		
7. 传动及悬架系统	变速器（减速器）	检查减速器连接、紧固及泄漏情况	√	更换减速器齿轮油		√	检查视情况添加	
	传动轴	检查球笼间隙及护罩，并视情况处理	√			√		
	轮辋	检查紧固，并视情处理	√					
	轮胎	检查胎压，并视情况处理	√			√		
	副车架及各悬置连接状态	检查紧固情况	√					
	前后减振器	检查泄漏情况并紧固，视情况更换	√					
8. 冷却系统	冷却液液位及冰点	液位及冰点测试，视情况添加	√	更换冷却液	冷却液6L	√	检查视情况添加	
	冷却管路					√		
	水泵		√			√		
	散热器		√			√		
9. 空调系统	空调冷暖风功能		√					
	压缩机及控制器		√					
	空调管路及连接固定		√			√		
	空调系统冷凝水排水口		√					
	空调滤芯		√	更换空调滤芯	滤芯收费（首次维护免费）	√	清洁	

五、北汽 EV160/200 纯电动汽车维护作业

各车系纯电动汽车维护作业基本相同，下面以北汽 EV160/200 纯电动汽车为例，介绍纯电动汽车维护作业的具体操作方法。

1. 检查仪表和各警告指示灯

检查仪表板上各警告灯显示情况，北汽 EV160 仪表板如图 2-5 所示，警告指示灯名称见表 2-4。北汽纯电动汽车警告指示灯点亮条件和处理方式见表 2-5。

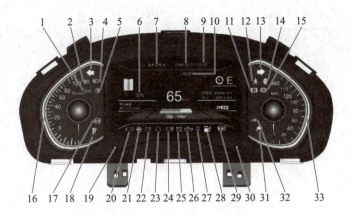

图2-5 北汽EV160仪表板

表2-4 警告指示灯名称

序号	名称	序号	名称	序号	名称
1	示廓灯	12	安全带未系指示灯	23	电机及控制器过热指示灯
2	前雾灯	13	右转向指示灯	24	动力电池故障指示灯
3	左转向指示灯	14	门开指示灯	25	动力电池断开指示灯
4	远光灯	15	驻车制动指示灯	26	系统故障灯
5	后雾灯	16	驱动电机功率表	27	制动能量回收关闭
6	剩余电量指示	17	ABS 故障指示灯	28	充电提醒指示灯
7	车外温度指示	18	安全气囊指示灯	29	EPS 系统故障指示灯
8	日期显示	19	按钮 A	30	按钮 B
9	时间显示	20	电机系统故障指示灯	31	充电线连接指示灯
10	READY 指示灯	21	跛行指示灯	32	防盗指示灯
11	制动系统故障指示灯	22	蓄电池故障	33	车速表

表2-5 北汽纯电动汽车警告指示灯点亮条件和处理方式

序号	名称	显示位置	符号	颜色	显示文字	点亮条件	处理方式
1	安全带未系	仪表板		红色	请系安全带	当车辆处于ON状态,驾驶人安全带未系或者乘客安全带未系且乘客座有人或重物时	在驾驶人安全带未系时点亮,在配置副驾驶座椅传感器的车辆上若副驾驶座坐人或有重物,且安全带未系时报警
2	安全气囊	仪表板		红色		当车辆处于ON状态,且安全气囊发生故障时	如果警告灯没有按照所述的方式显示及熄灭,或在行驶过程中警告灯显示,表示系统有故障。应当尽快送至授权服务商检查
3	车身防盗	仪表板		红色		车身防盗开启后	

（续）

序号	名称	显示位置	符号	颜色	显示文字	点亮条件	处理方式
4	电池警告灯	显示屏		红色	蓄电池故障	蓄电池电压高、低故障或 DC/DC 故障	如果指示灯持续点亮，或在行驶过程中点亮，表示蓄电池充电系统发生故障，应立即安全停车并与授权服务商联系
5	门开警告灯	仪表板		红色		驾驶座门、乘客门、行李舱任意门开时	
6	ABS	仪表板		黄色		车辆 ABS 发生故障时	如果指示灯持续点亮，或在行驶过程中点亮，表示 ABS 系统发生故障，应立即安全停车并与授权服务商联系
7	前雾灯	仪表板		绿色		前雾灯开	
8	后雾灯	仪表板		黄色		后雾灯开	
9	前照灯远光	仪表板		蓝色		前照灯远光开	
10	左转向	仪表板		绿色		左转向开	
11	右转向	仪表板		绿色		右转向开	
12	EBD	仪表板		红色	EBD 故障	车辆 EBD 系统发生故障时	如果指示灯持续点亮，或在行驶过程中点亮，表示 EBD 系统发生故障，应立即安全停车并与授权服务商联系
13	制动液液位				请添加制动液	车辆制动液液位低时	如果指示灯持续点亮，且有相应文字提示时，请尽快前往授权服务商处添加制动液
14	制动系统故障	仪表板		红色	制动系统故障	车辆制动系统发生故障时	如果指示灯持续点亮，或在行驶过程中点亮，表示 ABS 系统发生故障，应立即安全停车并与授权服务商联系
15	驻车制动	仪表板		红色		驻车制动手柄拉起时	

（续）

序号	名称	显示位置	符号	颜色	显示文字	点亮条件	处理方式
16	充电提示灯	显示屏		黄色	请尽快进行充电	充电提醒：电量小于30%时指示灯点亮；在电量低于10%时，提示"请尽快充电"	如果指示灯点亮，表示动力蓄电池电量不足，有可能不能满足驾驶里程的需求，需要尽快充电
17	系统故障	显示屏		红色		仪表与整车失去通信时，指示灯持续闪烁；车辆出现一级故障时，指示灯持续点亮	如果指示灯持续闪烁或点亮，表示车辆目前出现较为严重的故障，应立即安全停车，并与授权服务商联系
		显示屏		黄色		车辆出现二级故障时，指示灯持续点亮	如果指示灯持续点亮，表示车辆目前出现故障，应立即安全停车并与授权服务商联系
18	充电提示灯	仪表板		红色	请连接充电枪	车辆进入充电准备状态时，仪表文字表示"请连接充电枪"；车辆充电枪连接后，该指示灯点亮	
19	READY指示灯	显示屏	READY	绿色		车辆准备就绪时	
20	跛行指示灯	显示屏		红色	车辆进入跛行状态	车辆被限制车速时或被限制输出功率	如果指示灯持续点亮，表示车辆目前出现故障，应立即安全停车并与授权服务商联系
21	EPS故障	显示屏		黄色	EPS系统故障	EPS系统发生故障时	如果指示灯持续点亮，或在行驶过程中点亮，表示转向系统发生故障，应立即安全停车并与授权服务商联系
22	档位故障	显示屏	N	—		档位故障触发后，当前档位持续闪烁	如果指示灯持续点亮，或在行驶过程中点亮，表示档位系统发生故障，应立即安全停车并与授权服务商联系
23	电机冷却液温度过高	显示屏		红色	电机冷却液温度过高	当电机或电机控制器温度过高而引起冷却液温度过高时	如果指示灯持续点亮，或在行驶过程中点亮，表示档位系统发生故障，应立即安全停车并与授权服务商联系
24	电机转速过高	文字提示区域	—	—	电机转速过高	当电机转速过高时	如果文字提示区域显示该文字，请尽量缓慢踩踏加速踏板，避免电机转速过高对车辆造成损坏，若持续显示此文字，应立即安全停车并与授权服务商联系
25	请尽快离开车内	文字提示区域	—	—	请尽快离开车内	当遇到电池严重故障时	请立即安全停车并离开车厢，然后与授权服务商联系

（续）

序号	名称	显示位置	符号	颜色	显示文字	点亮条件	处理方式
26	动力电池断开	显示屏		红色	动力电池故障	当车辆动力电池发生故障时	如果指示灯持续点亮，或在行驶过程中点亮，表示动力电池系统发生故障，应立即安全停车并与授权服务商联系
27	动力电池故障	显示屏		红色	动力电池故障	当车辆动力电池发生故障时	如果指示灯持续点亮，或在行驶过程中点亮，表示动力电池系统发生故障，应立即安全停车并与授权服务商联系
28	示廓灯	仪表板		绿色		当示廓灯打开时	
29	绝缘故障	文字提示区域	—	—	绝缘故障	当车辆发生绝缘系统故障时	如果文字提示区域显示该报警文字，应立即安全停车并与授权服务商联系
30	驱动电机系统故障	文字提示区域	—	—	驱动电机系统故障		
31	车身控制模块故障	文字提示区域	—	—	车身控制模块故障	当车辆车身控制模块发生故障时	如果文字提示区域显示该报警文字，应立即安全停车并与授权服务商联系

2. 常规维护作业

常规维护作业包括检查轮胎胎压、型号与胎纹磨损；变速器与其他部位是否有油液泄漏；各油液液面；真空助力和踏板行程；影响道路行驶测试的安全是否良好，如制动、灯光与转向等；空调系统是否正常等。

（1）冷却液检查与加注

冷却液液位应在 MAX 和 MIN 两条标记线之间，低于 MIN 标记线时应添加，如图 2-6 所示。

（2）制动液检查与加注

制动液液面高度应到 MAX 标记线，如图 2-7 所示。制动液必须每两年或 4 万 km 完全更换一次，以先到为准。北汽规定其制动液的规格为壳牌 DOT4。

图 2-6 冷却液储液罐　　图 2-7 制动液储液罐

（3）12V 蓄电池检查与维护

传统铅酸蓄电池为免维护蓄电池，蓄电池顶部有一个电量指示器，如图 2-8 的箭头所示，绿色表示电量充足，黑色表示电量不足需要充电，透明或浅黄色表示电量完全没有，已报废，需更换蓄电池。

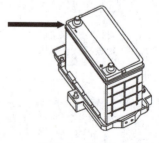

图 2-8 蓄电池

（4）风窗玻璃清洗剂加注

风窗玻璃清洗剂是水和品牌洗涤剂的混合液，加注量应小于3.5L。

（5）风窗玻璃刮水器刮片

检查风窗玻璃刮水器刮片是否老化龟裂，刮水时是否有响声。

（6）轮胎

目视检查胎压和测量检查轮胎胎压，检查轮胎是否磨损异常，检查轮胎磨损标记。原配的轮胎有磨损极限标记，沿圆周共有6个指示点。当胎面磨损到1.6mm，标记将与花纹表面平齐或接近，在地面上留下连续的橡胶痕迹，贯穿整个轮胎宽度，如图2-9所示，此时应更换轮胎。

图2-9　轮胎磨损标记

（7）空调系统维护作业

1）空调冷风系统。

检查项目：空调制冷效果和控制功能。

检测方法：空调控制面板如图2-10所示。钥匙旋至ON档，按下AC按钮，整车VCU接收到AC请求信号，点亮开关上的工作状态指示灯，并根据VCU内部程序控制制冷系统工作。检查空调制冷效果，包括出风口温度和风量；检查空调压缩机工作状态及有无异响，判断压缩机工作声音是否正常，可用听诊器直接放在压缩机上测听；检车风量调节和风向控制装置的功能。

图2-10　空调控制面板

2）暖风系统。

检查项目：检查制热功能和调节功能，暖风功能打开工作几分钟后，检查吹出的风有无焦煳味。

检查方法：打开风机并调节温度＋或温度－，使显示屏温度条显示Hi方向位置（左方四个格范围内），制热功能启动，空气通过加热器从仪表板通风口输出，检查制热功能和调节功能，暖风功能打开工作几分钟后，检查吹出的风有无焦煳味。

（8）减速器的维护作业

1）减速器维护周期。

减速器的功能是将驱动电机的转速降低、转矩升高，以实现整车对驱动电机的转矩、转速需求。北汽EV160减速器的三个油孔如图2-11所示，维护周期见表2-6。

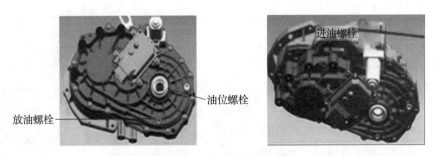

图2-11　减速器的三个油孔

表 2-6   维护周期

行驶里程 / 万 km	1	2	3	4	5	6	7	8
月数	6	12	18	24	30	36	42	48
方法	B	H	B	H	B	H	B	H

注：1. 维护周期以里程数或月数判断，以先达到为准，表中以 8 万 km 以内的定期维护为例，超过以此类推。

2. 表中的"B"表示在维护作业中必要时更换润滑油。"H"表示必须更换润滑油。

3. 举升车辆时，应同时检查减速器是否漏油。

4. 北汽规定润滑油的规格为 GLO-475W-90 合成油；油量 0.9~1.1L。

2）检查与更换润滑油（图 2-11）。

①确认车辆处于水平状态下检查油位。

②检查减速器是否有漏油痕迹，如有，应分析原因并修理。

③拆下油位螺栓，检查油位，润滑油应与油位螺栓孔齐平，否则应补加润滑油。

3）润滑油更换方法。

①换油前，必须停车断电（关闭起动开关），举升机水平举升车辆。

②检查油位，检查是否漏油，如有漏油应修复。

③拆下放油螺栓，排放废油。

④放油螺栓涂布少量密封胶，按规定力矩 14~18N·m 拧紧。

⑤拆下油位螺栓、进油螺栓。

⑥用规定型号润滑油加注，按规定油量加注到油位空孔。

⑦油位螺栓、进油螺栓涂布少量密封胶，按规定力矩 14~18N·m 拧紧。

（9）底盘系统其他维护作业

1）目测等速万向节防护套有无泄漏或损坏。目测时，必须检查汽车的车厢底板、轮罩和边梁，检查所有的导线是否固定在支架中，所有塞子都处于规定位置，并且底板未受到任何破坏。

2）检查驱动电机及变速器悬置软垫固定螺栓力矩。支架与车身悬置连接力矩 65N·m±5N·m。变速器悬置连接力矩：螺母（2个），95~105N·m；螺栓（1个），85~90N·m。

3）检查底盘处高压线束的外观和连接状况。检查底盘处高压线缆保护套是否进水、老化或破损。

3. 系统检查

使用北汽 BDS 诊断仪检测各系统是否工作正常，有无故障码，显示数据流是否正常，是否有需要更新升级系统软件等。

将北汽 BDS 诊断仪插到诊断接口上，如图 2-12 所示。将汽车钥匙置于 ON 档，接通诊断仪，进入汽车智能诊断系统，该系统功能包括读 ECU 信息，分析故障码，读取数据流，元件执行，编程、匹配、设定和防盗等功能。

a）诊断接口位置　　　　b）连接诊断仪

图 2-12　连接北汽 BDS 诊断仪

4. 车载充电系统检查（220V 交流慢充）

（1）车载充电系统检查

检查项目：车载充电系统工作状态。

检查方法：对车辆进行充电，查看指示灯是否正常。

注意事项：充电正常时，安装在外墙上的充电盒上的电源（Power）灯和充电（Charging）灯点亮。如果起动半分钟后仍只有电源（Power）灯亮时，说明电池可能无充电要求或已充满。当故障（Fault）灯点亮时，说明充电系统有故障。当所有充电灯都不亮时，检查充电桩、充电线束及插接件。安装在外墙上的充电盒如图 2-13 所示。

图 2-13　安装在外墙上的充电盒

（2）充电线检查

检测项目：检查充电线和充电线插头。

检查方法：检查充电线外观及其插头状态，充电线有无破损、裂痕，充电过程中充电线会产生热量，如有破损应立即更换。检查充电线插头是否良好。定期使用绝缘仪检查充电线和插头的绝缘性能。

（3）充电口盖开关状态

检测项目：充电口盖开关状态。

检查方法：检查充电口盖能否正常开启和关闭，如图 2-14 所示。

图 2-14　充电口盖开关状态

5. DC-DC 功能检查

检查项目：DC-DC 输出电压检查。

检查方法：

1）将车钥匙置于 OFF 挡，断开所有用电器并拔出钥匙。

2）按压低压蓄电池锁压件，打开盖板并露出低压蓄电池正极。

3）用万用表直流电压挡位测量低压蓄电池的电压（并记录）。

4）将车钥匙置于 ON 挡。

5）用万用表直流电压挡位测量低压蓄电池的电压（并记录），这时所测的电压是 DC-DC 输出的电压。

检测结果分析：在关闭车上用电设备的情况下，北汽 EV160/200 车的 DC-DC 正常输出电压为 13.2~13.5V（或 13.5~14V）。如电压值低于规定值，故障原因可能是车上用电设备未关闭，或万用表有误差，或 DC-DC 故障。

6. 动力电池系统维护作业

动力电池的维护作业是为了保证其性能的可靠性而进行的工作，通常分为日常的常规维护和周期性的强制维护。

（1）动力电池的常规维护作业项目

动力电池的常规维护作业项目不需要拆卸动力电池，也不需要开盖检查。

1）将车辆举升，目测动力电池底部有无磕碰、划伤、损坏等现象，电池标识是否脱落。

2）目测密封条及进排气孔，进行电池箱体的密封检查。

3）目测动力电池高低压插接件是否有变形、松脱、过热、损坏等情况。

4）定期对动力电池满充、满放一次，之后使用专用检测仪对动力单体电池一致性进行测试。

5）使用专用检测仪器对动力电池 BMS、绝缘电阻进行测试。

（2）动力电池系统周期性强制维护项目

动力电池系统周期性强制维护项目需要拆卸动力电池，必要时需要开盖检查。

1）绝缘检查（内部）。

检查目的：防止电池箱内部短路。

检查方法：将电池箱内部高压盒插头打开，用绝缘测试仪测试总正、总负对地电阻，电阻应为 500Ω/V。

2）模组连接件检查。

检查目的：防止螺栓松动造成故障。

检查方法：用绝缘扭力扳手紧固（标准力矩为 35N·m），检查完成后，做好极柱绝缘。

3）电池箱内部温度采集点检查。

检查目的：确保测温点工作正常、采集点合理。

检查方法：使用笔记本电脑通过专用 CAN 卡监控电池箱内部温度与用红外热像仪所测试的温度进行对比，检查温度传感器精度。

4）电压采集线检查。

检查目的：防止电压采集线破损进而导致测试数据不准。

检查方法：将从板插接件打开安装 1 次，通过观察数据变化进行确认。

5）标识检查（内部）。

检查目的：防止内部各组件标识脱落。

检查方法：目测内部各组件标识是否脱落。

6）熔断器检查。

检查目的：检查熔断器状态是否良好。

检查方法：用专用万用表电阻挡测量电阻值。

7）继电器测试。

检查目的：防止继电器损坏，车辆无法正常上高压。

检查方法：用笔记本电脑上的专用监控软件起动关闭总正、总负继电器，并用专用万用表进行测试。

8）高低压插接件可靠性检查。

检查目的：确保插接件正常使用。

检查方法：目测高低压插接件是否松动、破损、腐蚀以及密封情况等，并通过专用万用表测量连接可靠性，用绝缘测试仪进行绝缘测试。

9）其他电池箱内零部件检查。

检查目的：保证辅助性的部件正常使用。

检查方法：用绝缘螺丝刀和绝缘扭力扳手检查各紧固件是否有松动、破损、脱落等情况。

10）电池组安装点检查。

检查目的：防止电池包脱落。

检查方法：目视检查每个安装点焊接处有无裂纹。

11）电池组外观检查。

检查目的：确保电池组未受到外界因素影响。

检查方法：目测电池组无变形、无裂痕、无腐蚀、无凹痕。

12）保温检查。

检查目的：确保冬季电池组内部温度。

检查方法：目测检查电池组内部边缘保温棉是否脱落、损坏。

13）电池组高低压线缆安全检查。

检查目的：确保电池组内部线缆不破损、漏电。

检查方法：目测电池组内部线缆是否破损、挤压。

14）电芯防爆膜、外观检查。

检查目的：防止电芯损坏、漏电。

检查方法：目测可见电芯防爆膜、电芯外观绝缘是否破损。

15）CAN电阻检查。

检查目的：确保通信质量。

检查方法：下电情况，用专用万用表欧姆挡测量CAN1（3）-H对CAN1（3）-L的电阻。

16）电池箱内部干燥性检查。

检查目的：确保电池箱内部无水渍。

检查方法：打开电池组，目测观察电池箱内部有无积水，并用绝缘测试仪测量电池组绝缘性能。

17）电池加热系统测试。

检查目的：确保加热系统工作正常，避免冬季影响充电。

检查方法：电池箱通电，打开监控软件，启动加热系统，目测风扇和加热膜片是否工作正常。

18）对各高、低压插接件进行除湿、润滑、绝缘处理。

检查目的：保证高、低电路连接的可靠性。

检查方法：用WD40对插接件进行处理。

19）最后进行电池箱重新密封，并进行密封检查。

检查目的：保证电池箱密封良好，防止水进入。

检查方法：目测密封条密封性能或更换密封条。

注意：以上是对一款自然风冷型的动力电池所进行的周期性强制维护项目，对于强制风冷或液冷的动力电池系统，以及内置高压控制盒类型的动力电池与此不完全相同。在进行维护时一定要严格按新能源汽车高压安全与防护要求进行相应操作，否则可能造成人身伤害事故。

7.电机的维护作业

1）检查驱动电机及其控制器安装是否牢靠，紧固螺栓是否松动。

2）断开动力电源，检查驱动电机及其控制器线束及插接件是否有松动、老化等现象。

3）检查电机本体及控制器水冷管道是否通畅，及时清理冷却水道的堵塞现象。

4）断开动力电源，对电机本体及控制器表面进行清洁处理。

5）电机轴承无须加注润滑脂，但需要检查电机轴承是否有油脂漏出。

6）检查电机温度传感器和速度传感器连接是否正常，插接件不要虚接。

7）检查温度传感器在 25℃左右的电阻值，电阻为 590~610Ω。

8）检查驱动电机与减速器轴花键状态，如果花键表面油脂有流失，需及时补充。该操作可以 1 万 ~2 万 km 做一次。

8. 贴签

北汽规定在每次维护工作后应贴上"维护温馨提示贴"标签。维护贴包括：本次维护日期 / 里程、下次维护日期 / 里程、4S 店服务电话和 400 服务电话。标签贴贴在驾驶人侧的仪表台上，如图 2-15 所示。

9. 维护周期指示器复位

维护工作结束后，应将维护周期指示器复位，如图 2-16 所示，提示驾驶人进行下一次维护的时间。维护周期指示器复位步骤如下：

1）在钥匙置于 OFF 档的情况下，按下按键"1"。

2）将钥匙置于 ON 档。

3）连续按下按键"2"直至组合仪表上显示出维护周期、里程数停止。

4）按下按键"2"保持 5s，维护周期指示器复位结束。

图 2-15　维护温馨提示贴　　　　图 2-16　维护周期指示器复位

(六)、上汽通用五菱（SGMW）宏光纯电动汽车 23 项标准化保养操作细则

1. 准备 SGMW 新能源 23 项标准化保养工具（见表 2-7）

表 2-7　SGMW 新能源 23 项标准化保养工具

项目	内容	示意图
安全穿戴	绝缘鞋、绝缘手套、安全帽	

（续）

项目	内容	示意图
工具	故障诊断仪、绝缘工具套件、万用表、蓄电池检测仪、制动液检测笔、扭力扳手、气压表	 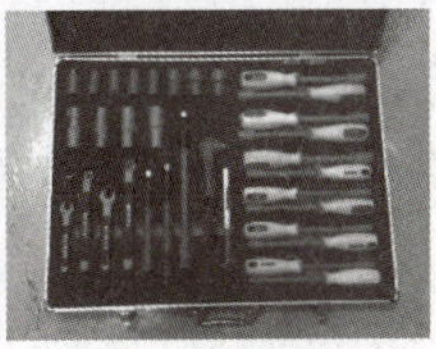  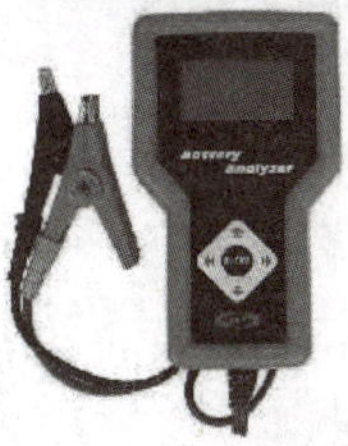 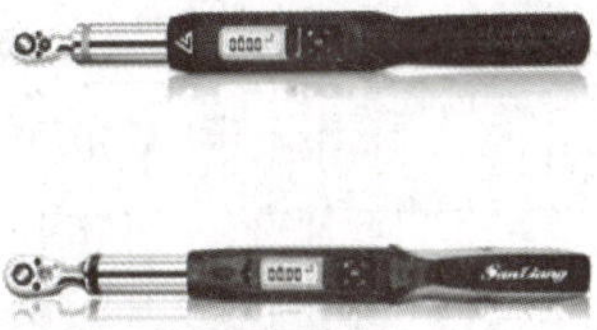
物料	减速器润滑油 1L、制动液 0.7L、冷却液、洗涤液	

检查时，必须确保穿戴好防护用品，戴好绝缘手套，穿好高压绝缘鞋；对高压电部件维修和拆装前，必须进行高压电断电程序，确认已断开 12V 电源和高压电维修开关，并且断电后车辆静置 5min 以上

2. SGMW 新能源 23 项标准化保养操作细则

1）保养项目 1：检查制动、加速踏板的行程及松紧度，见表 2-8。

2）保养项目 2：检查转向盘、转向机间隙及是否存在异响，见表 2-9。

表 2-8　检查制动、加速踏板的行程及松紧度

序号	主要步骤	要点	原因	示意图
1	踩下制动踏板，制动效果正常	OFF 挡，制动踏板踩 2~3 下后将明显感到发硬；ON 挡后，能听到真空泵工作发出的声音，真空泵工作结束后，踩下制动踏板时不发硬，仪表显示 READY 挡	安全要求	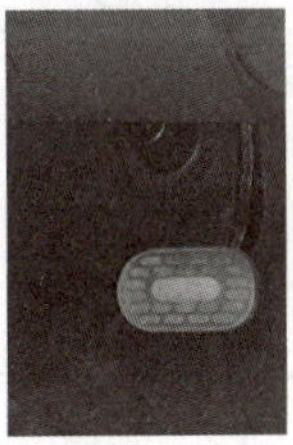 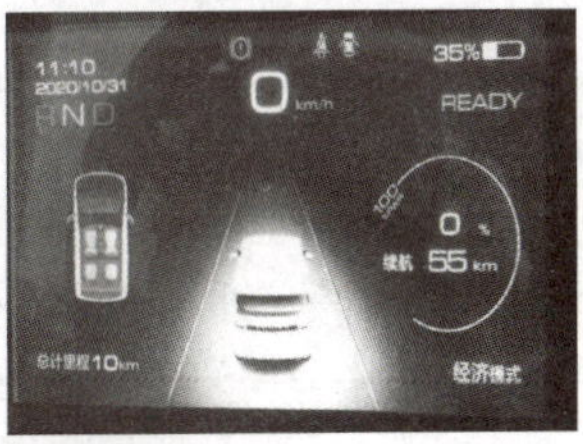
2	踩下加速踏板	踩下加速踏板，踏板能平顺踩下，不卡滞，挂挡行驶，加速踏板正常	安全要求	

表 2-9　检查转向盘、转向机间隙及是否存在异响

序号	主要步骤	要点	示意图
1	检查转向盘是否异响	向左右轻转动直到有阻力为止，可转角度不在 10°~15° 之间，检查（听）是否有松动异响	
2	车辆 READY 挡	转向盘转动轻便，前轮随之转动，检查是否存在间隙过大、异响、无助力情况	
3	在驾驶过程中检查转向盘	踩下制动踏板、挂挡、踩下电子加速器踏板行驶，转向盘转动轻便，无异响	
4	切换经济/运动模式（按转向盘或仪表板上模式按键）	切换后，仪表上对应文字变化（E/D/S）	

3）保养项目 3：检查驻车制动行程及松紧度，见表 2-10。

表 2-10　检查驻车制动行程及松紧度

序号	主要步骤	要点	原因	示意图
1	脚踩制动踏板，用手拉动驻车制动，驻车制动松紧程度适中	拉紧驻车制动至 6 齿以上，车辆轻推不挪动	安全要求	
2	如是电子驻车制动，检查驻车制动开关是否正常工作	如果是电子驻车制动，勾起电子驻车制动开关，车辆轻推不挪动，确认电子驻车制动背景灯点亮	安全要求	
3	移车进入维修保养工位	慢速移车进入工位，保证车辆与举升机左右距离相近	安全要求	—

4）保养项目 4：检查喇叭、整车灯光、仪表功能、音响系统和胎压复位（间接式），见表 2-11。

表 2-11　检查喇叭、整车灯光、仪表功能、音响系统和胎压复位

序号	主要步骤	要点	示意图
1	检查喇叭	喇叭能正常鸣响，无沙哑、杂声	
2	检查灯光，技师手势配合确认灯光是否正常	用手势配合检测整车灯光是否正常	
3	检查组合仪表功能	READY 挡，检查组合仪表各项指示等功能是否正常	
4	检查音响系统功能	检查音响开关机、音乐、电话、车机等各项功能是否正常	
5	胎压复位	按住 3~5s，仪表出现"胎压复位成功"	

5）保养项目 5：检查刮水洗涤、后视镜、升降器、门锁操控、安全带功能、换挡 / 拨挡旋钮，见表 2-12。

表 2-12　检查刮水洗涤、后视镜、升降器、门锁操控、安全带功能、换挡 / 拨挡旋钮

序号	主要步骤	要点	示意图
1	检查刮水洗涤	按照标准要求检测刮水器的间歇、慢速、快速喷水、自动回位功能	

（续）

序号	主要步骤	要点	示意图
2	检查后视镜	镜面清晰完整，能正常上下左右调整，测试后恢复至客户设定的位置	
3	检查升降器及一键升降功能	玻璃升降顺畅，无卡滞	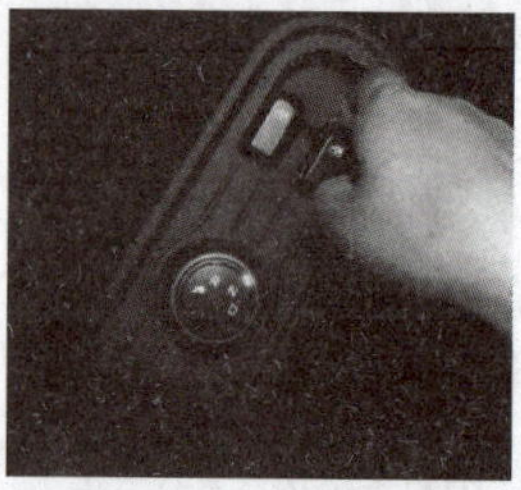
4	踩下制动踏板，转动换挡旋钮	未踩制动踏板时，旋钮（或换挡杆）应无法从空挡（P，N）切换到倒挡（R）或前进挡（D），踩下制动踏板，转动换挡旋钮，组合仪表上有对应的挡位指示灯点亮，换挡过程准确，无跳挡现象	

6）保养项目6：检查空调冷暖风系统工作状况，见表2-13。

表2-13　检查空调冷暖风系统工作状况

序号	主要步骤	要点	示意图
1	打开鼓风机，出风口有风吹出，无异响	检测内/外循环功能按键、出风口切换按键功能正常	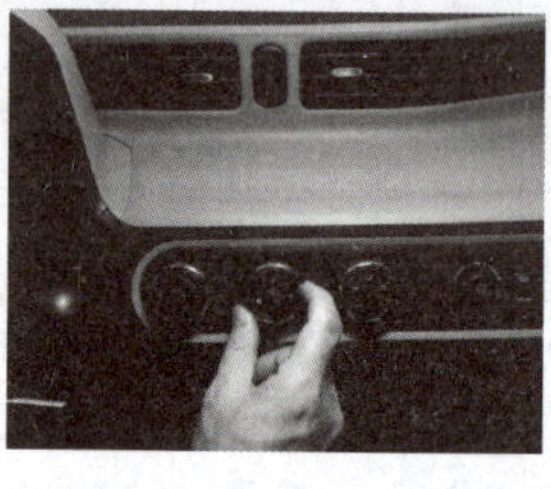 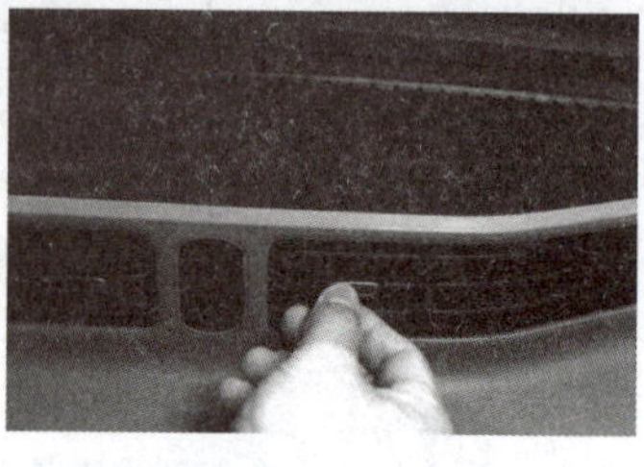
2	空调旋钮逆时针旋转至制冷	检测空调制冷功能正常，出风口有冷风吹出	—
3	空调旋钮顺时针旋转至制热	检测空调制热功能正常，出风口有暖风吹出	—
4	如果有空调滤芯，使用压缩空气进行清洁，过脏时建议更换	空调滤芯清洁后，检查有无异味，通气是否均匀顺畅	

7）保养项目 7：检查前舱高压线束连接状态、充电机、DC–DC 变换器散热片，检测蓄电池状态，必要时清洁、紧固及润滑桩头，见表 2–14。

表 2–14　检查前舱高压线束连接状态、充电机、DC–DC 变换器散热片，检测蓄电池状态

序号	主要步骤	要点	示意图
1	检查前舱高压线束连接状态	插接牢固、无松动、无涉水或烧蚀痕迹	
2	检查 12V 蓄电池表面	壳体表面无损坏、鼓包	
3	检查接线柱状态	摇动接线柱连接牢固可靠，如有氧化物需去除氧化物，用导电润滑脂润滑负极	
4	测量 12V 蓄电池状态	使用蓄电池检测仪测量蓄电池状态（良好、更换、需充电），应在关闭电门状态下完成	

8）保养项目 8：检查制动液、洗涤液、冷却液状态情况和液面高度，见表 2–15。

表 2–15　检查制动液、洗涤液、冷却液状态情况和液面高度

序号	主要步骤	要点	原因	示意图
1	检查、补充制动液	制动液无变色、浑浊情况，液面超过最高刻线与最低刻线中间位置，必要时添加或更换，检查管箍、管体状态、连接状态是否连接完好，用制动液检测仪检测制动液含水量（小于 3%）	安全要求	检查制动液刻线位置　　检测制动液含水量

（续）

序号	主要步骤	要点	原因	示意图
2	检查、补充洗涤液	添加适量洗涤液	安全要求	
3	检查、补充冷却液	冷却液无变色、浑浊情况，液面处于最高刻线与最低刻线中间位置，必要时添加或更换，检查周围管路连接可靠，无泄漏，使用冰点检测仪检测冷却液，标准低于 −35℃	安全要求	

9）保养项目9：检查车门及盖无开关卡滞，并对车门锁、铰链、限位器进行润滑，见表2-16。

表2-16　检查车门及盖无开关卡滞，并对车门锁、铰链、限位器进行润滑

序号	主要步骤	要点	示意图
1	检查三门一盖的铰链、门锁	开关车门检查铰链完好无变形裂痕，门锁功能正常，无异响	
2	在检查铰链、门锁的同时对其进行润滑	车门铰链润滑脂达到润滑效果即可，不能涂抹过多，以防污染周围零件	

10）保养项目10：拆减速器加油螺母，检查减速器油位及品质，加注减速器油（手册规定更换周期），见表2-17。

表 2-17 拆减速器加油螺母，检查减速器油位及品质，加注减速器油

序号	主要步骤	要点	示意图
1	将车辆举升至可观察底盘高度	把举升机 4 个支撑脚对应车身底部支撑位，需确保支撑位正确，避免底盘非支撑部位变形。举升至高位时，确保降至卡位位置	
2	准备扳手工具，检查油液质量	使用照明灯观察螺栓周围无明显油迹，拆放油螺栓，取出少量油液，检查油液质量	
3	放收集废油的容器在减速器放油口下方	准备好接油桶、梅花扳手，拆下放油螺栓，排放齿轮油，放齿轮油过程中可做后续保养步骤	—
4	加入齿轮油油液	从加油口加入齿轮油 0.7~0.8L，宏光 MINI（型号：GL-5），E100/E200（型号：GL-4）	—

11）保养项目 11：检查制动、冷却、传动系统是否有油液渗漏，更换油液（手册规定更换周期），见表 2-18。

表 2-18 检查制动、冷却、传动系统是否有油液渗漏，更换油液

序号	主要步骤	要点	示意图
1	检查制动管路	确认连接头是否松动、管路无油液渗漏	
2	检查传动系统	确认传动系统接触面无油液渗漏	
3	检查冷却管路（如有）	确认连接头是否松动、管路无油液渗漏	—
4	以上如有渗漏，必须修复故障并补充相关油液		

12）保养项目12：检查转向系统，摆动前轮及拉杆，确认转向拉杆、球头、防尘罩是否松动，见表2-19。

表2-19　检查转向系统，摆动前轮及拉杆，确认转向拉杆、球头、防尘罩是否松动

序号	主要步骤	要点	原因	示意图
1	检查转向器、转向拉杆	确认转向拉杆、球头无松动	安全要求	
2	检查拉杆防尘罩	拉杆防尘罩无破损及老化	安全要求	—

13）保养项目13：检查并紧固前后悬架和转向等连接相关螺栓，见表2-20。

表2-20　检查并紧固前后悬架和转向等连接相关螺栓

序号	主要步骤	要点	原因	示意图
1	检查前减振器螺母	前减振器螺母力矩：31~65N·m	安全要求	
2	检查前下摆臂与副车架螺栓	前下摆臂与副车架螺栓力矩：80~90N·m，适用车型：E100、E200和宏光MINI。其中，E300前下摆臂与副车架螺栓力矩：100~120N·m	安全要求	
3	检查副车架与车体连接螺栓	副车架与车体连接螺栓力矩：42~32N·m，适用车型：E100、E200和宏光MINI。其中，E300副车架与车体连接螺栓力矩：100~120N·m	安全要求	
4	检查电池支架紧固螺栓、后减振器螺母的力矩并进行紧固	电池支架紧固螺栓力矩：49~60N·m；后减振器螺母力矩：85~115N·m	安全要求	

14）保养项目14：检查驱动电机、动力电池高压、低压线束、底盘线束，见表2-21。

表2-21　检查驱动电机、动力电池高压、低压线束、底盘线束

序号	主要步骤	要点	原因	示意图
1	检查驱动电机高压、低压线束	高压线束外观无破损，插头无松动，低压线束外观完好，前梁上过渡插头连接牢固、卡扣无松脱，线束无涉水痕迹	安全要求	 
2	检查动力电池高压、低压线束	高压线束外观无破损，插头无松动，低压线束外观完好，前梁上过渡插头连接牢固、卡扣无松脱，线束无涉水痕迹	安全要求	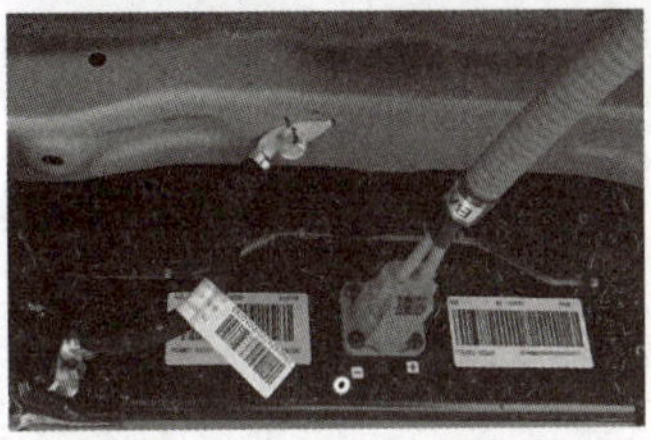

15）保养项目15：检查动力电池及电池箱体外观状况，见表2-22。

表2-22　检查动力电池及电池箱体外观状况

序号	主要步骤	要点	原因	示意图
1	检查动力蓄电池护板状态	表面平整、无磨损、无磕碰剐伤、变形及污物	安全要求	
2	检查动力电池外观	动力电池：外观无碰撞、无变形，接地线紧固，透气阀完好，无遮挡，插接件锁紧无破损，无焦煳味	安全要求	
3	检查插接件	动力系统总正、总负、慢充和低压插接件锁紧，插头无松动、黑斑或烧蚀痕迹等情况	安全要求	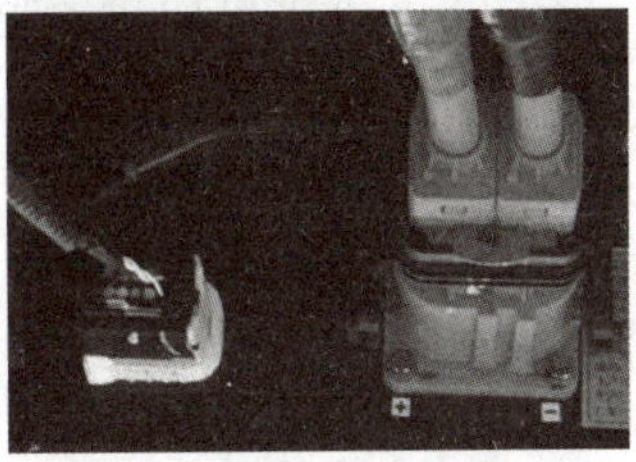

16）保养项目16：检查四轮胎纹深度及磨损情况，检查四轮轴承，必要时进行四轮换位，见表2-23。

表 2-23　检查四轮胎纹深度及磨损情况，检查四轮轴承，必要时进行四轮换位

序号	主要步骤	要点	原因	示意图
1	检查轮胎表面及磨损	轮胎面无鼓包、裂纹、扎孔、偏磨，清除花纹夹带的石子等异物。检查是否存在偏磨，必要时进行四轮换位	安全要求	
2	检查轮胎胎纹深度	测量轮胎花纹深度，建议报废深度：小于 2mm；强制报废深度：小于 1.6mm	安全要求	
3	正面对车轮上下摆动车轮轴承	通过摆动车轮检查有无松动异常现象，确认车轮轴承是否松动异常	安全要求	—
4	将车辆从举升机上降到底部	—	安全要求	—

17）保养项目 17：拆下四个轮胎，检查前后轮胎摩擦片、制动鼓厚度及有无异常，对摩擦片、制动鼓进行清洁或调整更换，见表 2-24。

表 2-24　检查前后轮胎摩擦片、制动鼓厚度及有无异常，对摩擦片、制动鼓进行清洁或调整更换

序号	主要步骤	要点	原因	示意图
1	拆下四个轮胎	使用电动枪拆解轮胎螺母，并取下轮胎	安全要求	
2	检查制动盘和摩擦片	螺栓紧固，无严重锈蚀，制动盘光滑无异常磨损	安全要求	—
3	测量摩擦片、制动盘厚度	①前后摩擦片建议更换厚度：小于 3mm；强制更换厚度：小于 2mm；②后蹄片建议更换厚度：小于 2mm；③强制更换厚度：小于 1.5mm；④制动盘极限厚度 7mm；⑤制动鼓极限内径 205mm	安全要求	
4	清理制动鼓、制动盘	如果过脏，应清理制动系统	安全要求	—

18）保养项目18：安装四个轮胎，预紧轮胎螺母，见表2-25。

表2-25 安装四个轮胎，预紧轮胎螺母

序号	主要步骤	要点	示意图
1	安装四个轮胎	分别安装四个轮胎，预紧轮胎螺母	

19）保养项目19：检查四轮螺母力矩，检查四轮气压，必要时充气，见表2-26。

表2-26 检查四轮螺母力矩，检查四轮胎气压，必要时充气

序号	主要步骤	要点	原因	示意图
1	检查四轮螺母力矩	按标准力矩对角拧紧四轮螺母 铁制车轮螺母力矩：（100±10）N·m 铝制车轮螺母力矩：（115±15）N·m	安全要求	
2	检查四轮气压	前轮气压：230kPa 后轮气压：230kPa 后轮气压（E50）：250kPa	安全要求	
3	胎压监测系统复位（间接式）	重新补充气压后，需要对胎压监测系统复位	安全要求	

20）保养项目 20：检测仪诊断全车，导出记录故障，清除历史故障码，见表 2-27。

表 2-27　检测仪诊断全车，导出记录故障，清除历史故障码

序号	主要步骤	要点	示意图
1	找到 OBD 接口，连接诊断仪，钥匙拧到 ON 档（电量在 5%~100% 之间检测）	进入系统后选好车型年份，全车诊断	
2	记录故障码	导出诊断记录，清除全车历史故障码	

21）保养项目 21：诊断动力电池数据、车载终端数据，及 DC-DC（或组合模块）功能，见表 2-28。

表 2-28　诊断动力电池数据、车载终端数据，及 DC-DC（或组合模块）功能

序号	主要步骤	要点	示意图
1	分别进入"电池管理系统"进行数据诊断	①进入系统后选好车型年份→整车控制器→数据实时显示→电池包→读取相应数据②读取电池单体电压最小值和最大值并记录（单体电压：2.5~4.15V，电压差 ≤ 50mV）③读取电池温度最小值和最大值并记录（温度 ≤ 45℃，温度差 ≤ 5℃）④读取电池包绝缘电阻值	
2	"用户连接单元""整车控制器"的数据诊断	其他参考 VDS 界面（不同车型会有差别）	

22）保养项目22：检查充电接口及充电枪，见表2-29。

表 2-29　检查充电接口及充电枪

序号	主要步骤	要点	示意图	
1	检查充电口盖是否能正常打开	按压车头车标右侧或者按下打开充电口的按钮，弹开充电口门。然后向右拨开充电口盖的锁钩，确认充电口盖是否能正常打开		
2	检查车辆充电功能是否正常	从工具包里取出充电枪，查看线缆是否完好，连接至充电插座，检查是否能正常充电		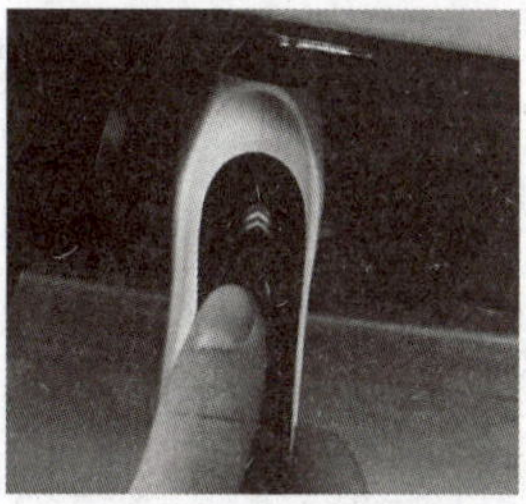 把充电枪插到充电口上，直到听到"哒"一声。充电枪指示灯显示：插枪正常，蓝灯闪烁。正在充电，绿灯闪烁。出现故障，红灯常亮或闪烁。充电结束，绿灯常亮
3	充电指示灯	观察充电指示灯状态，确认充电正常		

23）保养项目23：App功能使用说明介绍，见表2-30。

表 2-30　App 功能使用说明介绍

序号	主要步骤	要点	示意图
1	确认客户使用车辆是否存在困难和疑问	告知客户冬季使用技巧，智能保温等实用功能教学	
2	检查App显示的参数是否和实际相符	检查App上显示的车辆位置、电量、行驶里程信息与实际是否相符	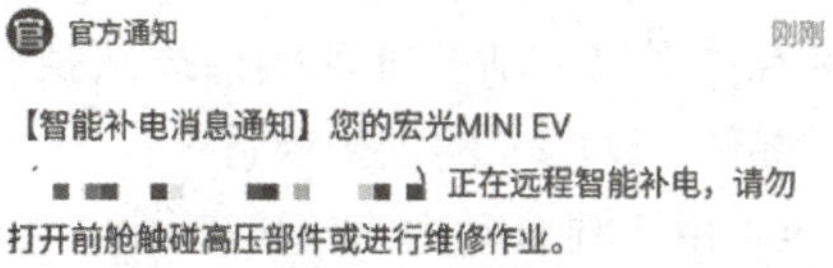

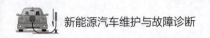

（续）

序号	主要步骤	要点	示意图
3	检查 App 的补电和保温功能是否正常	测试蓄电池一键补电和电池智能保温功能是否能正常打开，点击 App 功能按键，能收到 App 的提示信息	

 任务二　混合动力汽车维护作业

一、混合动力汽车维护作业项目

混合动力汽车和传统内燃发动机汽车在驱动方式上有结构差异，串联式、并联式和混联式混合动力汽车结构组成不同，驱动形式不同，在底盘系统和电气系统结构上也有一定的差异，所以混合动力汽车和传统内燃发动机汽车的维护作业有一定的差异。下面以插电并联式混合动力汽车为例，介绍混合动力汽车维护作业。

1. 混合动力汽车和传统汽车维护作业的差异

1）混合动力汽车与传统汽车的动力源是有差异的，混合动力汽车保留传统的内燃发动机，增加了一套独立的电力驱动系统，包括动力电池、驱动电机和控制系统，所以混合动力汽车动力系统维护作业项目包括传统发动机维护项目，以及增加了电机驱动和控制系统的维护项目。

2）混合动力汽车电力驱动系统的维护项目主要是对动力电池组和驱动电机进行检查养护，包括电机外部清洁，目检动力电池管理器（BMS）、电机控制器、逆变器、高压线束和插接件等；电机驱动和控制系统的维护项目主要用目测和诊断仪检查。所以，与传统汽车相比，混合动力汽车的动力系统的维护作业工作量增加不多。

3）由于并联式和混联式混合动力汽车都既可以采用发动机驱动形式，也可以采用纯电动驱动形式，还可以混合两种动力驱动行驶，关键是增加了一个传动控制部件，以比亚迪·秦插电并联式混合动力汽车为例，比亚迪·秦使用的 6DT35 变速器内安装永磁同步电机及湿式双离合器，拥有两组自动控制的离合器，分别连接两根输入轴。利用变速器油进行冷却和润滑。变速器箱体采取强制润滑，变速器油经冷却过滤后，通过润滑系统喷嘴，强制润滑档位齿轮，整个变速器箱体使用同一种液压油，挡位切换时来自电液模块的油压直接推动活塞，活塞推动换挡拨叉换挡。由此可见，混合动力汽车的维护作业需增加传动控制部件（DTC）的维护项目。

4）由于混合动力汽车可使用纯电动模式行驶，所以混合动力汽车更换机油等维护项目的周期相应延长。

5）在电气系统方面，混合动力汽车既有与传统汽车相同的电器维护作业项目，还增加了电池、电器与控制部分的维护作业项目。

2. 混合动力汽车维护作业特点

1）比亚迪、荣威等混合动力汽车的维护作业单上，大部分还是传统发动机、底盘和电器的维护作业项目，有关"三电"的维护项目很少，见表2-34。从表2-34看比亚迪混合动力汽车的维护作业项目仅增加了VDS扫描和模式转换检查，由此可见，混合动力汽车维护与传统汽车相比，增加的维护项目不多。由于更换机油周期延长，所以定期维护工作量有所减少。

2）混合动力汽车的高压达到300~600V，甚至更高，所以与纯电动汽车相同，维护作业前需做好高压安全防护工作，维护时严格执行高压安全操作规范。

3）与纯电动汽车相同，对高压系统的维护检查主要使用目检和仪器检查。目检主要检查高压线束和部件外部是否损坏。

4）对"三电"系统主要使用诊断仪检查，检查各系统有无故障码，数据是否异常，有无系统软件需要升级的提示。

5）与纯电动汽车相同，当高压导线和高压部件外部有破损，或诊断仪读出高压系统有绝缘故障，或绝缘性能方面的数据用红色显示时，必须使用绝缘仪检查相关高压部件和导线的绝缘性能。

6）混合动力汽车增加的维护工作项目是变速器油的排放、加注及油位检查，以及对电机冷却系统的检查。

二、混合动力汽车维护周期及项目

混合动力汽车的维护周期及项目由生产厂商制定，车主必须仔细阅读用户使用手册，严格按照规定的维护周期到汽车维修厂进行定期维护，维修技术人员必须严格按照维护项目及技术要求进行维护。

比亚迪·秦维护周期及内容见表2-31，计划维护的间隔可按里程表的里程数或时间间隔而定，以先到者为准。在维护时应使用比亚迪汽车原厂零部件、油液或者同等级替代品。

表2-31　比亚迪·秦维护周期及内容

维护项目	维护时间间隔											
	里程数或月数，以先到者为准											
	×1000km	3.5	11	18.5	26	33.5	41	48.5	32	63.5	71	78.5	86
	月数	6首保		30		54		78		102		126	
发动机及变速器													
1. 检查多楔带有无裂纹，飞屑、磨损状况并调整张紧度		I		I		I		I		R		I	
2. 检查点火电缆有无损伤		I		I		I		I		I		I	

（续）

维护项目	维护时间间隔												
	里程数或月数，以先到者为准												
	×1000km	3.5	11	18.5	26	33.5	41	48.5	32	63.5	71	78.5	86
	月数	6 首保		30		30		78		102		126	
3. 检查更换火花塞	一般使用条件	首次 18500km 更换，之后每隔 22500km 更换一次											
	严酷使用条件	检查视情况提前更换											
4. 检查曲轴箱通风系统（PVC 阀和通风软管）		I	I	I	I	I	I	I	I	I	I	I	I
5. 检查冷却水管有无损伤，管路连接部分是否锁紧		I	I	I	I	I	I	I	I	I	I	I	I
6. 检查副水箱内发动机冷却液液面高度		I		I		I		I		I		I	
7. 加注汽油清净剂	定期维护时加注												
8. 更换发动机冷却液	一般使用条件	首次 30 个月更换一次，之后每隔 36 个月更换一次											
9. 更换空气滤清器滤芯	一般使用条件	首次 18500km 更换，之后每隔 22500km 更换一次，定期维护时清洁											
	严酷使用条件	检查视情况提前更换											
10. 更换机油滤清器滤芯	一般使用条件	R	R	R	R	R	R	R	R	R	R	R	R
	严酷使用条件	R：每隔 5000km											
11. 更换机油滤清器	每次更换机油时更换												
12. 检查发动机怠速		I		I		I		I		I		I	
13. 检查排气管接头是否漏气		I		I		I		I		I		I	
14. 检查氧传感器		I		I		I		I		I		I	
15. 检查三元催化器		I		I		I		I		I		I	
16. 更换机油滤清器				R		R		R		R		R	
17. 检查燃油箱盖、燃油管和接头		I		I		I		I		I		I	
18. 检查活性炭罐		I		I		I		I		I		I	
19. 更换驱动电机冷却液	每 2 年或 4 万 km 更换一次												
20. 检查更换自动变速器内的齿轮油（包括主变速器和减速器）	一般使用条件	首次 56000km，之后每 60000km，必要时更换											
	严酷使用条件	R：视需要缩短周期											
底盘和车身													
21. 检查前舱盖锁及其紧固件	每年												

（续）

维护项目	维护时间间隔											
	里程数或月数，以先到者为准											
	×1000km											
	3.5	11	18.5	26	33.5	41	48.5	32	63.5	71	78.5	86
	月数											
	6 首保		30		30		78		102		126	
22. 检查紧固底盘固定螺栓	I	I	I	I	I	I	I	I	I	I	I	I
23. 检查制动踏板和电子驻车开关	I		I		I		I		I		I	
24. 检查制动摩擦块和制动盘	I	I	I	I	I	I	I	I	I	I	I	I
25. 更换制动液	首次18个月更换，之后每24个月更换，例行维护时检查											
26. 检查制动系统管路和软管	I		I		I		I		I		I	
27. 检查转向盘、拉杆	I		I		I		I		I		I	
28. 检查传动轴防尘罩	I		I		I		I		I		I	
29. 检查球销和防尘罩	I		I		I		I		I		I	
30. 检查轮胎和充气压力（含TPMS）												
31. 检查前轮定位后轮定位	I		I		I		I		I		I	
32. 检查车轮轴承有无游隙	I		I		I		I		I		I	
33. 检测冷气或暖气系统	I		I		I		I		I		I	
34. 检查空调空气过滤器	I	I	I	I	I	I	I	I	I	I	I	I
35. 检查空调装置的制冷剂	I		I		I		I		I		I	
36. 检查安全气囊系统	I		I		I		I		I		I	
37. 检查车身损坏情况	每年											

注意：

1）表2-31中符号含义：I表示必要时进行检查、修正或更换；R表示更换、改变或润滑；C表示清洗。

2）表2-31中维护周期为自购买日起开始计算。

3）为了让车辆达到最佳的使用状态，请按照以下模式正确操作车辆：

①首次维护前，在ECO（经济）模式下磨合，HEV（混合）模式使用比例应不低于50%。

②首次维护后，HEV（混合）模式使用比例应不低于10%。

4）可根据机油的脏污程度缩短机油滤清器的更换时间。

5）恶劣使用条件是指：

①汽车经常在多尘的地区行驶或经常暴露在含盐分的空气中。

②经常在颠簸的路面、有积水的路面或山路上行驶。

③经常在寒冷地区行驶。

④发动机经常长时间怠速运转或经常在寒冷季节中短距离行驶。

⑤频繁地使用制动器、经常急制动。

⑥经常作为牵引拖车。

⑦作为出租汽车或营运车使用。

⑧在 32℃以上的温度下，在交通拥挤的市区行驶时间超过总行驶时间的 50%。

⑨在 30℃以上的温度下，以 120km/h 以上的车速行驶时间超过总行驶时间的 50%。

⑩经常超载行驶。

6）规定的维护记录。比亚迪汽车授权服务店将全部所规定的维护记录填写在表中，应保存好对车辆进行的维护工作的所有收据。

三、混合动力汽车的日常维护

加强日常维护，有利于节约燃油、延长车辆使用寿命、确保行驶安全。

日常维护也称自行维护，按照《汽车维护、检测、诊断技术规范》（GB/T 18344—2016）的规定进行，日常维护项目是以清洁、补给和安全检视为作业内容，由驾驶人负责执行的车辆维护作业。

GB/T 18344—2016 的规定虽然针对内燃机车辆制定，但也基本适合能源汽车的基本维护作业项目，日常维护主要内容包括对汽车外观、发动机外表进行清洁；对汽车各部润滑油（脂）、燃油、冷却液、各种工作介质、轮胎气压进行检视补给；对汽车制动、转向、传动、悬架、灯光、信号等安全部位和位置以及发动机运转状况进行检视、校紧，确保行车安全。出车前和收车后，插电式混合动力汽车还应该检查动力蓄电池组剩余电量，不足时应及时进行充电。

以比亚迪·秦为例，使用手册规定自行（日常）维护作业应依照使用情况或规定的里程，检查下列项目：

1. 常规检查项目

1）机油油位：应在每次加油时检查。

2）冷却液位：应在每次加油时检查散热器副水箱。

3）风窗玻璃洗涤液：应每月检查一次储液罐中洗涤液的存量，因天气不好而频繁使用洗涤液时，应在每次加油时检查。

4）风窗玻璃刮水器：每月检查一次刮水器状况。如果风窗刮水器不能刮净风窗玻璃，应检查其是否有磨损、龟裂或其他损伤。

5）制动液液位：每月检查一次液位。

6）制动踏板：检查制动踏板是否操作自如。

7）电子驻车开关：检查开关是否功能完好。

8）起动电池：每月检查一次电池的状况以及端子的腐蚀状况。

9）空调系统：每周应检查空调装置的运转情况。

10）轮胎：每月检查一次轮胎胎压、胎面的磨损状况及是否嵌有异物。

11）风窗玻璃除霜装置：每月都应在使用暖风装置和空调时，检查除霜装置出风口。

12）车灯：每月检查一次前照灯、示宽灯、尾灯、高位制动灯、转向信号灯、前雾灯、后雾灯、制动灯及牌照灯的状况。

13）车门：检查行李舱盖及其他所有的车门（包括后排车门）是否开关自如、上锁牢固。

14）喇叭：检查喇叭是否正常。

当发动机运行有异常、电机有卡滞现象及异常响声、电机运转有过大振动、电机无法起动、电动力总成有漏油现象或异味排除，应及时到维修厂进行维修。

2. 检查汽车仪表和警告灯

比亚迪·秦的仪表板如图 2-17 所示。比亚迪·秦的组合仪表指示灯含义见表 2-32。检查混合动力汽车的仪表和警告指示灯是否正常。

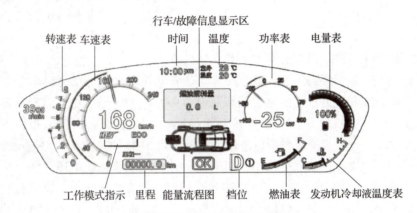

图 2-17　比亚迪·秦的仪表板

表 2-32　比亚迪·秦的组合仪表指示灯含义

符号	名称	符号	名称
(P)	电子驻车状态警告灯		ESP 故障警告灯
	ESP OFF 警告灯		EPS 故障警告灯
(!)	胎压故障警告灯（若有时）		动力电池充电连接指示灯
	动力系统故障警告灯		动力电池过热警告灯
	动力电池故障警告灯		充电系统故障警告灯
HEV	混合动力模式指示灯	EV	纯电动模式指示灯
ECO	经济模式指示灯	SPORT	运动模式指示灯
OK	READY 指示灯		主告警指示灯

3. 动力电池的维护

每个月至少使用车辆一次并对车辆进行均衡充电，充电 8h，以保证高压电池包寿命。在明确长时间不使用（超过 3 个月）时，确保高压电池包电量在 50% 左右进行存放；不允许车辆在高压电池包电量为 10%（仪表电量显示为 0）的情况下停放超过 7 天。荣威 e310

混合动力汽车的电池管理系统会监控高压电池包状态。当监测到一段期间内，高压电池包没有进行过均衡充电记录时，信息中心会出现"请充电保持高压电池均衡"的警告信息。此时，必须对其进行充电作业。

四、混合动力汽车的定期维护

1. 混合动力汽车的定期维护

混合动力汽车定期维护的周期与内容由生产厂商制定，手册中推荐的维护计划是依据试验运行工况而得出的最佳维护周期，所以车辆必须在规定的里程数或时间内进行首次维护，检查高压电池包的均衡状态，应根据国内的道路状况、行驶条件等因素综合考虑，进行定期维护。

（1）比亚迪混合动力汽车的定期维护作业

1）定期维护项目。比亚迪混合动力汽车都是插电并联式混合动力汽车，车型有秦、唐、宋等，比亚迪混合动力汽车的维护周期及内容见表2-31，从表中可以看出定期维护的项目主要还是传统维护项目，表中仅第19项更换驱动电机冷却液和第20项检查更换自动变速器内的齿轮油，是除传统维护项目外新增加的。表2-31中虽然未列出使用诊断仪检查的维护项目，但从表2-33和表2-34中可以看出，在实际保养作业中还包括使用诊断仪检查各系统的作业项目，使用诊断仪可以检测整车使用性能和技术状况，可以检测整车各系统，对每个系统可以执行读取故障码、读取数据流、标定等功能。通过对VDS扫描，检查有无程序需要更新，车辆有无故障。

表2-33　比亚迪汽车服务店车辆环检问诊单

比亚迪汽车服务店车辆环检问诊单				
是否预约　□是□否　　车牌号：　　　　接车时间：□□□□ 年 □□ 月 □□ 日				
基本信息	车主□ 送修人□	姓名	车型	购车日期
		电话	备用电话	总里程
		VIN	EV 里程	
顾客描述	保养：□首次维护　□强制维护　□一般维护　□常规维护 发动机：□难启动　□急速不稳　□动力不足　□油耗高　□易熄火　□抖动 　　　　□加速不良 异响：□发动机　□底盘　□行驶　□变速器　□制动　□仪表台　□座椅车门 灯亮：□发动机故障灯　□SVS 灯　□ABS 灯　□空气囊灯　□机油压力警告灯 　　　□胎压警告灯　□EPS 灯 /REST 灯　□ESP 灯　□充电系统灯 　　　□动力系统故障灯　□电机故障灯　□主警告指示灯　□动力电池故障灯 　　　□发动机冷却液警告灯　□电机冷却液警告灯 空调：□不制冷　□异响　□有异味　□出风冷热不均匀 漏水：□冷却液　□车身　□天窗　□前风窗玻璃　□后风窗玻璃 漏油：□发动机　□变速器　□制动　□转向 事故：□保险事故整形油漆　□局部整形补漆 具体描述（5W2H）：			

（续）

物品确认（有打"√"无打"×"）	□ 备胎　□ 随车工具　□ 灭火器　□ 点烟器　□ 警示牌　□ 充电线 □ 其他			
环车检查				
服务顾问	维修旧件（非索赔件）处理：□ 顾客要求带走　□ 顾客选择不带走 维修后洗车：□ 洗车　□ 不洗车 维修后充电：□ 充电　□ 不充电　□ 预估充电用时 已提醒您将车内贵重物品带离车辆并妥善报管。□ 已确认			
	服务顾问		顾客签字	
服务 / 技术顾问初步诊断				
维修班组诊断结果	维修项目	所需备件	备件确认	索赔确认
			□ 有　□ 无	□ 有　□ 无
			□ 有　□ 无	□ 有　□ 无
			□ 有　□ 无	□ 有　□ 无

表 2-34　比亚迪汽车健诊报告单

比亚迪汽车健诊报告单				
顾客姓名		车牌		车型
健诊项目		健诊结果	参考值	
VDS 程序扫描		□ 无程序更新　□ 有程序更新 □ 车辆无故障　□ 车辆有故障		
模式转换	EV、HEV	□ 转换正常　□ 不能转换	此项只针对新能源车型 混合动力车型全检 纯电动车型只检查 EV（ECO、SPORT）	
	EV（ECO、SPORT）	□ 转换正常　□ 不能转换		
	HEV（ECO、SPORT）	□ 转换正常　□ 不能转换		
车辆灯光检测		□ 正常　□ 建议更换灯泡 □ 建议更换总成（　）灯故障	检查范围: 远光灯、近光灯、雾灯、示宽灯、转向灯、制动灯、倒车灯、昼行灯	
冷却液液位检查		□ 正常　□ 缺少　□ 已添加 □ 建议更换	处于 MAX 标记和 MIN 标记之间	
转向助力泵油液液位检查		□ 正常　□ 缺少　□ 已添加 □ 建议更换	处于 MAX 标记和 MIN 标记之间（电动助力转向车型不检查此项）	
制动液检测	油壶液位	□ 正常　□ 缺少　□ 已添加	处于 MAX 标记和 MIN 标记之间	
	油质颜色	□ 正常　□ 建议更换	1. 制动液颜色为浅黄色，若制动液颜色发生变化，建议更换 2. 使用超过 2 年或 4 万 km 建议更换	
发动机传动带及附件检查		□ 正常　□ 传动带松旷，已调整 □ 传动带老化 / 开裂 / 严重磨损，建议更换		
空调滤芯		□ 正常　□ 已清洁　□ 建议更换		

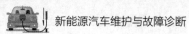

（续）

胎压检测	前	左（　）kPa 右（　）kPa	□ 正常 □ 轮胎气压偏高 / 偏低	F3/ 新 F3/F3R/L3/G3/G3R/S6：200~200kPa F0/ 速锐 /G5：210~230kPa 思锐 /S7：200~240kPa
	后	左（　）kPa 右（　）kPa	□ 正常 □ 轮胎气压偏高 / 偏低	F6/G6：230~250kPa M6/ 秦 /e6/ 唐：240~260kPa 宋：R18：220~240kPa　　R17：210~230kPa 单位换算： 1psi=6.895kPa 1bar=100kPa 1MPa=1000kPa 1kg/cm² =100kPa
	备用轮胎	（　）kPa	□ 正常 □ 轮胎气压偏高 / 偏低	F3/ 新 F3/F3R/L3/G3/G3R/S6：200~200kPa F0/ 速锐 / 思锐 G5：210~230kPa F6/G6/S7：200~240kPa M6：240~260kPa 秦 /e6/ 唐：（420±10）kPa 宋：210~230kPa 单位换算： 1psi=6.895kPa 1bar=100kPa 1MPa=1000kPa 1kg/cm² =100kPa
胎纹深度检测	前	□ 正常过度磨损：□ 轮胎换位 □ 建议更换（测量值：____mm）		F3/ 新 F3/F3R/L3/G3/G3R/ F6/G6/M6/S6/ 速锐 /GS/ 思锐 / F0/ 秦 /e6/S7/ 唐 / 宋：大于 1.6mm
	后	□ 正常过度磨损：□ 轮胎换位 □ 建议更换（测量值：____mm）		
	备用轮胎	□ 正常过度磨损：□ 轮胎换位 □ 建议更换（测量值：____mm）		
摩擦块厚度检测	前	□ 正常过度磨损：□ 建议更换 （测量值：左____mm，右____mm）		F3/ 新 F3/F3R/L3/G/G3R/ F0/F6/G6/M6/S6/ 速锐 /G5/ 思 锐 / 秦 /e6/ 宋：大于 2mm
	后	□ 正常过度磨损：□ 建议更换 （测量值：左____mm，右____mm）		F3/ 新 F3/F3R/I3/C3/C3R/ F6/G6/M6/S6/ 速锐 /G5/ 思锐 / 秦 /e6/S7/ 唐 / 宋：大于 2mm F0：大于 1mm
车轮螺母力矩		□ 螺母力矩正常 □ 螺母力矩已紧固		F3/ 新 F3/F3R/L3/G3/C3R/ 速锐 /G5/F6/G6/ 思锐 /e6： 110N·m M6/S6/ 秦 /S7/ 唐：120N·m F0：103N·m 宋：108N·m
底盘		□ 无油液泄漏　□ 无磕碰损伤 □ 底盘螺栓已紧固		底盘螺栓力矩以技术资料参数为准
		高低压电源线路：□ 无磕碰损伤 □ 存在磕碰损伤		此项只针对秦车型

建议关注项目（目前不须更换，但是存在一定程度的老化、磨损等情况）：

维修技师：　　　　　　　检查日期：　年　月　日

2）设置车辆维护信息。

①维护时间设置：设置车辆维护天数，维护时间功能开启。若维护时间即将到期或已经到期，当整车上电到 ON，信息显示屏上会显示相应的提示信息。设置车辆维护时间状态见表 2-35。

表 2-35　设置车辆维护时间状态

显示项	状态
×× 天或"关"	当天设定的维护时间，如已关闭该功能，则显示"关"
关闭	关闭维护时间功能
按键"▲"	以 15d 为步长，增加维护时间
按键"▼"	以 15d 为步长，减少维护时间
返回	退出维护时间菜单，返回上一层菜单

②维护里程设置：设置车辆维护里程，维护里程功能开启。若维护时间即将到期或已经到期，当整车上电到 ON，信息显示屏上会显示相应的提示信息。设置车辆维护里程见表 2-36。

表 2-36　设置车辆维护里程

显示项	状态
×××km 或"关"	当天设定的维护里程，如已关闭该功能，则显示"关"
关闭	关闭维护里程功能
按键"▲"	以 500km 为步长，增加维护里程
按键"▼"	以 500km 为步长，减少维护里程
返回	退出维护里程菜单，返回上一层菜单

（2）上汽荣威 eRX5 混合动力汽车的定期维护计划和项目

上汽荣威 eRX5 混合动力汽车的维护计划分为"常规维护计划"或"非常规维护计划"。

1）常规维护计划和项目。常规维护计划分为"检查（A 类）"和"检查（B 类）"两种，并依此进行循环维护，见表 2-37。

表 2-37　上汽荣威 eRX5 混合动力汽车常规维护计划

维护类型	A	B	A	B	A	B	A	B
行驶里程（×1000km）/ 使用时间（月数）	10/6	20/12	30/18	40/24	50/30	60/36	70/42	80/48

注：1. 里程数或者月数，以先到达者为准。

2. 若车辆配备智能维护提醒功能，以车辆屏幕的提示信息为准。

常规维护项目：

①一般维护项目（表 2-38）。

表 2-38　上汽荣威 eRX5 混合动力汽车一般维护项目

序号	维护项目	服务类型 A	服务类型 B
车辆内部和外部			
1	检查驻车制动的功能，必要时进行调整	●	●
2	检查车内外灯光、喇叭和系统警告显示功能	●	●
3	检查风窗玻璃表面、刮水器的工作情况	●	●
4	检查安全带的状态和功能	●	●
5	检查空调各项控制功能	●	●
6	更换空调滤清器滤芯		●
7	更换空气净化器滤芯		●
8	检查电动座椅的状态和功能	●	●
9	检查前舱盖锁、尾门锁、门锁、铰链、限位器等的状况必要时清理所有灰尘，重新加注油脂润滑	●	●
前舱			
1	检查 12V 蓄电池的连接和状态	●	●
2	检查高压线束是否有干涉、磨损或破损情况	●	●
3	检查风窗玻璃洗涤液液位并视情况添加至标准液位	●	●
4	执行制动液、变速器油液液位并视情况添加至标准液位	●	●
5	执行驱动电机、高压电池包冷却系统压力测试和膨胀箱盖压力测试，检查冷却系统管路及连接部位的状态	●	●
6	检查驱动电机、高压电池包冷却液的液位和浓度，必要时添加冷却液至标准液位	●	●
7	检查空调系统管路状态，如压缩机、制冷管路，冷凝器等，必要时清洁相关表面	●	●
8	检查制动真空助力器和真空管路状态	●	●
9	检查驱动电机安装支架	●	●
车辆底部			
1	检查高压插接件外观，以及是否可靠安装，检查高压插接件表面是否有损坏，以及是否安装到位	●	●
2	检查高压线束是否有干涉、磨损或破损情况	●	●
3	检查通气阀外观是否损坏，安装的标识是否发生移位	●	●
4	检查手动维修开关状态，确保可靠安装并清理表面灰尘	●	●
5	检查高压电池包冷却水管的卡扣安装的相应位置，确保可靠密封	●	●
6	检查安装螺栓安装的标识是否发生移位，确保紧固	●	●
7	检查外壳（包括托架）外观是否有裂纹及变形	●	●
8	检查高压电池包的均衡状态，必要时进行充电均衡	●	●
9	检查前后制动衬块、制动盘的状态和厚度，必要时更换	●	●
10	检查制动管路状态	●	●
11	检查车轮轴承、传动轴护套	●	●
12	检查悬架和转向系统是否有泄漏、磨损情况	●	●

（续）

序号	维护项目	服务类型	
		A	B
车辆底部			
13	检查轮胎是否有损坏、不正常磨损和花纹深度。视情况检查四轮定位的数据	●	●
14	检查轮胎气压，必要时进行调整，前后车轮换位	●	●
15	检查底盘和车身底部螺栓与螺母是否紧固或固定，必要时更换	●	●
维护后			
1	使用诊断仪根据规定复位维护间隔指示器，对配备智能维护提醒功能的车辆，在娱乐主机中对维护间隔进行复位。读取并清除故障码并检测控制系统工作状态	●	●
2	使用诊断仪检查通信模块状态和功能	●	●
3	查询新的电控单元升级版本，如有提供新的版本及时升级	●	●
4	执行路试，检查动力系统、制动和转向系统的状态和功能	●	●

②特殊维护项目。

a. 变速器油：每隔 80000km 更换。

b. 制动液：每隔 2 年更换。

c. 冷却液：每隔 3 年或 80000km 更换（以先达到者为准）。

d. 全景天窗玻璃导轨：建议每隔 30000km 使用该公司认可的天窗玻璃导轨润滑油进行维护，如经常在多尘或多沙等环境中行驶，可依据具体情况及时到上汽新能源汽车授权售后服务中心进行维护。

2）非常规维护计划和项目。适用条件：如果车辆经常在以下恶劣条件下行驶，应执行"非常规维护计划"。

①经常在 0℃以下或 40℃以上环境温度下行驶。

②经常急加速、急减速或高速行驶。

③经常在潮湿环境下停放或是经常涉水。

④山地条件。

⑤用作出租车、警车或运钞车等特殊用处。

五、典型混合动力汽车维护作业项目

混合动力汽车保养和检查项目由用户负责。用户可以自行保养车辆，或由维修中心进行保养。这些项目包括应进行日常检查的项目，在多数情况下不需要专用工具的检查项目以及应由用户检查的项目。注意事项如下：

1）保养要求随国家而不同。

2）检查《用户手册》中的保养计划。

3）根据已行驶里程或已行驶时间（月）来确定车辆保养的适当时间，以先到者为准。

4）应尽量定期进行保养，除非另有说明。

5）不对车辆各零件进行检查可能导致发动机性能不佳和废气排放增加。

下面以丰田雷凌或普锐斯混合动力汽车维护作业项目来进行讲述。

1. 车外维护作业项目

（1）轮胎

1）用仪表检查轮胎气压。如有必要，则进行调节。

2）检查轮胎表面是否开口、损坏或过度磨损。

（2）车轮螺母

检查螺母是否松动或缺失。如有必要，则拧紧螺母。

（3）轮胎换位

检查《用户手册》中的保养计划。

（4）风窗玻璃刮水器刮水片

如果刮水器刮水片不能将风窗玻璃清洁干净，则检查其是否磨损或破裂。如有必要，则将其更换。

（5）液体泄漏

检查车下是否有泄漏的燃油、机油、冷却液和其他液体。

小心：如果闻到燃油味或发现任何泄漏，则应查找原因并进行纠正。

（6）车门和发动机罩

1）检查并确认所有车门和发动机罩都能顺畅操作且所有锁栓都牢固锁止。

2）松开主锁栓时，检查并确认发动机舱副锁栓能够防止发动机罩打开。

2. 车内维护作业项目

（1）车灯

1）检查并确认前照灯、制动灯、尾灯、转向信号灯和其他车灯正常点亮或闪烁。同时检查其照明亮度是否足够。

2）检查并确认前照灯对光准确。

（2）警告灯和蜂鸣器

检查并确认所有警告灯和蜂鸣器都工作。

（3）喇叭

检查喇叭是否正确工作。

（4）风窗玻璃

检查是否有划痕、凹痕或磨损。

（5）风窗玻璃刮水器和清洗器

1）检查并确认清洗器正确对准。此外，检查并确认清洗液正好喷射到风窗玻璃上每个刮水器工作范围的中心。

2）检查刮水器是否有条纹。如有必要，则将其更换。

（6）风窗玻璃除霜器

空调处于除霜器设置时，检查并确认除霜器出口出风。

（7）后视镜

检查并确认后视镜安装牢固。

（8）遮阳板

检查并确认遮阳板能自由移动并牢固安装。

（9）转向盘

检查并确认转向盘的自由行程正确，同时检查是否转向困难并发出异常噪声。

检查转向盘的自由行程：

①将电源开关置于 ON（READY）位置并确保车辆处于动力转向可以工作的状态。

②停止车辆，并使前轮对准正前方。

③向左和向右慢慢转动转向盘，检查转向盘的自由行程。

④最大自由行程：30mm。

（10）座椅

1）检查并确认座椅调节器、座椅靠背倾角调节器和其他座椅控制器平稳工作。

2）检查并确认所有位置的锁栓都牢固锁定。

3）检查并确认所有位置的锁都牢固锁止。

4）检查并确认头枕能上下平稳移动，并且所有锁栓位置的锁都牢固锁止。

5）检查基本功能，如图 2-18 所示。

操作电动座椅开关，然后检查并确认以下座椅功能工作正常：

①滑动功能；②座椅靠背倾角调节功能；③升降功能；④腰部支撑调节功能[⊖]。

（11）座椅安全带

1）检查并确认座椅安全带零部件（例如锁扣、卷收器和锚定器）能正常平稳地工作。

2）检查并确认安全带没有切口、磨损或损坏。

（12）加速踏板

检查并确认踏板操作顺畅。检查并确认踏板的阻力均匀并且不会卡在某位置。

（13）制动踏板

1）检查并确认制动踏板操作顺畅。

2）检查并确认踏板具有正确的行程余量和自由行程。

①拆卸 1 号前围板隔热垫，如图 2-19 所示。

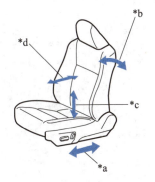

图 2-18　检查座椅基本功能

（＊：带前排电动座椅腰部开关）

*a—滑动功能　*b—座椅靠背倾角调节功能
*c—升降功能　*d—腰部支撑调节功能

图 2-19　拆卸 1 号前围板隔热垫

⊖ 带前排电动座椅腰部开关。

a. 拆下左前车门防磨板。

b. 拆下左前围侧饰板。

c. 翻起前地板地毯总成。

d. 逆时针转动卡子以将其分离，并拆下 1 号前围板隔热垫。

②检查并调节制动踏板高度。

a. 检查制动踏板高度。

（a）翻起前围板隔热垫总成。

（b）测量制动踏板垫表面和地板之间的最短距离。

距离地板的制动踏板高度：153.1~163.1mm。如果踏板高度不正确，则按照以下程序调节制动踏板高度，如图 2-20 所示。

b. 调节制动踏板高度，如图 2-21 所示。

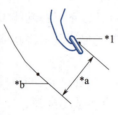

图 2-20　测量制动踏板垫表面和地板之间的最短距离

*1—制动踏板垫　*a—制动踏板高度　*b—地板测量面

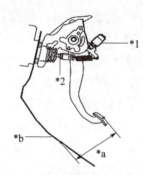

图 2-21　调节制动踏板高度

*1—制动灯开关总成　*2—锁紧螺母

*a—制动踏板高度　*b—地板

（a）拆下制动灯开关总成。

a）断开插接器，如图 2-22 所示。

b）逆时针转动制动灯开关总成以将其拆下，如图 2-23 所示。

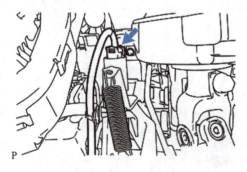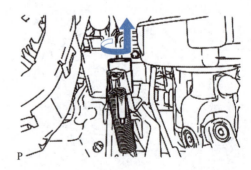

图 2-22　断开插接器　　　　图 2-23　逆时针转动制动灯开关总成以将其拆下

（b）松开锁紧螺母。

（c）通过转动推杆调节制动踏板高度。距离地板的制动踏板高度：153.1~163.1mm，距离地板的制动踏板高度。

（d）紧固锁紧螺母。转矩：25.5N·m。

（e）安装制动灯开关总成。

a）插入制动灯开关总成，直到螺纹套筒触及踏板。

小心：插入制动灯开关总成时，从后面支撑踏板，使踏板不会被按入，如图 2-24 所示。

b）顺时针转动制动灯开关总成四分之一圈以将其安装。力矩：1.5N·m 或更小。

c）连接插接器。

d）检查柱塞凸出部分。部位 A 测量值：0.5~2.6mm，如图 2-25 所示。

如果凸出部分不符合规定，则重新检查开关安装情况，如有必要，检查制动踏板调节情况。

小心：不要踩下或支撑制动踏板。

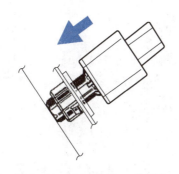 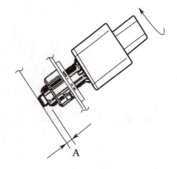

图 2-24　插入制动灯开关总成　　　图 2-25　检查柱塞凸出部分

③检查并调节制动踏板行程传感器总成。

a. 松开 2 个螺母，如图 2-26 所示。

b. 将 GTS 连接到 DLC3。

c. 将电源开关置于 ON（IG）位置。

d. 打开 GTS。

e. 进入以下菜单：Chassis/ABS/VSC/TRC/DataList/StrokeSensor。检测仪显示：StrokeSensor（执行）。

f. 读取数据表中的行程传感器值，并左右缓慢转动制动踏板行程传感器总成以调节输出电压，使其在下列范围内。标准电压（未踩下制动踏板）：0.8~1.2V，如图 2-27 所示。

图 2-26　松开 2 个螺母　　　图 2-27　左右缓慢转动制动踏板行程传感器总成

g. 紧固 2 个螺母。转矩：8.5N·m。

小心：将电源开关置于 ON（IG）位置后，不要踩下制动踏板。

h. 将电源开关置于 OFF 位置。

i. 断开 GTS。

④检查制动踏板自由行程，如图 2-28 所示。

踩下制动踏板直到感觉到轻微的阻力。如图 2-28 所示，测量制动踏板自由行程。制动踏板自由行程：1.0~6.0mm。如果踏板自由行程不符合规定，则检查制动灯开关间隙。如果踏板的自由行程符合规定，则转至检查制动踏板行程余量的程序。

⑤检查制动踏板行程余量，如图 2-29 所示。

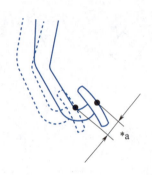 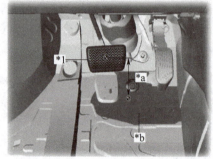

图 2-28　检查制动踏板自由行程　　　　　图 2-29　检查制动踏板行程余量

*a—制动踏板自由行程　　　　　*1—制动踏板垫　*a—制动踏板行程余量　*b—地板测量面

a. 解除驻车制动。

b. 电源开关置于 ON（READY）位置时，踩下制动踏板并测量踏板行程余量。在 196N 的作用力下，距地板的制动踏板行程余量：95mm 或更大，如果距离不符合规定，则对制动系统进行故障排除。

⑥进行线性电磁阀初始化和校准。

⑦安装 1 号前围板隔热垫，如图 2-30 所示。

a. 接合卡子以安装 1 号前围板隔热垫。

b. 将前地板地毯总成安装至其初始位置。

c. 安装左前围侧饰板。

d. 安装左前车门防磨板。

3）将电源开关置于 ON（READY）位置并检查制动助力器功能。

图 2-30　安装 1 号前围板隔热垫

4）将电源开关置于 ON（READY）位置并检查制动系统指示灯。

（14）制动器

在安全的地方，检查并确认施加制动时车辆不向某侧跑偏。

（15）驻车制动系统

1）检查并确认驻车制动杆具有正确的行程。

①检查驻车制动杆行程，如图 2-31 所示。

a. 牢固拉起驻车制动杆。

b. 解除驻车制动杆锁止器并使其返回到 OFF 位置。

c. 慢慢将驻车制动杆完全拉起，并计算"咔嗒"声的次数。

驻车制动杆行程：在 200N 时为 5~8 个槽口。如果驻车制动杆行程不符合规定，则调节驻车制动杆行程。

②调节驻车制动杆行程。

a. 拆下地板控制台上面板分总成，如图 2-32 所示。

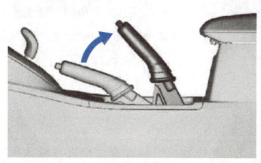

图 2-31　检查驻车制动杆行程

图 2-32　拆下地板控制台上面板分总成

（a）分离 4 个卡爪和 5 个卡子。

（b）断开各插接器并拆下地板控制台上面板分总成。

b. 解除驻车制动杆锁止器并使其返回到 OFF 位置。

c. 松开锁紧螺母和 2 号线束调节螺母以完全松开驻车制动器拉索，如图 2-33 所示。

d. 起动发动机并踩下制动踏板数次。

e. 将点火开关置于 OFF 位置。

f. 转动 2 号线束调节螺母，直到驻车制动杆行程修正至规定范围内。

驻车制动杆行程：在 200N 时为 5~8 个槽口。

g. 使用扳手或同等工具，固定 2 号线束调节螺母并紧固锁紧螺母。力矩：6.0N·m。

h. 操作驻车制动杆 3~4 次，并检查驻车制动杆行程。

i. 检查并确认驻车制动器未卡滞。

j. 安装地板控制台上面板分总成。

（a）连接各插接器。

（b）接合 4 个卡爪和 5 个卡子以安装地板控制台上面板分总成。

③检查后盘式制动器制动缸操作杆和止动器之间的间隙，如图 2-34 所示。

松开驻车制动杆，检查并确认后盘式制动器制动缸操作杆和止动器之间的间隙在下述规定范围内。间隙：0.5mm 或更小。如果间隙不符合规定，则更换后盘式制动器制动缸总成。

④检查制动警告灯。

操作驻车制动杆时，检查并确认制动警告灯点亮。标准：制动警告灯总是在发出第一声"咔嗒"声时点亮。

2）检查并确认在缓坡上仅用驻车制动器就可停稳车辆。

图2-33　完全松开驻车制动器拉索　　　　　　图2-34　操作杆和止动器之间的间隙
*1—锁紧螺母　*2—2号线束调节螺母　　　　　　*a—操作杆　*b—止动器

（16）混合动力传动桥"驻车"机构

1）检查P位置开关的工作情况。

2）检查并确认通过操作变速杆可解除驻车挡（P）。

3）车辆处于缓坡上时，选择驻车挡（P）并松开所有制动器，检查并确认车辆能够停稳。

（17）地板垫

检查并确认使用正确的地板垫且安装正确。

3. 发动机盖下部一般保养维护作业项目

（1）风窗玻璃清洗液

检查并确认储液罐中有足够的清洗液。

（2）冷却液液位

检查并确认冷却液液位处于透明储液罐的"FULL"和"LOW"刻度之间。

（3）逆变器冷却液液位

检查并确认储液罐中有足够多的冷却液。

（4）散热器和软管

1）检查并确认散热器前部干净，且未被树叶、灰尘和昆虫堵塞。

2）检查散热器和软管是否出现以下情况：损坏、破裂、扭结、腐蚀、腐烂、堵塞和泄漏。

（5）蓄电池电解液液位

检查并确认所有蓄电池格的电解液液位都处于外壳的上下刻度线之间。

提示：如果电解液液位难于查看，则轻晃车辆。

（6）制动液液位

检查并确认制动液液位处于透明储液罐的上刻度线附近。

（7）机油油位

检查并确认将电源开关置于OFF位置时机油油位处于机油尺的满油位和低油位标记之间。

（8）混合动力传动桥油油位

1）用10mm六角套筒扳手，从混合动力车辆传动桥总成上拆下注油螺栓和衬垫。

2）检查并确认油位位于距注油螺栓开口下唇 0~10mm 之间，如图 2-35 所示。如果油位过低，则返回至加注混合动力传动桥油程序。

小心：

● 将车辆停在水平地面上。

● 确保直接检查并确认油位位于规定范围内。

● 混合动力传动桥油不足或过量可能损坏混合动力车辆传动桥总成。

● 如果已更换或加注混合动力传动桥油，则驾驶车辆后确保重新检查油位。

3）如果混合动力传动桥油油位低，则检查是否漏油。如果没有混合动力传动桥油泄漏，但混合动力传动桥油油位低，则添加混合动力传动桥油。

①排空混合动力传动桥油，如图 2-36 所示。

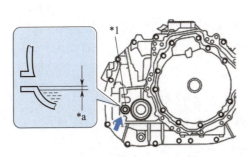

图 2-35　检查传动桥油位

*1—注油螺栓　*a—0~10mm

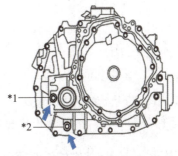

图 2-36　排空混合动力传动桥油

*1—注油螺栓　*2—放油螺栓

a. 用 10mm 六角套筒扳手，从混合动力车辆传动桥总成上拆下注油螺栓和衬垫。

b. 用 10mm 六角套筒扳手，从混合动力车辆传动桥总成上拆下放油螺栓和衬垫并排空混合动力传动桥油。

c. 用 10mm 六角套筒扳手，将放油螺栓和新衬垫安装到混合动力车辆传动桥总成上。力矩：50N·m。

d. 使用 10mm 六角套筒扳手，将衬垫和注油螺栓暂时安装到混合动力车辆传动桥总成上。

提示：由于需要再次拆下注油螺栓，此时可重复使用衬垫。

②加注混合动力传动桥油。

a. 用 10mm 六角套筒扳手，从混合动力车辆传动桥总成上拆下注油螺栓和衬垫。

b. 加注混合动力传动桥油直至油位位于距注油螺栓开口下唇 0~10mm 之间，如图 2-37 所示。

小心：

● 将车辆停在水平地面上。

● 使用丰田原厂 ATFWS。

● 确保将注油喷嘴完全插入注油螺栓开口。

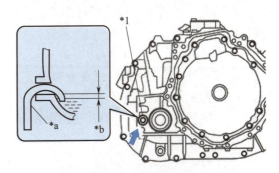

图 2-37　加注混合动力传动桥油

*1—注油螺栓　*a—注油喷嘴　*b—0~10mm

- 确保缓慢加注混合动力传动桥油。如果快速加注混合动力传动桥油，则混合动力传动桥油可能撞到内部零件而反弹，导致混合动力传动桥油从注油螺栓开口溅出。
- 确保直接检查并确认混合动力传动桥油位于规定范围内。
- 混合动力传动桥油不足或过量可能损坏混合动力车辆传动桥总成。参考油量：3.4L。

c. 加注混合动力传动桥油后，静置30s使油面再次静止，然后检查并确认混合动力传动桥油油位于距注油螺栓开口下唇0~10mm之间。

小心：加注混合动力传动桥油后，确保检查混合动力传动桥油油位。

d. 使用10mm六角套筒扳手，将注油螺栓和衬垫暂时安装到混合动力车辆传动桥总成上。

提示：由于需要再次拆下注油螺栓，此时可重复使用衬垫。

③检查混合动力传动桥油，如图2-35所示。

4）用10mm六角套筒扳手，将注油螺栓和新衬垫安装到混合动力车辆传动桥总成上。力矩：50N·m。

（9）排气系统

目视检查是否严重腐蚀、破裂、有洞，支架是否松动。

提示：如果注意到排气声音或废气气味有任何变化时，则检查并维修排气系统。

4. 发动机一般保养维护作业项目

（1）检查机油和机油滤清器

注意：长期并反复地接触机油，会导致皮肤失去表层天然油脂，皮肤变得干燥、容易过敏并易生皮炎。此外，用过的机油内含有潜在的危害性污染物，可能会导致皮肤癌。所以，应穿戴防护服和手套，避免接触用过的机油。如果发生接触，应使用肥皂或免水洗手剂彻底清洗皮肤。不要使用汽油、稀释剂或溶剂清洗皮肤。为保护环境，只能在指定的报废地点处理用过的机油和机油滤清器。

①拆卸发动机中央4号底罩。拆下4个螺钉和发动机中央4号底罩，如图2-38所示。

②排空发动机机油。

a. 拆下机油加注口盖分总成。

b. 拆下油底壳放油螺栓和衬垫，并将发动机机油排放到容器中。

c. 清洁油底壳放油螺栓。

d. 将新衬垫安装到油底壳放油螺栓上。

e. 安装油底壳放油螺栓。力矩：37N·m。

③拆卸机油滤清器分总成。使用SST拆下机油滤清器分总成。

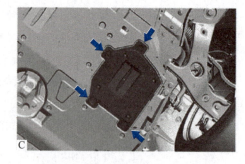

图2-38 拆卸发动机中央4号底罩

④安装机油滤清器分总成。

a. 检查并清洁机油滤清器分总成的安装表面。

b. 在新机油滤清器分总成的衬垫上涂抹干净的机油。

c. 用手轻轻拧转机油滤清器分总成，将其固定到位。紧固机油滤清器直至衬垫接触滤清器座。

d. 使用 SST 紧固机油滤清器分总成。

e. 根据是否有足够的工作空间，在以下工作方式中选择：如果有足够的空间，则使用转矩扳手紧固机油滤清器分总成。力矩：17.5N·m。如果没有足够的空间使用转矩扳手，则用手或普通扳手将机油滤清器分总成紧固 3/4 圈。

⑤加注发动机机油。

加注新的发动机机油并安装机油加注口盖分总成。标准机油等级和标准容量见表 2-39、表 2-40。

表 2-39　标准机油等级

标准机油等级	
机油等级	机油黏度（SAE）
API 级 SL "节能型"、SM "节能型"、SN "环保型" 或 ILSAC 多级发动机机油	0W-20；5W-20；5W-30；10W-30
API 级 SL、SM 或 SN 多级发动机机油	15W-40

表 2-40　标准机油标准容量

标准容量	
项目	标准状态
更换机油滤清器时，排空后重新加注量	4.2L
不更换机油滤清器时，排空后重新加注量	3.9L
净注入量	4.7L

⑥检查油液是否泄漏。

a. 将发动机置于检查模式（保养模式）。

b. 起动发动机。确保机油不会从工作区域泄漏。

⑦检查发动机机油油位。

a. 将发动机置于检查模式（保养模式）。

b. 使发动机暖机，然后停止发动机并等待 5min。

c. 检查并确认发动机机油油位处于机油尺的低油位和满油位标记之间。如果油位低，则检查机油是否漏油并加注机油至满油位标记处。

小心：加注时，油位不要超过满油位标记。

⑧安装发动机中央 4 号底罩。用 4 个螺钉安装发动机中央 4 号底罩。

（2）检查发动机冷却液

①排空发动机冷却液（发动机）。

注意：发动机和散热器总成仍很热时，不要拆下储液罐盖或散热器放水螺栓。高压高温的发动机冷却液和蒸汽可能会释放出来并导致严重烫伤。

a. 如图 2-39 所示，将内径为 9mm 的软管连接到散热器放水开关上。

b. 松开散热器放水螺栓。

c. 拆下储液罐盖。然后排空发动机冷却液，如图 2-40 所示。

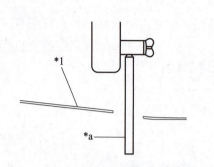
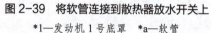
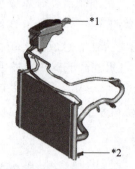

图 2-39 将软管连接到散热器放水开关上　　图 2-40 排空发动机冷却液

*1—发动机 1 号底罩　*a—软管　　　*1—储液罐盖　*2—散热器放水螺栓

提示：将发动机冷却液收集到容器中，根据您所在地区的法规进行报废处理。

d. 用手紧固散热器放水螺栓。

e. 从散热器放水开关上断开软管。

②加注发动机冷却液（发动机）。

a. 加注发动机冷却液至散热器储液罐总成的 B-HV 刻度线，如图 2-41 所示。规定容量：5.7L。

小心：不要用普通的水代替发动机冷却液。

提示：丰田车辆出厂时加注的是丰田 SLLC。为避免损坏发动机冷却系统及产生其他技术问题，只能使用丰田 SLLC 或类似的优质乙二醇基冷却液。

b. 用手挤压散热器 1 号软管和散热器 2 号软管数次，然后检查发动机冷却液液位。如果发动机冷却液液位过低，则继续加注发动机冷却液。

c. 将发动机置于检查模式（保养模式）。

d. 安装储液罐盖。

小心：尽可能牢固地紧固储液罐盖。

e. 对冷却系统进行放气。

小心：

● 起动发动机前，关闭空调开关。

● 将加热器控制调节为最高温度设置。

● 将鼓风机转速调节为低速设置。

（a）发动机暖机至带节温器的进水口分总成打开。带节温器的进水口分总成打开时，循环发动机冷却液几分钟。

提示：通过用手挤压散热器 2 号软管并感觉发动机冷却液开始在散热器 2 号软管内流动时的振动，可以确定带节温器的进水口分总成的开启时间。

（b）用手挤压散热器 1 号软管和散热器 2 号软管数次，以对系统进行放气。

注意：

● 挤压软管时应佩戴保护手套。

- 散热器1号软管和散热器2号软管发热，应小心。
- 手应远离风扇。

小心：

- 确保散热器储液罐总成中仍留有一些发动机冷却液。
- 如果冷却液温度表显示温度过高，则关闭发动机并使其冷却。
- 如果没有足够的发动机冷却液，则发动机可能过热或严重损坏。
- 如果散热器储液罐总成中发动机冷却液不足，则进行以下操作：先停止发动机；然后等待直至发动机冷却液冷却；再加注发动机冷却液直至达到散热器储液罐总成的FULL刻度线。

f. 发动机冷却后，检查并确认发动机冷却液液位在FULL刻度线和LOW刻度线之间。如果发动机冷却液液位低于LOW刻度线，则加注发动机冷却液至FULL刻度线。

③检查冷却液是否泄漏（发动机），如图2-42所示。

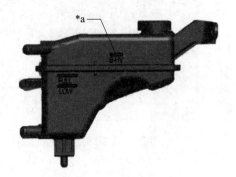

图2-41　加注发动机冷却液

*a—B-HV线

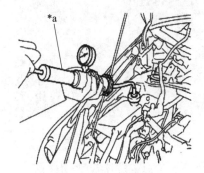

图2-42　检查冷却液是否泄漏

*a—散热器盖检测仪

注意：发动机和散热器总成仍很热时，不要拆下储液罐盖。高压高温的发动机冷却液和蒸汽可能会释放出来并导致严重烫伤。

a. 拆下储液罐盖。

b. 向散热器总成和散热器储液罐总成中加注发动机冷却液，然后安装散热器盖检测仪。

c. 将发动机置于检查模式（保养模式）。

d. 使发动机暖机。

e. 泵吸散热器盖检测仪至108kPa，然后检查并确认压力不下降。

（a）如果压力下降，则检查软管、散热器总成和发动机水泵总成是否泄漏。

（b）如果没有发现发动机冷却液外部泄漏的迹象，则检查加热器芯、气缸体分总成和气缸盖分总成。

f. 拆下散热器盖检测仪。

g. 安装储液罐盖。

（3）检查火花塞

1）执行火花测试。

①检查DTC。

小心：如果存在任何 DTC，则根据各 DTC 相应的程序进行故障排除。

②拆下 4 个点火线圈总成和 4 个火花塞。

a. 拆卸 2 号气缸盖罩，如图 2-43 所示。拆下 3 个卡子和 2 号气缸盖罩。

小心：

- 按图 2-43 所示顺序分离卡子。
- 分离卡子 3 时，握住卡子 3 后面的 2 号气缸盖罩端部并垂直提起 2 号气缸盖罩。
- 试图同时分离前后卡子可能会使 2 号气缸盖罩破裂。
- 垂直拉起 2 号气缸盖罩以将其拆下。试图向前拉 2 号气缸盖罩或通过握住 2 号气缸盖罩左右两端将其拉起时，可能会导致其破裂。

b. 拆卸点火线圈总成，如图 2-44 所示。

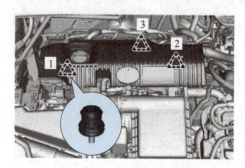

图 2-43 拆卸 2 号气缸盖罩

图 2-44 拆卸点火线圈总成

a）断开 4 个点火线圈总成插接器。

b）从气缸盖罩分总成上拆下 4 个螺栓和 4 个点火线圈总成。

小心：

- 拆下各点火线圈总成时，小心不要损坏气缸盖罩分总成的螺塞盖和火花塞套管的上边缘。
- 如果点火线圈总成受到敲击或掉落，则将其更换。

提示：按正确的顺序摆放拆下的零件。

c. 拆卸火花塞，如图 2-45 所示。

使用 14mm 火花塞扳手，从气缸盖分总成上拆下 4 个火花塞。

小心：如果火花塞受到敲击或掉落，则将其更换。

提示：按正确的顺序摆放拆下的零件。

③断开 4 个喷油器总成插接器，如图 2-46 所示。

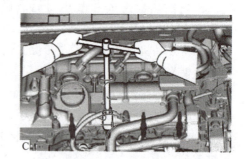

图 2-45 拆卸火花塞

④将发动机置于检查模式（保养模式）。

⑤将火花塞安装到点火线圈总成上，然后连接点火线圈总成插接器。

⑥将火花塞搭铁。

⑦检查并确认启动发动机时各火花塞产生火花，如图 2-47 所示。

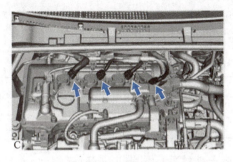

图 2-46　断开 4 个喷油器总成插接器

图 2-47　检查火花塞点火情况

小心：

- 确保检查时火花塞搭铁。
- 不要使发动机起动超过 2s。
- 如果点火线圈总成或火花塞曾受过敲击或掉落等，则将其更换。

提示：如果没有产生火花，则执行下列程序。

⑧连接 4 个喷油器总成插接器。

⑨安装 4 个火花塞和 4 个点火线圈总成。

小心：如果点火线圈总成或火花塞曾受过敲击或掉落，则将其更换。

提示：将相同零件安装至其初始位置。

⑩检查 DTC。

⑪清除 DTC。

2）检查点火线圈总成和火花测试。

①检查并确认点火线圈总成插接器牢固连接，检查结果见表 2-41。

表 2-41　检查结果

结果	措施
异常	连接牢固
正常	转至下一步

②在每个点火线圈总成上进行火花测试。

a. 用确认正常的点火线圈总成更换。

b. 再次进行火花测试，检查结果见表 2-42。

表 2-42　检查结果

结果	措施
异常	转至下一步
正常	更换点火线圈总成

③在每个火花塞上进行火花测试。

a.用确认正常的火花塞更换。

b.再次进行火花测试，检查结果见表2-43。

表2-43　检查结果

结果	措施
异常	检查点火系统
正常	更换火花塞

小心：如果点火线圈总成或火花塞曾受过敲击或掉落，则将其更换。

④连接4个喷油器总成插接器。

⑤安装4个火花塞和4个点火线圈总成。

提示：将相同零件安装至其初始位置。

⑥检查DTC。

⑦清除DTC。

3）检查火花塞。

小心：

● 小心不要损坏火花塞的铱尖或铂尖。

● 由于铱尖易损坏，应目视检查。

● 不要尝试调节旧火花塞的电极间隙。

● 如果火花塞受油等脏污严重，则将其更换。

● 如果火花塞彻底损坏，则将其更换。

● 如果火花塞受到敲击或掉落，则将其更换。

● 安装新火花塞时，在将火花塞安装到发动机前，不要拆下火花塞端部的护盖。

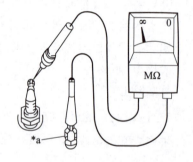

图2-48　使用兆欧表测量绝缘电阻

*a—车身搭铁

①检查电极。

使用兆欧表测量绝缘电阻，如图2-48所示，检测结果见表2-44。

提示：

● 如果结果不符合规定，则用火花塞清洁器清洁火花塞，并再次测量电阻。

● 如果没有兆欧表，则可用下述简单检查代替。

表2-44　标准绝缘电阻

检测仪连接	条件	规定状态
火花塞（端子部位）–车身搭铁	始终	10MΩ 或更大

②替代检查方法。

a.将发动机置于检查模式（保养模式）。

b.启动发动机。

小心：输出以下任一DTC时，不要进行此步骤：P0300、P0301、P0302、P0303、P0304（检测到气缸缺火）。

c. 将发动机迅速加速至 2500r/min，重复操作 5 次。

小心：输出以下任一 DTC 时，不要进行此步骤：P0300、P0301、P0302、P0303、P0304（检测到气缸缺火）。

d. 拆下火花塞。

e. 目视检查火花塞。

提示：如果电极干燥，则火花塞正常工作；如果电极潮湿，则转至下一步。

③检查火花塞的螺纹和绝缘垫是否损坏。如果有任何损坏，则更换火花塞。

④检查火花塞电极间隙，如图 2-49 所示。旧火花塞的最大电极间隙：1.3mm。

小心：不要尝试调节旧火花塞的电极间隙。如果火花塞电极间隙大于最大值，则更换火花塞。新火花塞的标准电极间隙：1.0~1.1mm。

⑤清洁火花塞。如果电极上有湿炭的痕迹，则用火花塞清洁器清洁电极并进行干燥，如图 2-50 所示。标准气压：588kPa；标准时长：20s 或更短时间。

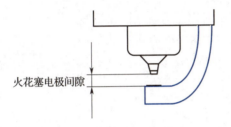

图 2-49 检查火花塞电极间隙　　图 2-50 清洁火花塞

提示：电极上没有机油时，仅使用火花塞清洁器。如果电极上有机油痕迹，则在使用火花塞清洁器之前用汽油洗掉机油。

⑥安装火花塞。

（4）检查辅助蓄电池

1）检查并确认辅助蓄电池电缆连接到正确的端子上。如果连接不正确，则将其正确连接。

2）检查辅助蓄电池是否损坏和变形。如果发现严重损坏、变形或泄漏，则更换辅助蓄电池。

3）检查各单格的电解液液位。如果电解液液位低于下线，则更换辅助蓄电池。

（5）检查空气滤清器滤芯

1）拆下空气滤清器滤芯。

2）检查并确认空气滤清器滤芯未严重脏污。如果空气滤清器滤芯严重脏污，则更换空气滤清器滤芯。

3）如图 2-51 所示，用压缩空气清洁空气滤清器滤芯。

4）重新安装空气滤清器滤芯。

5. 制动系统一般保养作业项目

（1）检查制动管路和软管（图 2-52）

提示：在光线充足的区域工作。开始检查前将前轮转至最右或最左。

图 2-51　用压缩空气清洁空气滤清器滤芯

图 2-52　检查制动管路和软管

1）使用镜子检查制动管路和软管的整个圆周和长度，查看是否有以下状况：

- 损坏；　　- 磨损；　　- 变形；　　- 破裂；
- 扭结；　　- 腐蚀；　　- 泄漏；　　- 扭曲。

2）检查所有卡夹是否紧固，并检查连接处有无泄漏。

3）检查并确认软管和管路远离尖锐部位、运动零件和排气系统。

4）检查并确认管路正确安装并穿过密封垫中心。

（2）检查制动踏板

1）拆下左前车门防磨板。

2）拆下左前围侧饰板。

3）翻起前地板地毯总成。

4）逆时针转动卡子以将其分离，拆下前围板隔热垫。

（3）检查驻车制动器

1）检查驻车制动杆行程。

a. 牢固拉起驻车制动杆。

b. 解除驻车制动杆锁止器并使其返回到 OFF 位置。

c. 慢慢将驻车制动杆完全拉起，并计算咔嗒声的次数。

驻车制动杆行程：在 200N 时为 5~8 个槽口。如果驻车制动杆行程不符合规定，则调节驻车制动杆行程。

2）调节驻车制动杆行程。

a. 拆下地板控制台上面板分总成。

b. 解除驻车制动杆锁止器并使其返回 OFF 位置。

c. 松开锁紧螺母和线束调节螺母以完全松开驻车制动器拉索。

d. 起动车辆，并踩下制动踏板数次。

e. 将点火开关置于 OFF 位置。

f. 转动线束调节螺母，直到驻车制动杆行程修正至规定范围内。驻车制动杆行程：在 200N 时为 5~8 个槽口。

g. 使用扳手紧固号线束调节螺母并紧固锁紧螺母。力矩：6.0N · m。

h. 操作驻车制动杆 3~4 次，并检查驻车制动杆行程。

i. 检查并确认驻车制动器未卡滞。

j. 安装地板控制台上面板分总成。

3）检查后盘式制动器制动缸操作杆和止动器之间的间隙。

松开驻车制动杆，检查并确认后盘式制动器制动缸操作杆和止动器之间的间隙在规定范围内。间隙：0.5mm 或更小；如果间隙不符合规定，则更换后盘式制动器制动缸总成。

4）检查制动警告灯。

操作驻车制动杆时，检查并确认制动警告灯点亮。标准：制动警告灯应在驻车制动杆发出第一次"咔嗒"声时点亮。

（4）检查前制动衬块和制动盘

1）检查衬块厚度，如图 2-53 所示。

使用直尺，测量前盘式制动器衬块厚度。标准厚度：12.0mm；最小厚度：1.0mm。

提示：

- 更换新的前盘式制动器衬块时，确保检查前制动盘厚度。
- 如果前盘式制动器衬块厚度小于最小厚度，则更换前盘式制动器衬块。

2）检查制动盘厚度，如图 2-54 所示。

使用螺旋测微器，测量前制动盘厚度。

标准厚度：22.0mm；最小厚度：19.0mm。

提示：如果前制动盘厚度小于最小值，则更换前制动盘。

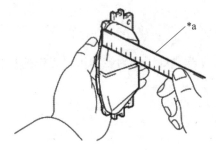

图 2-53　检查衬块厚度
*a—直尺

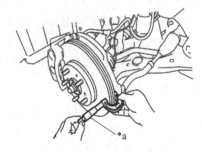

图 2-54　检查制动盘厚度
*a—螺旋测微器

（5）检查后制动衬块和制动盘

检查衬块厚度，如图 2-53 所示。

使用直尺，测量后盘式制动器衬块厚度。标准厚度：9.5mm；最小厚度：1.0mm。

提示：

- 如果后盘式制动器衬块厚度小于最小厚度，则更换后盘式制动器衬块。
- 更换新的后盘式制动器衬块时，确保检查后制动盘厚度。

（6）检查或更换制动液

1）检查或更换制动液（使用 GTS 时）。

a. 电源开关置于 OFF 位置时，将 GTS 连接到 DLC3。

b. 检查并确认选择驻车挡（P）并施加驻车制动，然后将电源开关置于 ON（IG）位置。

c. 打开 GTS 并进入以下菜单：Chassis/ABS/VSC/TRC/Utility/ECB（ElectronicallyControlledBrakesystem）Utility/ZeroDown。检测仪显示执行。

d. 选择 "Next" 并等待 10s。

e. 助力器泵停止后，检查液位在 MAX 和 MIN 线之间。如有必要，则加注制动液至 MAX 线，如图 2-55 所示。制动液：SAEJ1703 或 FMVSSNo.116DOT3。

2）检查并调节储液罐中的液位（不使用 GTS 时）。

电源开关置于 ON（IG）位置时，检查液位高于 MIN 线。如有必要，在电源开关置于 ON（IG）位置时加注制动液至液位支撑线，如图 2-56 所示。

制动液：SAEJ1703 或 FMVSSNo.116DOT3。

图 2-55　检查液位在 MAX 和 MIN 线之间　　　图 2-56　液位支撑线

*a—MAX 线；*b—MIN 线　　　　　　　　　　*a—液位支撑线

6. 底盘一般保养作业项目

（1）检查转向传动机构和转向机壳

1）检查转向盘自由行程。

a. 将电源开关置于 ON（READY）位置并确保车辆处于动力转向可以工作的状态。

b. 停止车辆，并使前轮对准正前方。

c. 向左和向右慢慢转动转向盘，检查转向盘的自由行程。最大自由行程：30mm。

提示：如果自由行程超过最大值，则检查转向系统。

2）检查转向传动机构有无松动或损坏。

a. 检查并确认横拉杆接头没有任何间隙。

b. 检查并确认防尘密封和防尘套没有损坏。

c. 检查并确认防尘套卡夹没有松动。

d. 检查并确认转向机壳没有损坏。

（2）检查球节和防尘罩

1）检查球节是否过于松动。

a. 用千斤顶顶起车辆前部，并在前轮胎下放置 180~200mm（7.09~7.87in.）高的木块。

b. 降低车辆，直至其前螺旋弹簧达到其正常载荷的一半。为安全起见，在车下放置台架。

c. 检查并确认车辆前轮正对前方。4 个车轮均使用车轮止动楔固定。

d. 使用撬棒撬起下臂端部。检查间隙量。最大球节垂直间隙：0mm。如有间隙，则更换球节。

2）检查防尘罩有无损坏。

（3）检查驱动轴防尘套

检查驱动轴防尘套有无卡夹松动、破裂、润滑脂泄漏、扭曲或损坏。

（4）检查混合动力传动桥

目视检查混合动力传动桥是否泄漏油液。如果泄漏油液，则查找原因并维修。

（5）检查前后悬架

测量车辆高度。

小心：

- 检查车轮定位前，应将车辆高度调节到规定值。
- 一定要在水平地面上进行测量。
- 如果必须在车下进行测量，则确认施加驻车制动且车辆已用楔块固定。
- 车辆空载时进行检查。
- 此处的标准值用于进行车轮定位，并不表示实际车辆高度。

1）上下弹动车辆几次，以稳定悬架。

2）测量车辆高度。

测量点：A——前轮中心离地间隙；B——前悬架下臂衬套固定螺栓中心离地间隙；C——后轮中心离地间隙；D——后纵臂衬套固定螺栓中心离地间隙。

车辆高度（空载车辆）：

前：A－B=92.0mm。

后：C－D=12.0mm。

7. 车身一般保养作业项目

（1）紧固底盘和车身上的螺栓和螺母

1）如有必要，则紧固下列底盘零件的螺栓和螺母。

- 前桥和悬架。
- 传动系统。
- 后桥和悬架。
- 制动系统。
- 发动机支座。
- 其他底盘零件。

2）如有必要，则紧固下列车身零件的螺栓和螺母。

- 座椅安全带系统。
- 座椅。
- 车门和发动机罩。
- 车身支座。
- 燃油箱。
- 排气系统。
- 其他车身零件。

（2）清洁或更换空调滤清器

1）拆下空调滤清器。

a.拆卸空调滤清器壳。拆卸空调滤清器壳分离卡夹和导销以拆下空调滤清器壳，如图2-57所示。

b.拆卸空调净化滤清器。如图2-58所示，拆下空调净化滤清器。

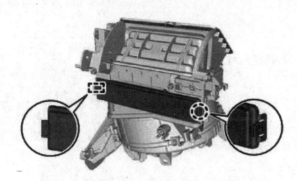 

图2-57 拆卸空调滤清器壳分离卡夹和导销   图2-58 拆卸空调净化滤清器

2）目视检查空调滤清器的表面。

3）如果空调滤清器被异物污染，则根据保养计划进行清洁或更换。

小心：一些滤清器无法清洁。

（3）路试

1）检查发动机和底盘有无异常噪声。

2）检查并确认车辆不向某侧跑偏。

3）检查并确认制动器工作正常无拖滞。

4）安装驻车制动器衬块。

（4）车身检查

1）检查车身外板是否凹陷、划伤或锈蚀。

2）检查车身底部是否锈蚀或损坏。

如有必要，则更换损坏零件或维修损坏部位。

（5）最终检查

检查车身零件的工作情况。

a.发动机盖。

● 辅助搭扣工作正常。

● 发动机盖关闭时牢固锁止。

b.前后车门。

● 门锁工作正常。

● 车门关闭正常。

c.行李舱门。

● 行李舱门打开和关闭正常。

d.座椅。

- 座椅调节自如并能在任意位置牢固锁止。
- 前排座椅靠背能在任意位置牢固锁止。
- 折叠式后排座椅靠背能牢固锁止。

e.确保交付清洁的车辆。确保检查以下项目：

- 转向盘。
- 变速杆把手。
- 所有开关和按钮。
- 车门把手。
- 座椅。

 # 任务三　新能源汽车维护作业工单

一、纯电动汽车维护作业实训工单

1.实训目的

1）知道国内典型纯电动汽车的维护周期、维护项目及内容。

2）学会纯电动汽车高压安全防护方法。

3）学会纯电动汽车维护作业规范和方法。

2.安全文明操作及注意事项

1）严格按照主机厂维护技术要求进行实训操作。

2）严格自觉执行高压电安全防护操作规范。

3）严禁用手触摸高压部件和黄色高压导线。

4）严格执行汽车维护设备和工具的安全操作规范。

5）自觉执行 5S 管理。

3.实训设备、工具和耗材

1）纯电动汽车整车（北汽 EV160/200 纯电动汽车，或比亚迪 e6 纯电动汽车，或其他纯电动汽车）。

2）与实训车辆相配对的诊断仪（北汽 BDS 诊断仪、比亚迪 EDC1000/2000）、万用表。

3）高压防护套装、绝缘垫。

4）举升机、工具车、绝缘工具、拆检工具、空调温度计和风速计。

5）汽车维修护垫三件套、车内三件套、抹布。

4.作业单

姓名：_____　班级：_____　学号：_____　成绩：_____

车型：_____　VIN：_____

1）设计双人快保（3500km首保）作业的工艺流程与分工，填写表2-45。

表2-45　双人快保作业的工艺流程与分工

步骤序号	A选手		B选手	
	作业内容	操作要领	作业内容	操作要领
1				
2				
3				
4				
5				
6				
7				
8				
9				
10				
11				
12				
13				

2）做北汽纯电动汽车5000km维护，填写表2-46。

表2-46　北汽纯电动汽车5000km维护（A级维护）作业单

系统类别	检查内容	处理方法	检查结果			
			良好	紧固	需更换	其他处理
1.动力电池系统	安全防护					
	绝缘					
	插接件状态					
	标识					
	螺栓紧固力矩					
	动力电池加热功能检查					
	外部检查					
	数据采集					
2.电机系统	安全防护					
	绝缘					
	电机及控制器冷却检查					
	外部检查					

（续）

系统类别	检查内容	处理方法	检查结果			
			良好	紧固	需更换	其他处理
3. 电气电控系统	机舱及各部位低压线束防护固定					
	机舱及各部位插接件状态					
	机舱及各部位高压线束防护固定					
	机舱及底盘各高低压电器固定及插接件连接状态					
	蓄电池					
	灯光、信号					
	充电口及高压线					
	高压绝缘监测系统					
	故障诊断系统报警监测					
4. 制动系统	驻车制动					
	制动装置					
	制动液					
	制动真空泵					
	前后制动摩擦副					
5. 转向系统	转向盘与转向管柱连接紧固状态					
	转向机本体连接紧固状态					
	转向横拉杆间隙及防尘套					
	转向助力功能					
6. 车身系统	风窗玻璃刮水器					
	顶窗					
	座椅及滑道					
	门锁及铰链					
	机舱铰链及锁扣					
	行李舱门铰链及锁					

（续）

系统类别	检查内容	处理方法	检查结果			
			良好	紧固	需更换	其他处理
7. 传动及悬架系统	变速器（减速器）	👁 🔧				
	传动轴	👁 🔧				
	轮辋	👁 🔧				
	轮胎	👁 🔧				
	副车架及各悬置连接状态	👁 🔧				
	前后减振器	👁 🔧				
8. 冷却系统	冷却液液位及冰点	👁 🔧				

实训体会：

教师点评：

二、混合动力汽车维护作业实训工单

1. 实训目的

1）知道比亚迪等典型混合动力汽车的维护周期、维护项目及内容。

2）学会混合动力汽车高压安全防护方法。

3）学会比亚迪混合动力汽车维护作业规范和方法。

2. 安全文明操作及注意事项

1）严格按照主机厂维护技术要求进行实训操作。

2）严格自觉执行高压电安全防护操作规范。

3）严禁用双手触摸高压部件和黄色高压导线。

4）严格执行汽车维护设备和工具的安全操作规范。

5）自觉执行 5S 管理。

3. 实训设备、工具和耗材

1）比亚迪·秦混合动力汽车整车，或其他混合动力汽车。

2）与实训车辆配套的诊断仪（比亚迪 VDS1000/VDS2000 诊断仪）、万用表。

3）高压防护套装、绝缘垫。

4）举升机、工具车、绝缘工具、拆检工具、空调温度计和风速计。

4.作业单

姓名：_____　班级：_____　学号：_____　成绩：_____

车型：_____　VIN：_____

1）设计双人快保（3500km 首保）作业的工艺流程与分工，填写表 2-47。

表 2-47　双人快保作业的工艺流程与分工

步骤序号	A 选手		B 选手	
	作业内容	操作要领	作业内容	操作要领
1				
2				
3				
4				
5				
6				
7				
8				
9				
10				
11				
12				

2）做比亚迪·秦汽车 3500km 维护，填写表 2-48。

表 2-48　比亚迪·秦汽车 3500km 维护作业单

系统类别	检查内容	处理方法	检查结果			
			良好	紧固	需更换	其他处理
1.动力电池系统	安全防护	👁🔧				
	绝缘	👁🔧				
	插接件状态	👁🔧✋				
	标识	👁🔧				
	螺栓紧固力矩	🔧				
	动力电池加热功能检查	👁💻				
	外部检查	👁🔧				
	数据采集	💻				
2.电机系统	安全防护	👁🔧				
	绝缘	👁🔧				

（续）

系统类别	检查内容	处理方法	检查结果			
			良好	紧固	需更换	其他处理
2. 电机系统	电机及控制器冷却检查					
	外部检查					
3. 电气电控系统	机舱及各部位低压线束防护固定					
	机舱及各部位插接件状态					
	机舱及各部位高压线束防护固定					
	机舱及底盘各高低压电器固定及插接件连接状态					
	蓄电池					
	灯光、信号					
	充电口及高压线					
	高压绝缘监测系统					
	故障诊断系统报警监测					
4. 制动系统	驻车制动					
	制动装置					
	制动液					
	制动真空泵					
	前后制动摩擦副					
5. 转向系统	转向盘与转向管柱连接紧固状态					
	转向机本体连接紧固状态					
	转向横拉杆间隙及防尘套					
	转向助力功能					
6. 车身系统	风窗玻璃刮水器					
	顶窗					

（续）

系统类别	检查内容	处理方法	检查结果			
			良好	紧固	需更换	其他处理
6. 车身系统	座椅及滑道					
	门锁及铰链					
	机舱铰链及锁扣					
	行李舱门铰链及锁					
7. 传动及悬架系统	变速器（减速器）					
	传动轴					
	轮辋					
	轮胎					
	副车架及各悬置连接状态					
	前后减振器					
8. 冷却系统	冷却液液位及冰点					

实训体会：

教师点评：

⚙️ 项目小结

1. "定期检测、强制维护、视情修理"是我国汽车维护制度的指导原则。《汽车维护、检测、诊断技术规范》（GB/T 18344—2016）的内容有七项：汽车日常维护作业，汽车一级维护的项目、作业内容和技术要求，汽车二级维护的作业过程，汽车二级维护检测、诊断及其维护附加作业项目的确定，汽车二级维护过程检验，汽车二级维护的基本维护项目、作业内容和技术要求，汽车二级维护竣工检验项目和技术要求。这七项内容的核心是汽车二级维护检测和诊断。

2. 新能源汽车的核心是"三电"。纯电动汽车和燃料汽车没有内燃发动机，所以维护作业内容少，但车辆的底盘系统和车身电气系统有许多相同之处。混合动力汽车维护作业与内燃发动机汽车维护作业相比，大部分作业内容还是二级维护作业内容。

3. 纯电动汽车的差异化维护作业是对动力电池、电机和控制系统的检测维护。

4. 混合动力汽车的差异化维护作业是对程序进行扫描与标定，对动力电池、电机和控制系统的检测维护。

💡 思考与练习

1. 填空题

（1）我国汽车维护制度的指导原则是_____、_____、_____。

（2）北汽纯电动汽车维护周期 A 级维护首次_____km 维护，B 级维护首次_____km 维护，以后分别间隔_____km 维护。

（3）纯电动汽车的日常维护要点是_____、_____、_____。

（4）_____系统、_____系统、_____系统的维护作业是新能源汽车的独有的维护项目。

（5）新能源汽车每次到 4S 店进行维护，专业维护人员要对电池包的_____等级、_____的状态和电池包内部_____进行细致检查，确保动力电池保持在最佳状态。

（6）混合动力汽车的维护作业项目包含两部分，一是与传统汽车相同的_____系统维护作业项目，二是增加_____的维护作业项目。在电气系统方面也包括两部分，一是与传统汽车相同_____的维护作业项目，二是增加的_____的维护作业项目。

2. 判断题

（1）纯电动汽车驱动系统维护作业主要是对电池组和电动机进行日常养护。
（　　）

（2）混合动力汽车也有发动机，所以更换机油的间隔时间与内燃发动机汽车是相同的。
（　　）

（3）新能源汽车的空调维护作业与内燃发动机汽车是相同的。（　　）

（4）对新能源汽车做维护作业必须穿戴高压安全防护衣物。（　　）

（5）用诊断仪进行检查和程序更新是新能源汽车维护作业中的一个必做项目。
（　　）

（6）对新能源汽车做维护作业，必须使用高压绝缘工具。（　　）

3. 简答题

（1）纯电动汽车维护作业与内燃发动机汽车维护作业有何差异？

（2）混合动力汽车维护作业与内燃发动机汽车维护作业有何差异？

（3）在新能源汽车维护作业中为什么要使用诊断仪？

项目三 新能源汽车检测与数据分析

学习目标

1. 了解新能源汽车检测仪器的种类及功用。
2. 了解诊断仪显示的主要数据流含义。
3. 学会正确使用万用表、钳形电流表等检测仪器和工具。
4. 学会操作使用新能源汽车诊断仪。

 任务一　新能源汽车检测仪器与工具

 一、数字万用表

　　万用表不但是传统汽车电器维修的必备测量仪器，在新能源汽车维修作业中也是十分重要的测量仪器。数字万用表如图 3-1 所示。它可以测量交流和直流电压、交流和直流电流、电阻和电平等电参数。档次稍高的万用表还可测量频率、电容量、电感量、二极管压降及晶体管共发射极直流电流放大倍数等。

　　汽车数字万用表是在通用数字万用表的基础上，增加满足汽车特定功能测量要求的仪表。它不但可以进行常规的电压、电流、电阻、电容等的测量，而且还可以测量如温度、转速、频率、占空比、闭合角等参数。按量程转换方式可分为手动转换式、自动转换式、自动/手动综合转换式等；按使用性能分为智能型、数字/模拟混合型、数字/模拟条图双显示型等。

　　对新能源汽车进行维护与故障诊断用的万用表，要求电流的测量范围值至少要达到250A，如果要对充电设备进行检修，这个量程还需调整到 500A，如果万用表无此功能，就要配备一块能够进行交直流测量的钳形电流表。

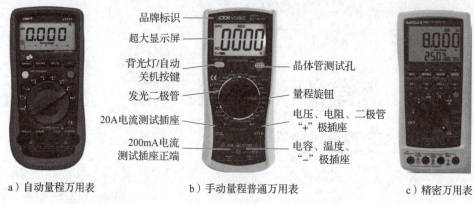

	品牌标识	
	超大显示屏	
背光灯/自动关机按键		晶体管测试孔
发光二极管		量程旋钮
20A电流测试插座		电压、电阻、二极管"+"极插座
200mA电流测试插座正端		电容、温度"−"极插座

a）自动量程万用表　　　　b）手动量程普通万用表　　　　c）精密万用表

图 3-1　数字万用表

二、发光二极管试灯

发光二极管试灯如图 3-2 所示。其可用来检测汽车电路是否有电、导线是否断路或短路等故障。试灯具有快捷、便利、使用简便等优点，所以在新能源汽车电器维修中起着积极的作用。

三、钳型电流表

钳形电流表无须断开电源和线路即可直接测量运行中电器设备的工作电流，其体积小，携带方便。根据其结构及用途可分为互感式和电磁式两种。常用的互感式钳形电流表只能测量交流电流。电磁式钳形电流表可以交直流两用。汽车电器维修检测起动电流和充电电流常用数字式交直流两用钳型电流表，如图 3-3 所示。

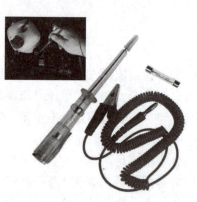

a）胜利牌交直流　　　b）福禄克牌交直流
钳形电流表　　　　　钳形电流表

图 3-2　发光二极管试灯　　　　　图 3-3　钳型电流表

四、数显式绝缘兆欧表

绝缘兆欧表也称绝缘电阻表，是电力、邮电、通信、机电安装、维修以及新能源汽车维修作业中必不可少的仪表。它适用于测量各种绝缘材料的电阻值及变压器、电机、电缆、电器设备等的绝缘电阻。

电器设备绝缘性能的好坏，关系到电器设备的正常运行和操作人员的人身安全。如果新能源汽车高压系统的绝缘材料由于发热、受潮、污染、老化等原因而损坏，就会造成人身重大安全事故，所以在维修新能源汽车高压系统故障时，需要经常测量高压系统的绝缘电阻。

绝缘电阻不能用万用表欧姆挡测量，因为绝缘电阻比较大，几十兆欧以上，万用表在测量电阻时的电源电压很低（9V 以下），在低电压下呈现的电阻值，并不能反映在高电压作用下的绝缘电阻的真正数值，因此，检测绝缘电阻必须用备有高压电源的兆欧表进行测量。

绝缘兆欧表有指针式和数显式两种，数显式兆欧表运用电池驱动，具有精度高、读数直观、操作方便、安全可靠、体积小、便于携带等优点，是测量绝缘电阻最常用的仪表。图 3-4 所示为常见数显式兆欧表的外观。

图 3-4　数显式兆欧表

1. 兆欧表按键功能介绍

图 3-5 所示为新能源汽车专用兆欧表按键功能图；表 3-1 为新能源汽车专用兆欧表按键功能介绍。技术指标见表 3-2。

图 3-5　新能源汽车专用兆欧表按键功能图

1—750V 交流电压功能键　2—输出直流电压切换键　3—量程切换键　4—电源开关键
5—测量指示灯　6—测量锁定键　7—接被测线路端插孔　8—保护端插孔　9—接被测对象的地端插孔
10—交流电压孔　11—液晶显示屏

表 3-1　新能源汽车专用兆欧表按键功能介绍

序号	功能	序号	功能
1	750V 交流电压功能键	7	接被测线路端插孔
2	输出直流电压切换键	8	保护端插孔
3	量程切换键	9	接被测对象的地端插孔
4	电源开关键	10	交流电压孔
5	测量指示灯	11	液晶显示屏
6	测量锁定键		

表 3-2　新能源汽车专用兆欧表技术指标

基本功能		量程	精度
输出电压		250V/500V/1000V	±10%
测试电流		250V（R=250kΩ）1mA 500V（R=500kΩ）1mA 1000V（R=1MΩ）1mA	±10%
量程	未按下 RANGE 按钮	250V：0.1~20MΩ 500V：0.1~50MΩ 1000V：0.1~100MΩ	±4%
	按下 RANGE 按钮	250V：20~500MΩ 500V：50~1000MΩ 1000V：100~2000MΩ	±4%
电压测量		AC750V	±1%
插孔位置		绝缘电阻：L E　AC750V：ACV G	

2. 新能源汽车专用兆欧表工作原理

　　部件（电缆）绝缘性能是在其工作电压下不被击穿的能力，施加高于其工作电压，检测其绝缘电阻才有意义。普通数字万用表表笔之间最高只能提供 9V 的低电压，测量部件（电缆）绝缘性能没有意义，所以必须使用兆欧表施加高电压以后测量出的电阻值才有效。

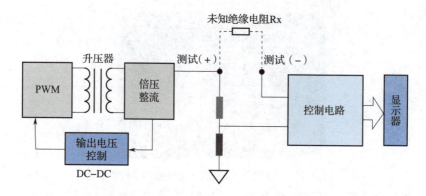

图 3-6　新能源汽车专用兆欧表工作原理

　　数字兆欧表内直流电压变换器将电池电压转换为直流高压电作为测试电压，测试电压施加于被测物上（如绝缘电阻）产生的电流经电流电压转换器转换为相应的电压值，并送入模数转换器变为数字编码经微处理器计算处理，由显示器显示相应的电阻值，如图 3-6 所示。

3. 新能源汽车专用兆欧表操作说明

　　下面为兆欧表的操作步骤。

　　1）将电源开关"POWER"键按下。

　　2）将两根表笔分别插入 L 和 E 插孔。

　　3）根据测量需要选择测试电压（250V/500V/1000V）。选择的测试电压应超过被测线路电压，但不宜高出太多。

4）根据测量需要选择量程开关（RANGE）（在 AC750V 档测量交流电压时，不需要选择量程）。

5）将两根表笔分别连接至两根高压电缆或高压电缆与车身及其他维修手册要求测量的部件（必须处于断电状态）。

6）按下测试开关，测试即进行，向右侧旋转可锁定按键开关，当显示值稳定后，即可读数。

7）如果读数仅最高位显示"1"，表示测量结果超过当前量程，需要以更高量程档测量。

4. 测量高压线路与车身之间的绝缘电阻

以 E50（上汽通用五菱宏光纯电动汽车）车型为例，E50 车型直流高压电为 368V 左右，因此选择 500V 电压等级，高压下电后，断开插头分别测量正负极线路与车身之间的绝缘电阻，读取测量值与标准值（0.3MΩ 即 300kΩ）对比，低于标准值为绝缘不良，如图 3-7 所示。

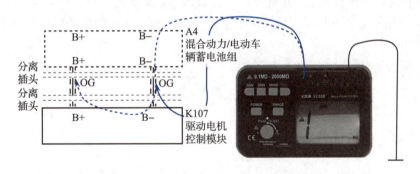

图 3-7　测量高压线路与车身之间的绝缘电阻

5. 测量高压用电器与车身之间的绝缘电阻

以 E50 车型的驱动电机控制模块为例，首先高压下电，然后拔下驱动电机控制模块电源插头。驱动电机控制模块的直流电源为 368V 左右，兆欧表选择 500V 电压等级，读取测量值与标准值（0.3MΩ 即 300kΩ）对比，低于标准值为绝缘不良，如图 3-8 所示。

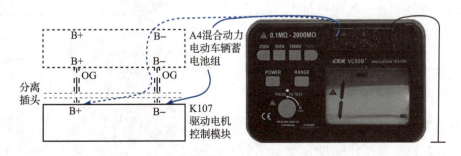

图 3-8　测量高压用电器与车身之间的绝缘电阻

6. 安全注意事项

1）测量前，必须将被测设备电源切断，严禁设备带电进行测，以保证人身和设备的安全。

2）被测物表面要清洁，减少接触电阻，确保测量结果的正确性。

3）使用仪表前首先应检查表笔的绝缘层是否完好无损，否则会有电击的危险。

4）测试前，先确认导线的连接插头已紧密地插入端子内，功能选择开关设定正确无误。

5）严禁使用兆欧表的绝缘电阻挡测量模块电源正负极之间的电阻。

6）严禁使用兆欧表的绝缘电阻挡测量蓄电池（高压蓄电池、低压蓄电池）正负极之间的电阻。

7）数字兆欧表使用时应放在平稳、牢固的地方，且远离大的外电流导体和外磁场。

8）在测试时，测试人员及其他人员严禁接触测试引线及被测电路和零部件，因其可能带有高压强电，以免电击。

9）测试完毕后，务必将功能选择开关旋转至 OFF 位置。

10）环境湿度对绝缘电阻有很大影响，潮湿环境下请勿使用仪表或更换仪表电池。

11）勿在易燃性场所测试，可能产生火花引起不必要损失。

12）仪表显示电量不足时，应及时更换电池，以确保测量的准确性，长期不使用时，应将电池取出保管。

13）绝缘检测必须穿戴绝缘防护设备。

14）绝缘检测应符合车辆要求，未通过绝缘检测前严禁安装动力电池。

五、动力电池拆装升降平台

WL1906 动力电池拆装升降平台（以下简称升降平台）主要针对新能源电动汽车的动力电池拆装而开发。此平台方便了新能源电动汽车动力电池的装卸与移动。平台使用脚踏式气动泵的控制方式，通过液压系统实现上升、下降功能。调节回油节流阀可适当调节平台下降速度；可使用前置油缸倾斜平台，倾斜角度在 −5°~+10° 。

1. 结构

动力电池拆装举升定位平台由行走机构、液压机构、气动控制机构、保险机构、支撑机构组成。通过脚踏式气动泵控制油缸，油缸带动剪臂上下移动，实现平台升降，如图 3-9 所示。

2. 拆卸电池操作流程

1）将小车推到将要拆卸的地点，并熟悉扶手和快夹钳的位置，

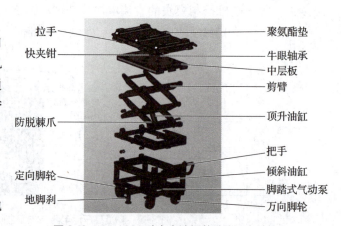

图 3-9　WL1906 动力电池拆装升降平台结构图

拉手　聚氨酯垫　快夹钳　牛眼轴承　中层板　剪臂　防脱棘爪　顶升油缸　把手　倾斜油缸　定向脚轮　脚踏式气动泵　地脚刹　万向脚轮

如图 3-10 所示，确认平台四周安全后，锁紧万向脚轮和台面两侧快夹钳（图 3-11）。

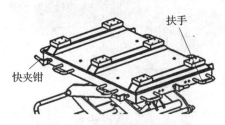

图 3-10　扶手和快夹钳的位置　　　　　　　图 3-11　锁紧快夹钳

2）将充气管与脚踏式气动泵连通。

3）脚踏气动泵，给油缸打压（图 3-12），使平台台面上升，在台面上升过程中，防脱棘爪会跟随行走机构移动，保证棘爪卡钩能够有效卡在齿板上（图 3-13），防止油泵或气动泵出现故障时，平台突然下落。

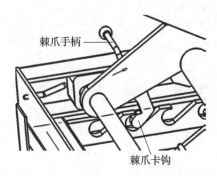

图 3-12　脚踏式气动泵打压　　　　图 3-13　上升过程中棘爪卡钩起保护作用

4）起升至相应高度后，松开快夹钳，通过扶手晃动平台，使平台对正电池底部，然后锁紧快夹钳（图 3-14）。

5）当遇到地面不平时，将油路切换至倾斜油缸，用平台前端倾斜油缸进行微调，有效角度在 -5°~10°。

6）电池放置平稳后，将棘爪卡钩解锁（图 3-15），使用气动泵（图 3-16），将平台平稳下降，下降速度可以根据电池大小和重量进行调节（可用节流阀调整下降速度）。

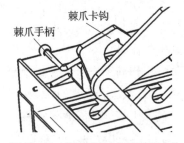

图 3-14　松开快夹钳　　　　图 3-15　下降过程中解锁棘爪卡钩

7）平台使用完毕后，将平台降到最低点，断开进气管。

平台配有顶升油缸（平台升降）和倾斜油缸（调整水平）两个油缸；在气动泵和两路油管连接处装有三通切换阀，可以进行两路油管的切换，如图 3-17 所示。

图 3-16　脚踏式气动泵泄压　　　　　图 3-17　三通切换阀

3. 安装电池操作流程

1）平台处于最低高度，确认平台四周的快夹钳处于锁紧状态（平台不能被晃动）。

2）用堆高机（或其他电池搬运设备）将电池放置在平台上，且不得偏心放置。

3）将小车推到将要安装的地点，确认平台四周安全后，锁紧万向脚轮。

4）将充气管与脚踏式气动泵连通。

5）脚踏气动泵，给油缸打压，使平台台面上升，在台面上升过程中，防脱棘爪会跟随行走机构移动，保证防脱棘爪能够有效卡在齿板上，防止油泵或气动泵出现故障时，平台突然下落。

6）起升至相应高度后，松开快夹钳，通过扶手晃动平台，使电池对正螺栓孔位，然后锁紧快夹钳。

7）当遇到地面不平时，将油路切换至倾斜油缸，用平台前端倾斜油缸进行微调，有效角度在 $-5° \sim 10°$。

8）电池安装完成后，将棘爪卡钩解锁，使用气动泵，将平台平稳下降，下降速度可以根据电池大小和重量进行调节（可用节流阀调整下降速度）。

9）平台使用完毕后，将平台降到最低点，断开进气管。

4. 使用注意事项

1）液压平台使用过程中严禁超载，在起升下降过程中，平台作业人员不得触碰剪臂以及工装平面。

2）请勿使用本机提升货物或设备，本机仅限于电池包作业。

3）请勿在一切可以预见危险状况下使用本机。

4）请勿在作业时向外用力推拉平台。

5）举升机工作时，不允许有任何负载碰靠侧面以防出现事故。

6）在每日工作前须先认真检查平台的气动系统、液压系统和机械系统是否正常，并将平台上下空载试行数次，检查有无故障和异常现象。

7）当平台发生故障或者有失正常工作时，应及时通知检修人员修理。严禁设备带病作业，非专业人员勿拆卸液压元件及电气元件。待修复并进行详细检查后才可使用。

8）当工作完毕后，作业人员应将平台降至最低位置，把小车放置指定摆放处离开岗位，并填写好交接班记录。

5. 维护与保养

1）经常清洁设备上的油污、杂物，油缸活塞杆上不得有灰尘、沙粒、杂物，保证活塞杆的干净整洁。

2）保持足够油量，油缸内定期更换液压油（推荐2年更换一次），自购液压油黏度应为15-68CST，应清洁无杂质，推荐使用N46号或32号正品液压油。

3）各转动、移动部位及轴承每月定期加注润滑油脂，检查各螺栓紧固可靠，无缺失、松动现象。

4）气动泵每使用350h更换液压油一次，如在较脏的环境中使用应适当缩短换油周期。

5）在换油后泵内会余留空气或在运输过程中使油产生气泡，都会导致空气马达空运行而不产生液压压力，这时就要将空气排除。

6）空气排除方法：接入压缩空气，将踏板置于泄油处，用扳手或其他工具按压踏板供油端下方进气按钮，使空气马达工作5~10s，看出油口是否出油。出油口出油说明泵内空气已经排空，否则重复上述操作直到出油口出油为止。

六、数显式压力开关

数显式压力开关的作用是检测、显示、报警和控制信号输出，确保系统正常运行，通过高速MCU采集并处理数据，内置精密传感器进行补偿，是检测压力、液位信号，实现压力、液位监测和控制的高精度设备，如图3-18所示。

图3-18 数显式压力开关

数显式压力开关广泛使用在化工、机械、水文、电力、环保等测量气体、液体压力的自动化系统中。因为调节方便灵活，安装简单，可以替代大部分使用液位开关的场合。

在任意设定的相应时间内将被测定的压力值进行平均化处理。被平均化的压力值与设定压力值相比较，进行开关输出。

七、测电笔

测电笔用来检验导线、电器和电气设备的金属外壳是否带电，主要由感应区、LED闪烁灯、开关按钮等组成，如图3-19所示。

透过绝缘外皮（不必接触到裸露的导线）感测由交流电压产生的静态静电场，当探头发出红光且测电笔发出声时，即表示存在电压，如图3-20所示。

图3-19 测电笔构造

图3-20 测电笔测电压

使用前，先检查测电笔是否正常，将笔端靠近任何一根热线，测电笔将会发光并伴随有回响。如果声光太弱，应更换电池。

检测当前电压时，将感应区靠近有电部件，如果有电，测电笔将会发光并伴随有响声。

注意：

1）不要将测电笔置于高压附近。

2）不得测量高于 1000V 的交流电压。

3）可以测量的电压范围为 90~1000V 的交流电压。

4）电源为 1.5V 干电池两对。

 八、绝缘工具

绝缘工具其表面都涂有绝缘材料，或采用绝缘性能良好的材质制作。

工作中，在不能确保高压部件没有高压电，或工具可能导致带电环境下正负极短路的情况下，必须使用绝缘工具。如拆卸动力电池总成内部部件时，必须使用绝缘工具。图 3-21 所示为绝缘螺丝刀。

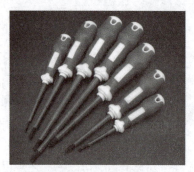

图 3-21　绝缘螺丝刀

 九、名词术语

1. 额定容量

额定容量是指在一定条件下（放电率、温度、终止电压等）电池放电至截止电压时放出的电量。容量单位为 $mA \cdot h$ 或 $A \cdot h$（$1A \cdot h = 1000mA \cdot h$）。

2. 放电速率

放电速率是表示放电快慢的一种量度。1C、2C、0.2C 是电池放电速率的快慢，电池 1h 放电完毕，称为 1C 放电；5h 放电完毕，则称为 1/5=0.2C 放电。一般可以通过不同的放电电流来检测电池的容量。对于 $24A \cdot h$ 电池来说，2C 放电电流为 48A，0.5C 放电电流为 12A。

3. 容量密度

容量密度是指电池单位质量或体积所能释放的电量，一般用 $mA \cdot h/g$ 或 $A \cdot h/kg$ 表示（通常用于表示电极材料的容量）。

4. 能量密度

电池能量密度是指电池的平均单位体积或质量所释放出的电能，称为重量比能量或体积比能量。一般用 $W \cdot h/L$ 或 $W \cdot h/kg$ 表示。

在相同体积下，锂离子电池的能量密度是镍镉电池的 2.5 倍，是镍氢电池的 1.8 倍，因此在电池容量相等的情况下，锂离子电池就会比镍镉、镍氢电池的体积更小，重量更轻。

磷酸铁锂电池的单体能量密度为 $150W \cdot h/kg$ 左右，按照我国动力电池的发展规划，

2025 年电池能量密度达到 400W·h/kg；2030 年电池能量密度达到 500W·h/kg。

5. 功率密度

功率密度是指燃料电池能输出最大的功率除以整个燃料电池系统的重量或体积（或面积），单位是 W/kg 或 W/L。

6. 存储寿命

存储寿命是指电池在没有负荷的一定条件下进行放置以达到性能劣化到规定的程度时所能放置的时间。

7. 循环寿命

循环寿命是指在一定条件下，将充电电池进行反复充放电，当容量等电池性能达到规定的要求以下时所能发生的充放电次数。

8. 续驶里程

续驶里程是指汽车等行驶工具在最大的燃料储备下可连续行驶的总里程。电动汽车的续驶里程是指电动汽车上动力电池以全充满状态开始到标准规定的试验结束时所走过的里程，它是电动汽车重要的经济性指标。

9. SOC

SOC 是 State of Charge 的简写，是电池的荷电状态，等于电池的剩余电量／电池总电量。0% 代表电池完全没电了，100% 代表电池满电。

不像传统燃料汽车的油箱剩余油量能比较容易地测量出来，电池的剩余容量无法直接被测量出来，而需要通过电压、电流等间接的相关信息由电池管理系统（BMS）软件的相关算法来估算，所以 SOC 的精度是困扰电池 BMS 行业人员的难题。

10. SOP

SOP 是下一时刻比如下一个 2s、10s、30s 以及持续的大电流的时候电池能够提供的最大的放电和被充电的功率。当然，这里面还应该考虑到持续的大电流对熔丝的影响。

SOP 的精确估算可以最大限度地提高电池的利用效率。比如在制动时可以尽量多地吸收回馈的能量而不伤害电池。在加速时可以提供更大的功率获得更大的加速度而不伤害电池。同时也可以保证车在行驶过程中不会因为欠压或者过流保护而失去动力。对于低温、旧电池以及很低的 SOC 来说，精确的 SOP 估算尤其重要。例如对于一组均衡很好的电池包，在比较高的 SOC 时，彼此间 SOC 可能相差很小，比如 1%~2%。但当 SOC 很低时，会出现某个电芯电压急速下降的情况。这个电芯的电压甚至会有比其他电池电压低 1V 多的情况。要保证每一个电芯电压始终不低于电池供应商给出的最低电压，SOP 必须精确地估算出下一时刻这个电压急速下降的电芯的最大的输出功率以限制电池的使用，从而保护电池。估算 SOP 的核心是实时在线估算电池的每一个等效阻抗。

11. SOH

SOH 是指电池的健康状态。它包括两部分：安时容量和功率的变化。一般认为：当安时容量衰减 20% 或者输出功率衰减 25% 时，电池的寿命就到了。但是，这并不是说车就不能开了。对于纯电动车 EV 来说安时容量的估算更重要一些，因为它与续驶里程有直接关系，而功率限制只是在低 SOC 的时候才重要。对于 HEV 或者 PHEV 来说，功率的变化更为重要，这是因为电池的安时容量比较小，可以提供功率有限，尤其是在低温时。对于 SOH 的要求也是既要高精度也要鲁棒性。而且没有鲁棒性的 SOH 是没有意义的。精度低于 20%，就没有意义。SOH 的估算也是基于 SOC 的估算，所以 SOC 的算法是算法的核心。电池状态估算算法是 BMS 的核心。

12. 恒流充电 CC

恒流充电是指在恒定的电流下，给电池充电的过程。恒流充电一般设置终止电压，当电压到达该值时，充电过程结束。

13. 恒压充电 CV

恒压充电是指在恒定的电压下，给电池充电的过程。恒压充电一般设置终止电流，当电流小于该值时，充电过程结束。

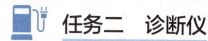

任务二　诊断仪

一、诊断仪的作用和基本功能

在电控汽车的维护与修理工作中，诊断仪具有十分重要的作用，使用诊断仪可以对发动机电控系统、底盘电控系统和车身电气系统进行检测，执行的功能有：读取和清除故障码，读取数据流，动作测试，系统设定，编码输入，编程等。在新能源汽车的维护与维修工作中，诊断仪具有十分重要的作用，诊断仪具有读取故障码和数据流、系统测试和软件升级等功能。

二、北汽 BDS 诊断仪

1. 北汽 BDS 诊断仪简介

（1）组成

北汽 BDS 诊断仪由 VC 诊断盒、内装程序的笔记本电脑、诊断插头和连接导线组成，如图 3-22 所示。北汽 BDS 诊断仪可以检测北汽各型号的新能源汽车，也可以检测北汽的电控发动机汽车（采用 OBD 插头）。

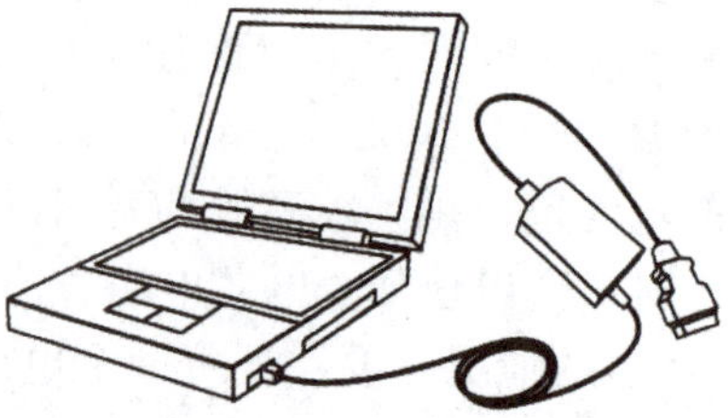

（2）测试系统

图 3-22　北汽 BDS 诊断仪

北汽 BDS 诊断仪可以检测北汽纯电动汽车的 11 个系统：整车控制系统（VCU 或 VBU，根据是否涵盖电动真空制动助力系统区分）、驱动电机系统（MCU）、动力电池系统（BMS PPST）、组合仪表（ICM）、车载充电机（CHG）、动力电池系统（BMS

BESK）、远程监控系统（RMS）、电动助力转向系统（EPS）、中控信息娱乐系统（EHU）、车身电控模块（BCM）和安全气囊（SDM）。

（3）操作方法

1）VC 诊断盒上插着两根导线，一根导线上带有可与车上诊断插座相连的诊断插头，另一根带有与电脑相连的 USB 插头。

2）汽车起动开关置于 OFF 位置。将 VC 诊断盒上的诊断插头插在汽车的诊断座上，另一根导线的 USB 插头插到装有北汽诊断程序的笔记本电脑 USB 接口上，也可以开启蓝牙功能，直接进行连接。

3）打开汽车电源开关（ON），诊断仪进入诊断工作状态。

2. 诊断仪的诊断功能框架

北汽 BDS 诊断仪的诊断功能框架如图 3-23 所示。

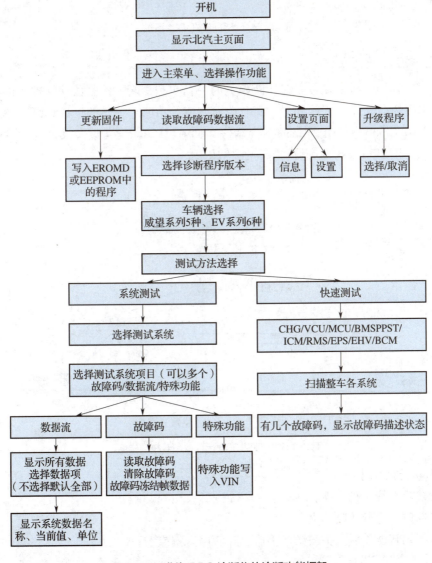

图 3-23　北汽 BDS 诊断仪的诊断功能框架

三、比亚迪 VDS1000 诊断仪

1. 组成

比亚迪 VDS1000 诊断仪由内装程序的比亚迪专用笔记本电脑、诊断插座和连接导线组成，如图 3-24 所示。新开发的 VDS2000 诊断仪如图 3-24b 所示。比亚迪 VDS 1000 诊断仪可以检测所有的比亚迪混合动力汽车和纯电动汽车。

a）比亚迪 VDS1000 诊断仪的连接　　b）比亚迪 VDS2000 诊断仪　　c）比亚迪 VDS1000 诊断仪专用诊断盒　　d）比亚迪 VDS2000 诊断仪登录界面

图 3-24　比亚迪 VDS 诊断仪

2. VDS1000 产品概述

VDS1000 远程诊断系统是围绕诊断相关的一套实车诊断、诊断数据管理、诊断故障指导、整车程序烧写、信息统计分析、实时诊断交流等功能于一体的集成诊断设备。系统主要由诊断电脑（承载 VDS1000 诊断系统软件）、VDCI 诊断设备以及其他外围诊断设备构成。图 3-25 所示为 VDS1000 远程诊断系统结构图。

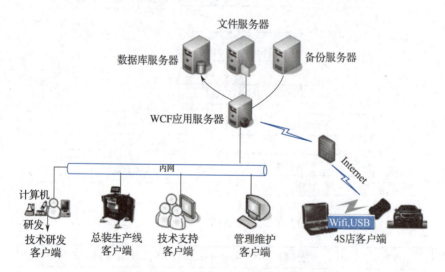

图 3-25　VDS1000 远程诊断系统结构图

VDS1000 的功能如下：

1）无线或有线车辆诊断。

2）自动整车进行故障扫描。

3）故障码智能关联（关联维修手册、互联网案例库）。

4）可视化波形整车数据监测。

5）诊断过程回放重现。

6）诊断维修的统计和查询。

7）智能判断整车程序更新。

8）在线实时技术支持（文本、语音、视频）。

9）故障码、维修手册、维修案例查询。

10）统计分析。

3. VDS1000 产品结构组成

图 3-26 所示为 VDS1000 产品结构组成图。

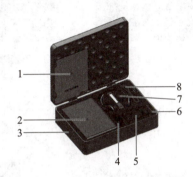

图 3-26　VDS1000 产品结构组成图

1—产品说明书　2—诊断电脑　3—笔记本配件及 VDCI 线束　4—摄像头　5—VDCI

6—无线网卡　7—听诊器及组件　8—听诊器线束

（1）VDCI 介绍

图 3-27 所示为 VDCI 结构组成图。

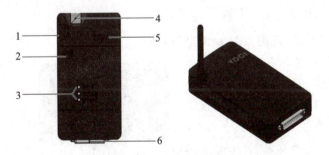

图 3-27　VDCI 结构组成图

1—WiFi 天线　2—WiFi 标识　3—工作指示灯　4—USB 接口　5—产品名称　6—OBD 连接口

（2）VDCI 使用

图 3-28 所示为 VDCI 背后结构图。

上电启动后，如硬件正常，状态 STATE 灯绿灯亮：

1）STATE 灯：VDCI 状态指示灯；绿灯亮表示设备正常、红灯亮表示设备异常。

2）VCOM 灯：VDCI 与整车通信指示灯；如果有通信数据时绿灯闪动，停止通信后灯保持常亮。

3）COM 灯：VDCI 与 VDS1000M 诊断系统指示灯；如果有通信数据时绿灯闪烁，停止通信后灯保持常亮。

其中，STATE 灯为红绿双色 LED，COM 灯和 VCOM 灯为单绿色 LED。

（3）电脑与 VDCI 连接

图 3-29 所示为电脑通过 WiFi 与 VDCI 连接图。

图 3-28　VDCI 背后结构图

图 3-29　电脑通过 WiFi 连接 VDCI 使用示意图

（4）VDCI 与整车连接

操作方法：将 VDCI 诊断设备的串口与诊断线束进行连接，然后将诊断线束另一端连接到车上的诊断口处，如图 3-30 和图 3-31 所示。图 3-32 所示为 VDCI 与整车连接图。

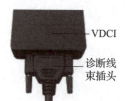

图 3-30　VDCI 诊断设备的
串口与诊断线束进行连接

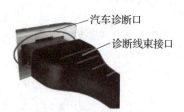

图 3-31　诊断线束另一端
连接到车上的诊断口

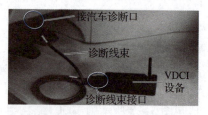

图 3-32　VDCI 与整车连接图

（5）电脑通过 WiFi 连接 VDCI 操作流程

1）使用电脑标配内置 WiFi 模块连接，如图 3-33 所示。

2）成功连接 VDCI 后的 VDCI 图标状态如图 3-34 所示。

注意：只能使用电脑标配内置 WiFi 模块连接 VDCI。

图 3-33　连接 VDCI

（6）电脑通过 USB 连接 VDCI 操作流程

1）物理连接，如图 3-35 所示。

2）成功连接 VDCI 后的 VDCI 图标状态如图 3-36 所示。

图 3-34　通过 WiFi 连接 VDCI 成功

图 3-35　物理连接　　　　　　　　　　　　　　　　图 3-36　成功连接图标状态

（7）通过无线网卡连接 VDCI 操作流程

1）物理连接外置无线网卡，如图 3-37 所示。

2）使用外置无线网卡 WiFi 连接无线网络，如图 3-38 所示。

图 3-37　物理连接外置无线网卡　　　　　　图 3-38　使用外置无线网卡 WiFi 连接无线网络

3）刷新 WiFi 无线网络列表，连接相应名称的无线网络，如图 3-39 所示。

图 3-39　刷新 WiFi 无线网络列表，连接相应名称的无线网络

注意：只能使用外置网卡连接 Internet 无线网络。

（8）通过 3G 及以上（4G、5G）网络连接

将无线上网卡接入电脑：

1）SIM 卡插入：把机器的电池拆下，以 SIM 金色面对应机器底部，对准 SIM 槽口插入，手指微微用力按下，当听到"嘀"的声音时表示完成插入，可再把电池重新装上，如图 3-40 所示。

2）SIM 卡拔出：把机器的电池拆下，对准 SIM 卡裸露的边缘，手指微微用力按下，当听到"滴"的声音时，放开手指，SIM 卡会自动弹出一部分，手动拿出 SIM 卡，可再把电池重新装上，如图 3-41 所示。

注意：3G 上网卡不能热插拔，否则有可能导致 3G 无线上网卡发生损坏而无法使用。

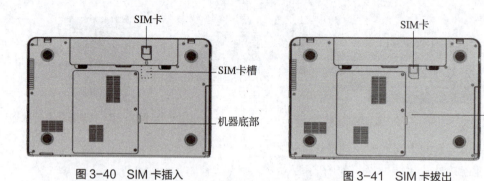

图 3-40　SIM 卡插入　　　　　图 3-41　SIM 卡拔出

4. 诊断仪的功能框架

比亚迪 VDS1000 诊断仪的功能框架如图 3-42 所示。

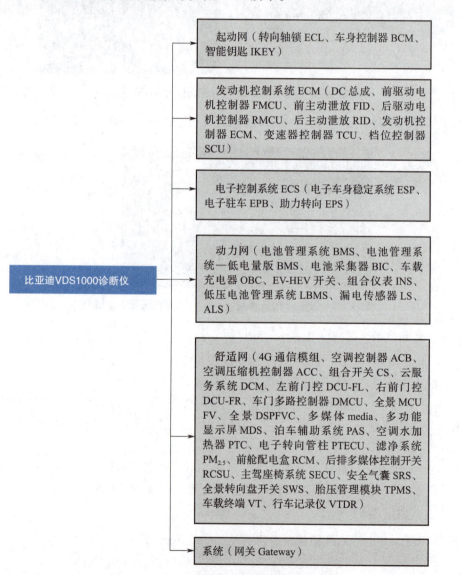

比亚迪VDS1000诊断仪

起动网（转向轴锁 ECL、车身控制器 BCM、智能钥匙 IKEY）

发动机控制系统 ECM（DC 总成、前驱动电机控制器 FMCU、前主动泄放 FID、后驱动电机控制器 RMCU、后主动泄放 RID、发动机控制器 ECM、变速器控制器 TCU、档位控制器 SCU）

电子控制系统 ECS（电子车身稳定系统 ESP、电子驻车 EPB、助力转向 EPS）

动力网（电池管理系统 BMS、电池管理系统—低电量版 BMS、电池采集器 BIC、车载充电器 OBC、EV-HEV 开关、组合仪表 INS、低压电池管理系统 LBMS、漏电传感器 LS、ALS）

舒适网（4G 通信模组、空调控制器 ACB、空调压缩机控制器 ACC、组合开关 CS、云服务系统 DCM、左前门控 DCU-FL、右前门控 DCU-FR、车门多路控制器 DMCU、全景 MCU FV、全景 DSPFVC、多媒体 media、多功能显示屏 MDS、泊车辅助系统 PAS、空调水加热器 PTC、电子转向管柱 PTECU、滤净系统 PM$_{2.5}$、前舱配电盒 RCM、后排多媒体控制开关 RCSU、主驾座椅系统 SECU、安全气囊 SRS、全景转向盘开关 SWS、胎压管理模块 TPMS、车载终端 VT、行车记录仪 VTDR）

系统（网关 Gateway）

图 3-42　比亚迪 VDS1000 诊断仪的功能框架

5. 诊断仪的诊断功能框架

比亚迪 VDS 1000 诊断仪的诊断功能框架如图 3-43 所示。

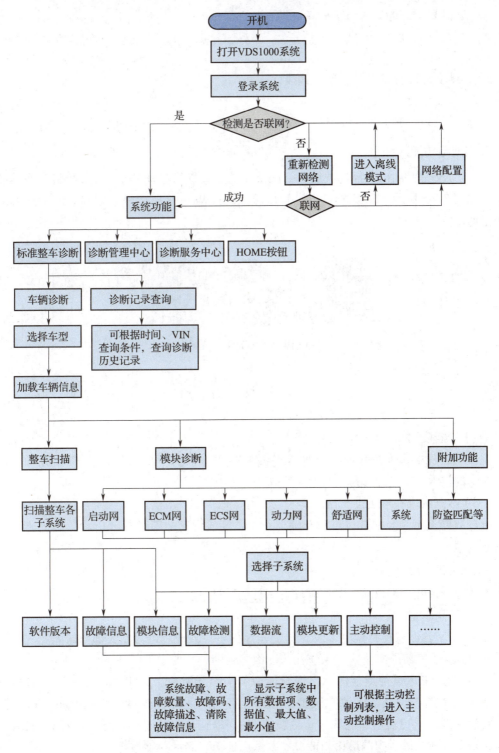

图 3-43　比亚迪 VDS1000 诊断仪的诊断功能框架

四、元征 X-431EV 诊断仪

1. 产品特点

1）32GB 存储空间，运行更顺畅。

2）小巧轻便，便于携带。

3）正反两插 Type C 接口，充电更稳定。

4）诊断盒有防滑条设计，便于插拔。

5）接头舱设计，防止丢失。

6）绑带设计，提供更好的把持手感。

2. 组成与功能

X–431 EV 是深圳市元征科技股份有限公司基于安卓系统研发的一款新能源汽车故障诊断仪，如图 3-44 所示。5.5in 彩色电容触摸屏，支持 WiFi 无线上网，支持蓝牙 4.0、GPS，支持摄像功能。

图 3-44　X-431 EV 诊断仪

（1）综合诊断

具备读取故障码、清除故障码、读取数据流、动作测试、特殊功能、匹配、设码等诊断功能。

（2）诊断反馈

在使用过程中遇到特殊情况下的车型软件及功能异常，可以把问题反馈给元征公司，会有专门的技术人员进行跟踪、处理。

（3）数据流录制与回放

通过数据流录制与回放，可对车辆运行中才能显示的故障进行分析，从而快速解决车辆故障问题。

（4）软件升级

支持操作系统、客户端、车型软件及固件的一键升级。

（5）适用车型

X–431 EV 诊断仪支持检测 12V 新能源车型的电控系统。可诊断大部分新能源汽车的电控系统故障，可实现全车型、全系统的汽车故障诊断，主要车系如下：

1）中国。东风风神新能源、昌河新能源、华晨新能源、天津一汽新能源、猎豹新能源、江淮新能源、长城新能源、汉腾新能源、吉利新能源、五菱宝骏新能源、川汽新能源、北汽新能源、比亚迪新能源、奇瑞新能源、海马新能源、广汽传祺新能源、东南新能源、北京现代新能源、中国通用新能源、荣威新能源、名爵新能源等。

2）亚洲。丰田新能源、本田新能源、日产新能源、现代新能源、起亚新能源、三菱新能源等。

3）美洲。克莱斯勒新能源、通用新能源、福特新能源等。

4）欧洲。奔驰新能源、斯宾特新能源、宝马新能源、大众新能源、奥迪新能源、标致新能源、雪铁龙新能源、沃尔沃新能源、保时捷新能源、雷诺新能源、欧宝新能源等。

元征 X-431 EV 诊断仪的功能如图 3-45 所示。

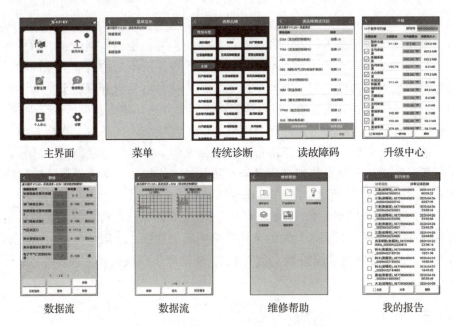

主界面　　　菜单　　　传统诊断　　　读故障码　　　升级中心

数据流　　　数据流　　　维修帮助　　　我的报告

图 3-45　元征 X-431 EV 诊断仪的功能

3. 诊断流程

X-431 EV 诊断仪的诊断流程如图 3-46 所示。

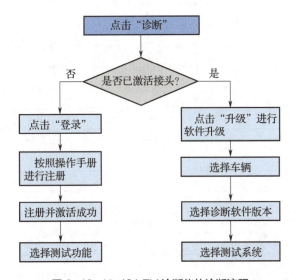

图 3-46　X-431 EV 诊断仪的诊断流程

任务三　使用新能源汽车诊断仪检测数据

一、北汽 EV160 纯电动汽车检测数据一览表

北汽 BDS 诊断仪目前可以检测 11 种北汽新能源汽车，不同车型的读取数据不尽相同。

随着北汽新能源汽车技术的发展和诊断仪功能的提升，检测数据也会不断更新。但不管哪个类型的纯电动汽车，核心技术都是"三电技术"，基本结构组成是相同的。例如，驱动动力电池（也称动力电池包）基本采用锂电池，动力电池包分成若干个电池组，每个电池组由若干个单体电池串联组成，各电池组再进行串并联，输出总电压都至少在 300V 以上。动力电池管理系统（BMS）监测动力电池包的工作状态，其基本工作技术参数包括动力电池内部总电压、充放电电流、正负极对地绝缘电阻、单体电池最高电压序号、单体电池最低电压序号、单体电池最高温度序号等。随着技术的发展，动力电池的检测数据将会更多，从而给纯电动汽车的维护与维修工作带来更大的方便。

下面以北汽 EV160（2015 年）为例，使用北汽 BDS 诊断仪进行检测，下列数据是在北汽 EV160 电源开关打开、车辆未行驶的条件下检测到的数据。读取的数据包括整车控制器数据（表 3-3）、动力电池系统数据（表 3-4）、驱动电机模块数据（表 3-5）和车身电控模块数据（表 3-6）。

1. 整车控制器（VCU）数据

表 3-3　北汽 EV160 整车控制器数据

名称	当前值	单位
整车状态	30	
里程读数	667.17	km
供电电压	13.7	V
加速踏板开度	0	%
制动踏板信号	释放	
档位信号	N	
整车模式变量	运行	
母线电流	0.44	A
驱动电机目标转矩命令	0.00	N·m
驱动电机目标转速命令	0.4	r/min
驱动电机当前转矩	0.00	N·m
驱动电机当前转速	0.4	r/min
直流母线电压实际值 U_1	330.00	V
直流母线电压实际值 U_2	329.00	V
直流母线电压实际值 U_3	329.00	V
车速	0	km/h

2. 动力电池系统（BMS PPST）数据

表 3-4 动力电池系统数据

名称	当前值	单位
动力电池内部总电压	*****	V
动力电池充放电电流	*****	V
动力电池外部总电压	*****	V
动力电池负载端总电压	*****	V
整车 STATE 状态	*****	
直流母线电压	*****	V
KL15	*****	V
KL30	*****	V
BCU 自控计数器	*****	
动力电池负端继电器当前状态	*****	
动力电池正端继电器当前状态	*****	
动力电池预充继电器当前状态	*****	
高压互锁状态	*****	
动力电池充电请求	*****	
正极对地绝缘电阻	*****	Ma
负极对地绝缘电阻	*****	MCI
动力电池允许最大充电电流	*****	A
动力电池允许最大充电电压	*****	V
当前状态允许最大放电功率	*****	kW
当前状态允许最大馈电功率	*****	kW
动力电池 SOC	*****	%
动力电池可用容量	*****	Ah
动力电池可用能量	*****	kW
单体电芯最高电压	*****	V
最高电压单体序号	*****	
单体电芯最低电压	*****	V
最低电压单体序号	*****	
单体电芯最高温度	*****	X
最高温度单体序号	*****	
单体电芯最低温度	*****	X
最低温度单体序号	*****	
BSM：单体电压过高 / 过低状态	*****	
BSM：SOC 单体电压过高 / 过低状态	*****	
BSM：充电过电流状态	*****	
BSM：温度过高状态	*****	

（续）

名称	当前值	单位
BSM：绝缘状态	*****	
BSM：动力电池组输出插接器连接状态	*****	
BSM：充电允许状态	*****	
BST：达到所需求的 SOC 目标值状态	*****	
BST：达到总电压设定值状态	*****	
BST：达到单体电压设定值状态	*****	
BST：绝缘故障状态	*****	
BST：输出插接器过温故障状态	*****	
BST：充电插接器故障状态	*****	
BEM：接收 SPN2560 = 0X00 充电机辨识报文超时状态位	*****	
BEM：接收 SPN2560 =0XAA 充电机辨识报文超时状态位	*****	
BEM：接收 SPN2560 =0XAA 充电机辨识报文超时状态位	*****	
BEM：接收 CTS/CML 报文超时状态位	*****	
BEM：接收 CRO 报文超时状态位	*****	
BEM：接收 CCS 报文超时状态位	*****	
BEM：接收 CST 报文超时状态位	*****	
BEM：接收 CSD 报文超时状态位	*****	
1 号子板 EEPROM 故障状态	*****	
……	*****	
8 号子板 EEPROM 故障状态	*****	
1 号子板电压采集电路故障状态	*****	
……	*****	
8 号子板电压采集电路故障状态	*****	
1 号子板温度采集电路故障状态	*****	
……	*****	
8 号子板温度采集电路故障状态	*****	
1 号子板主动均衡通道故障状态	*****	
……	*****	
8 号子板 BMS/VBU 通信节点丢失故障状态	*****	
当前状态允许最大放电功率	*****	W
当前状态允许最大馈电功率	*****	W
动力电池 SOG	*****	%

3. 驱动电机模块（MCU）数据

表 3-5　驱动电机模块（MCU）数据

名称	当前值	单位
MCU 使能命令	使能（Enable）	
驱动电机工作模式命令	转矩模式	
驱动电机转矩、转速指令方向命令	保留	
档位信号	N 位	
制动信号	释放	
MCU 初始化状态	已完成	
驱动电机当前状态	电动状态	
驱动电机当前工作模式	转矩模式	
驱动电机当前旋转方向	待机状态	
驱动电机控制器高压检测完成标志	已完成	
EEPROM 写数据完成标志位	未完成	
驱动电机控制器高压放电完成标志位	未完成	
驱动电机控制器低压下电请求标志位	未完成	
驱动电机控制器高压放电完成标志位	全功率运行	
驱动电机控制器高压放电完成标志位	不关使能	
整车状态机编码	30	
直流母线电压	329.00	V
直流母线电流	0.24	A
驱动电机目标转矩命令	0.00	N・m
驱动电机目标转速命令	−0.4	r/min
驱动电机当前转矩	0.00	N・m
驱动电机当前转速	−0.4	r/min
A 相 IGBT 模块当前内部温度	37	℃
B 相 IGBT 模块当前内部温度	37	℃
C 相 IGBT 模块当前内部温度	37	℃
MCU 当前散热底板温度	52	℃
驱动电机当前温度	40	℃
D 轴电流给定值	0.00	A
D 轴电流反馈值	0.20	A
Q 轴电流给定值	0.00	A
Q 轴电流反馈值	1.72	A
D 轴电压	0.92	V
Q 轴电压	−1.28	V
转子位置电角度	58.5	°

（续）

名称	当前值	单位
转子位置初始角度	321.0	°
MCU 低压供电电源电压	12.96	V

4. 车身电控模块（BCM）数据

表 3-6　车身电控模块数据

名称	当前值
钥匙开关 ACC	开
在按键 ON	开
钥匙开关 START	关
发动机运转	开
钥匙在枪管开关	开
车辆移动	关
电压过低	关
电压过高	关
车辆模式	正常
驾驶人车窗下降开关（从 AD 输入）	关
驾驶人车窗上升开关（从 AD 输入）	关
乘客车窗下降开关（从 AD 输入）	关
乘客车窗上升开关（从 AD 输入）	关
左后车窗下降（从数字键输入）	关
左后车窗上升（从数字键输入）	关
右后车窗下降（从数字键输入）	关
右后车窗上升（从数字键输入）	关
后窗禁用开关（从数字键输入）	关
本地乘客车窗向上开关（从数字键输入）	关
本地乘客车窗向下开关（从数字键输入）	关
本地左后车窗上升（从数字键输入）	关
本地左后车窗下降（从数字键输入）	关
本地右后车窗上升（从数字键输入）	关
本地右后车窗下降（从数字键输入）	关
驾驶人侧车门打开（从数字键输入）	开
其他门打开（从数字键输入）	开
阀盖打开（从数字键输入）	关
行李舱开启（从数字键输入）	开
驾驶人侧车门钥匙锁定开关（从数字键输入）	关
驾驶人侧车门钥匙开锁开关（从数字键输入）	开
主锁开关（从 AD 输入）	关

（续）

名称	当前值
主解锁开关（从 AD 输入）	关
行李舱释放开关	关
前刮水器选择开关 1（从数字键输入）	关
前刮水器选择开关 2（从数字键输入）	关
后刮水器开关（从数字键输入）	关
前清洗开关（从数字键输入）	关
后清洗开关（从数字键输入）	关
前刮水器停止开关（从数字键输入）	开
后刮水器停止开关（从数字键输入）	关
来自刮水传感器的快速 擦拭要求（来自 LIN 信号）	关
来自刮水传感器的慢速 擦拭要求（来自 LIN 信号）	关
左转向灯转向开关（从数字键输入）	关
右转向灯转向开关（从数字键输入）	关
侧灯模式	关
主光灯开关	关
前雾灯状态输入（从数字键输入）	关
后雾灯开关（从数字键输入）	关
倒车灯开关（从数字键输入）	关
危险警告开关（从数字键输入）	开
主光束闪光开关（从数字键输入）	关
自动灯模式	关
自动灯请求（从 LIN 键输入）	关
制动灯开关（从数字键输入）	关
位置灯开关	关
近光灯开关	关
自动灯开关（从数字键输入）	关
喇叭开关（从数字键输入）	关
换挡驻车开关（从数字键输入）	关
HRW 开关（从数字键输入）	关
后视镜折叠开关（从数字键输入）	关
崩溃电压电平	开
撞车触发器	关
所有左转向灯	关
所有右转向灯	关
主光灯	关
近光灯	关
位置灯	关
延时	开

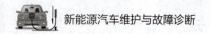

（续）

名称	当前值
PWM 输出	关
左前窗上升输出	关
左前窗下降输出	关
右前窗上升输出	关
右前窗下降输出	关
左后窗上升输出	关
左后窗下降输出	关
右后窗上升输出	关
右后窗下降输出	关
车门解锁	关
门锁止	关
行李舱	关
镜面折叠	关
镜子展开	关
锁定系统指示 LED	关
前慢刮水器	关
前快刮水器	关
后刮水器	关
后清洗	关
前清洗	关
喇叭	关
转向盘钥匙锁	开
ICM 唤醒	关
换挡锁止	关
车辆速度（从 CAN）	0
发动机转速（从 CAN）	1000
电池电压	14
ODO（从 CAN）	*****
ODO（在 BCM）	*****
PWM 值	*****
已学习钥匙个数	*****
当前线圈范围内已探测钥匙的编号	*****
射频帧格式错误标志	*****
射频校验和错误标志	*****
发现线圈范围内的钥匙	*****
发现线圈范围内的有效钥匙	*****
检测到的射频钥匙 ID	*****
接收到的最后一个按钮	*****

（续）

名称	当前值
最后按压类型	*****
射频帧计数	*****

 二、比亚迪·唐混合动力汽车检测数据一览表

国产混合动力汽车主要有比亚迪·秦、唐、宋等，上汽荣威 E550、950、ERX5 等。下列数据表是以使用比亚迪 VDS1000 诊断仪对比亚迪·唐进行静态检测，读取获得的数据，包括 DC 总成数据（表 3-7）、车身控制器数据（表 3-8）、车载充电器数据（表 3-9）、低压电池管理系统数据（表 3-10）、电池管理系统数据（表 3-11）、后驱动电机控制器数据（表 3-12）、空调水加热器数据（表 3-13）、空调压缩机控制器数据（表 3-14）和前驱动电机控制器数据（表 3-15）。

1. DC 总成数据

表 3-7　DC 总成数据

数据项	数据值	单位	最小值	最大值
发电机状态	正常			
发动机状态	停止			
放电	允许			
DC 系统故障状态	正常			
DC 工作模式	降压状态			
高压侧电压	700	V	0	1000
低压侧电压	14.1	V	0	20
低压侧电流	40	A	−250	250
MOS 管温度	27	℃	−40	200

2. 车身控制器数据

表 3-8　车身控制器数据

数据项	数据值	单位	最小值	最大值
左前门灯开关检测	ON			
右前门灯开关检测	OFF			
左后门灯开关检测	OFF			
右后门灯开关检测	OFF			
行李舱门开关检测	OFF			
左前门锁状态	解锁			

（续）

数据项	数据值	单位	最小值	最大值
左后门锁状态	解锁			
右前门锁状态	解锁			
右后门锁状态	解锁			
行李舱门锁状态	闭锁			
发动机前舱盖状态	ON			
安全带未系信号检测	未系上			
12V 制动信号状态	无效			
0V 制动灯开关状态	无效			
起动按钮状态	未按下			
左前门中控锁闭锁开关状态	无效			
左前门中控锁解锁开关状态	ON			
IG1 电状态	ON			
外后视镜折叠开关状态	AUTO			
自锁式告警开关状态	无效			
电动外后视镜翻转调节	无动作			
电动外后视镜左右选择	无效			
门锁保护状态	正常			
前碰撞信号状态	脉冲信号正常			

3. 车载充电器数据

表 3-9　车载充电器数据

数据项	数据值	单位	最小值	最大值
故障状态	正常			
风扇状态	正常			
搭铁状态	无效数据 / 预留			
交流侧电压	0	V	0	300
直流侧电压	716	V	0	1000
直流侧电流	0.3	A	−30	30
交流侧频率	1	Hz	0	255
PWM 占空比	0	%	0	100
12V 输出电流	0.3	A	0	20
12V 输出电流	13.6	V	0	20

（续）

数据项	数据值	单位	最小值	最大值
VTOL 放电状态	无请求			
车载充电功率状态	正常充电功率			
交流外充电设备故障状态	正常			
交流外充搭铁状态	正常			
限功率放电状态	正常			
应急充电	允许			
本次累计充电量	0	kW·h	0	131.07
交流侧功率	0	W	0	10000

4. 低压电池管理系统数据

表 3-10　低压电池管理系统数据

数据项	数据值	单位	最小值	最大值
放电是否允许	允许			
磷酸铁锂电池故障报警	磷酸铁锂电池正常			
SOC 过低请求充电命令	正常			
充放电状态	放电状态			
总电压	13.9	V	10	16
1 号单体电压	3.4	V	0	25.5
2 号单体电压	3.4	V	0	25.5
3 号单体电压	3.4	V	0	25.5
4 号单体电压	3.4	V	0	25.5
电流	−1	A	−100	150
平均温度	26	℃	−60	160
负极柱温度	26	℃	−60	160
MOS 温度	32	℃	−60	160

5. 电池管理系统数据

表 3-11　电池管理系统数据

数据项	数据值	单位	最小值	最大值
SOC	98	%	0	100
电池组当前总电压	719	V	0	750
电池组当前总电流	0.3	A	−500	500
最大允许充电功率	17.2	kW	0	500

（续）

数据项	数据值	单位	最小值	最大值
充电次数	1172			
最大允许放电功率	287.6	kW	0	500
累计充电电量	11891	A·h		
累计放电电量	11024	A·h		
累计充电电能	7705	kW·h		
累计放电电能	7143	kW·h		
历史顶端压差	208	mV		
历史底端压差	216	mV		
绝缘阻值	65535	kΩ	0	5000
放电是否可允许	不允许		0	5000
充电感应信号（交流）	无			
预充状态	未预充			
主接触器状态	断开			
负极接触器状态	断开			
预充接触器状态	断开			
分压接触器 1 状态	吸合			
分压接触器 2 状态	吸合			
高压互锁 1	未锁止			
高压互锁 2	未锁止			
高压互锁 3	未锁止			
高压系统状态	正常			
最低电压电池编号	41		1	256
最低单节电池电压	3.329	V	0	5
最高电压电池编号	22		1	256
最高单节电池电压		V	0	
最低温度号	8		0	256
最低温度	22	℃	−40	160
最高温度号	8		0	256
最高温度	22	℃	−40	160
电池组平均温度	22	℃	−40	160
向上均衡触发次数	0			
向下均衡触发次数	0			
均衡状态	无效数据 / 预留			
智能充电	允许			
用电设备工作状态	不允许			
VTOL 放电命令	无效数据 / 预留			

（续）

数据项	数据值	单位	最小值	最大值
车内插座命令	无效数据 / 预留			
用电设备工作状态	不允许			
VTOL 放电命令	无效数据 / 预留			
车内插座命令	无效数据 / 预留			
主动播放命令	不允许			
电池包实际 SOC 标定值	97.72			
BIC1 最低电压电池编号	12		1	256
BIC1 最低单节电池电压	3.331	V	0	5
B1C1 最高电压电池编号	1		1	256
BIC1 最高单节电池电压	3.332	V	0	5
BIC1 最低温度电池号	1		1	256
BIC1 最低单节电池温度	22	℃	−40	160
BIC1 最高温度电池号	2		1	256
BIC1 最高单节电池温度	23	℃	−40	160
……	4		1	256
BIC10 最低电压电池编号	5		1	256
BIC10 最低单节电池电压	3.33	V	0	5
BIC10 最高电压电池编号	3		1	256
BIC10 最高单节电池电压	3.332	V	0	5
BIC10 最低温度电池号	1		1	256
BIC10 最低单节电池温度	23	℃	−40	160
BIC10 最高温度电池号	1		1	256
BIC10 最高单节电池温度	23	℃	−40	160

6. 后驱动电机控制器数据

表 3-12 后驱动电机控制器数据

数据项	数据值	单位	最小值	最大值
起动	允许起动			
防盗解除状态	解除成功			
主动泄放状态	未泄放			
前舱门状态	关闭			
动力系统状态	正常			1000
母线电压	722	V	0	15000
转速	0	r/min	−15000	500
转矩	0	N·m	−500	200

（续）

数据项	数据值	单位	最小值	最大值
功率	0	kW	−100	160
冷却液温度	24	℃	−40	160
IPM 散热器温度	24	℃	−40	160
电机温度	10	℃	−40	1000
IGBT 温度	24	℃	0	1000
A 相电流	2	A	0	1000
B 相电流	1	A	0	1000
C 相电流	1	A	0	100
过载系数	100	%	0	
旋变状态	正常			
过流状态	正常			
IPM 状态	正常			

7. 空调水加热器数据

表 3-13　空调水加热器数据

数据项	数据值	单位	最小值	最大值
PTC 预置档位	0		0	100
PTC 实际档位	0		0	100
右侧散热片温度	25	℃	0	170
冷却液温度	31	℃	0	170
IG2 低压电源电压	14	V	0	24
负载高压电源	711	V		

8. 空调压缩机控制器数据

表 3-14　空调压缩机控制器数据

数据项	数据值	单位	最小值	最大值
压缩机实际状态	停止			
压缩机目标转速	0	r/min	0	10000
压缩机实际转速	0	r/ min	0	10000
数据项	数据值	单 位	最小值	最大值
负载电压	713	V	0	2000
负载电流	0	A	0	31
压缩机当前功率	0	W	0	10000
IPM/GBT 温度	2.5	℃	−100	155

（续）

数据项	数据值	单位	最小值	最大值
压缩机壳体温度	0	℃	−100	155
本次上电压缩机故障重启次数	0		0	255

9. 前驱动电机控制器数据

表 3-15　前驱动电机控制器数据

数据项	数据值	单位	最小值	最大值
功率	0	kW	−100	200
加速踏板深度	0	%	0	100
制动踏板深度	0	%	0	100
冷却液温度	24	℃	−40	160
IPM 散热器温度	24	℃	−40	160
电机温度	17	℃	−40	160
IGBT 温度	24	℃	−40	160
A 相电流	1	A	0	1000
B 相电流	1	A	0	1000
C 相电流	1	A	0	1000
过载系数	100	%	0	100
后驱目标转矩	0	N·m	−500	500
发动机目标转矩	0	N·m	−500	500
OK 灯信息	点亮			
后驱防盗状态	解除成功			
EPB 状态	锁止			
旋变状态	正常			
IPM 状态	正常			
功率	0	kW	−100	200
加速踏板深度	0	%	0	100
制动踏板深度	0	%	0	100
冷却液温度	24	℃	−40	160
IPM 散热器温度	24	℃	−40	160
电机温度	17	℃	−40	160
IGBT 温度	24	℃	−40	160
A 相电流	1	A	0	1000
B 相电流	1	A	0	1000

（续）

数据项	数据值	单位	最小值	最大值
C 相电流	1	A	0	1000
过载系数	100	%	0	100
后驱目标转矩	0	N·m	−500	500
发动机目标转矩	0	N·m	−500	500
OK 灯信息	点亮			
后驱防盗状态	解除成功			
EPB 状态	锁止			
旋变状态	正常			
IPM 状态	正常			
过流状态	正常			
电里程	15790	km		
总里程	41441	km		
前驱电机系统配置类型	四驱			
发动机起动原因	正常			
整车车速	0	km/h	0	300
前电机目标档位	EV2			
前电机实际档位	EV2			

任务四 新能源汽车故障诊断策略

 一、高压安全防范

新能源汽车上的高压电至少在 300V 以上，比亚迪混合动力汽车的电压可以超过 600V，商用车的电压可达 800V，所以一定要加强安全防范措施，严格按照高压安全操作规范操作。新能源汽车高压系统，包括动力电池、转换电路、驱动电机系统、控制系统、高压线路等，高压线束和插接件外表采用橙色，高压部件上加以标记。维修前要观察一遍，在心中敲响安全警钟，防患于未然。

1）在维修前变速杆置于"P"位，驻车制动。

2）穿戴规定着装，准备好高压绝缘专用工具。

3）禁止佩戴项链、手表、手链、戒指等金属物件。

4）在维修高压部件时，戴好专用高压绝缘手套，使用高压绝缘胶垫，禁止带电作业。

5）在维修高压部件前，先关闭钥匙开关，断开低压蓄电池负极电缆，带上绝缘手套，拔出高压安全维修开关，将绝缘胶带密封好，放入维修人员的口袋中。高压部件母件应使用绝缘胶带缠绕，防止触电或短路。

6）断开高压安全维修开关后等待 5min，再用万用表检测需要维修的高压部件的输入和输出的每一个相电压，读数必须小于规定值（一般小于 3V），否则应使用专用放电棒对该部件进行放电，当电压完全消失后方可进行检测诊断操作。不同厂商生产的新能源汽车维修有"断电、验电和放电"的操作流程及标准。

二、新能源汽车故障诊断基本策略

新能源汽车与传统内燃机汽车有很大的差别，为了确保新能源汽车的安全操作、使用和维修，新能源汽车上还采用高压互锁技术。当带有高压电源的部件发生故障而可能影响安全操作使用时，控制系统将中断整个驱动系统的工作：纯电动汽车驱动电机不允许运转，混合动力汽车的发动机不允许起动运行。这时控制系统会报系统故障或高压断路故障，仪表板上的高压系统警告灯会点亮。

新能源汽车故障诊断基本策略如图 3-47 所示。

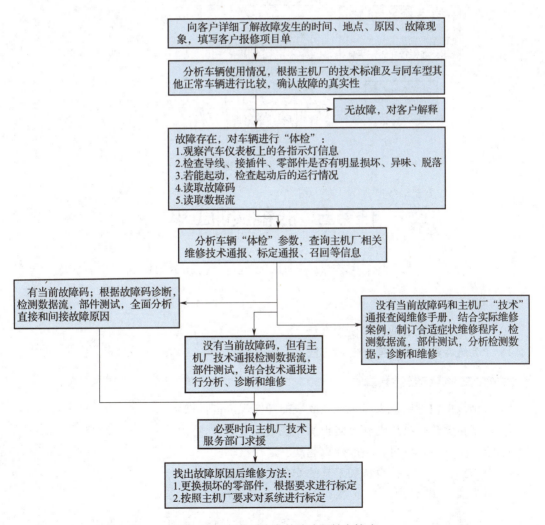

图 3-47　新能源汽车故障诊断基本策略

三、诊断仪的使用

不同新能源汽车生产厂针对自己生产的汽车设计功能和操作技术要求，所以不同的新能源汽车诊断仪操作使用方法不完全相同，但基本操作流程基本相同，如图 3-48 所示。

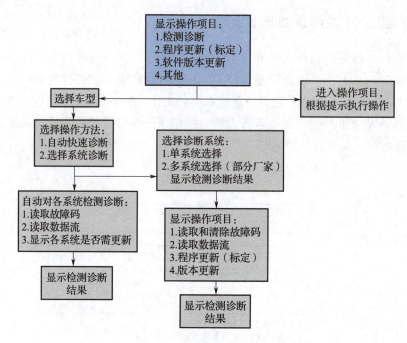

图 3-48 诊断仪的基本操作流程

 # 任务五 技能实训工单

 ## 一、实训项目一：钳型电流表和手摇绝缘兆欧表的使用

1. 实训目的

1）学会钳型电流表的操作使用方法。

2）学会绝缘兆欧表的操作使用方法。

2. 安全文明操作及注意事项

1）严格按照钳型电流表和绝缘兆欧表的操作规范进行操作。

2）严格自觉执行高压电安全防护操作规范。

3）未经指导教师许可，不能随意起动、运行汽车。

4）严格执行汽车维护设备和工具的安全操作规范。

5）自觉执行 5S 管理。

3. 实训设备、工具和耗材

1）电控汽油车整车或台架、纯电动汽车整车或台架、混合动力汽车整车或台架、三相异步电动机。

2）钳型电流表、数显绝缘兆欧表。

3）高压防护套装、绝缘垫。

4）举升机、工具车、绝缘工具、拆检工具、试灯。

5）汽车维修护垫三件套、车内三件套、抹布。

4. 作业单：钳型电流表和数显绝缘兆欧表的使用

姓名：_____　班级：_____　学号：_____

实训车型：_____　VIN：_____

钳型电流表型号：_____　数显绝缘兆欧表型号：_____

（1）钳型电流表的操作使用

1）检测低压蓄电池（12V）的输入/输出电流，填写表3-16。

表3-16　检测低压蓄电池的输入/输出电流

汽车类别	检测条件	主要负载	输入/输出电流/A
电控汽油车	接通点火开关，打开前照灯	前照灯	
	起动发动机时	起动机	
	发动机运行2000r/min	发电机向蓄电池充电	
纯电动汽车	接通电源开关，打开前照灯		
	电机运转		
	外接充电机进行充电		
混合动力汽车	接通点火开关，打开前照灯		
	起动发动机时		
	急速时		
	发动机运行2000r/min		
	外接充电机充电		

2）检测动力电池的输入/输出电流，填写表3-17。

表3-17　检测动力电池的输入/输出电流

汽车类别	检测条件	主要负载	输入/输出电流/A
纯电动汽车	接通电源开关，打开前照灯		
	电机运转		
	外接充电机进行充电		
混合动力汽车	接通点火开关，打开前照灯		
	起动发动机时		
	急速时		
	发动机运行2000r/min		
	外接充电机进行充电		

（2）数显绝缘兆欧表的使用

1）用数显绝缘兆欧表检测三相异步电机的绝缘性能，填写表 3-18。

表 3-18　检测三相异步电机的绝缘性能

检测前的准备工作	工作内容	工作方法	备注
检测三相异步电机			
检测项目	检测方法	检测值	备注

2）用数显绝缘兆欧表检测高压导线的绝缘性能，填写表 3-19。

表 3-19　检测高压导线的绝缘性能

检测前的准备工作	工作内容	工作方法	备注
检测高压导线的绝缘性能			
检测项目	检测方法	检测值	备注

二、实训项目二：诊断仪的使用与检测数据分析（纯电动汽车）

1. 实训目的

1）学会典型诊断仪的操作使用方法。

2）能够用诊断仪读取和分析纯电动汽车的故障码和数据流。

2. 安全文明操作及注意事项

1）严格按照诊断仪的操作规范进行操作。

2）严格自觉执行高压电安全防护操作规范。

3）未经指导教师许可，不能随意起动、运行汽车。

4）严格执行汽车维护设备和工具的安全操作规范。

5）自觉执行 5S 管理。

3. 实训设备、工具和耗材

1）纯电动汽车整车（北汽 EV160/200 纯电动汽车，或比亚迪 e5、e6 纯电动汽车，荣威 e50，或其他纯电动汽车）。

2）与实训车辆相配对的诊断仪（北汽 BDS 诊断仪、比亚迪 EDC1000、荣威诊断仪、元征系新能源汽车诊断仪等）、万用表、试灯。

3）高压防护套装、绝缘垫。

4）举升机、工具车、绝缘工具、拆检工具、试灯。

5）汽车维修护垫三件套、车内三件套、抹布。

4. 作业单：诊断仪的操作使用（纯电动汽车）

姓名：＿＿＿＿＿＿　班级：＿＿＿＿＿＿　学号：＿＿＿＿＿＿

实训车型：＿＿＿＿＿＿　VIN：＿＿＿＿＿＿

纯电动汽车车型：＿＿＿＿＿　汽车上诊断座位置：＿＿＿＿＿　诊断仪型号：＿＿＿＿＿

（1）读取和清除故障码

1）写出读取和清除纯电动汽车故障码的操作内容和方法，填写表 3-20。

表 3-20　读取和清除纯电动汽车故障码的操作内容和方法

操作步骤序号	操作内容和方法	操作说明与安全注意事项

2）将读取的纯电动汽车故障码填入表 3-21。

3）执行清除故障码操作，然后再次读取纯电动汽车故障码，填写表 3-22。

表 3-21　记录纯电动汽车故障码

系统	故障码	故障码含义	故障码解释

表 3-22　再次读取纯电动汽车故障码

系统	故障码	故障码含义	分析原因

（2）读取数据流并填表

读取纯电动汽车各系统的数据流，填写表 3–23。

表 3-23　读取纯电动汽车各系统的数据流

检测系统	数据名称	检测值（单位）	规定值（单位）
整车控制器	供电电压		
	加速踏板开度		
	制动踏板信号		
	档位信号		
	整车模式变量		
动力电池系统	动力电池内部总电压		
	动力电池充放电电流		
	高压互锁状态		
	动力电池充电请求		
驱动电机模块	驱动电机工作模式命令		
	驱动电机转矩、转速指令方向命令		
	转子位置电角度		
	转子位置初始角度		
	MCU 低压供电电源电压		
	转子位置电角度		

实训体会：

教师点评：

三、实训项目三：诊断仪的使用与检测数据分析（混合动力汽车）

1. 实训目的

1）学会典型诊断仪的操作使用方法。

2）能够用诊断仪读取和分析混合动力汽车的故障码和数据流。

2. 安全文明操作及注意事项

1）严格按照诊断仪的操作规范进行操作。

2）严格自觉执行高压电安全防护操作规范。

3）未经指导教师许可，不能随意起动、运行汽车。

4）严格执行汽车维护设备和工具的安全操作规范。

5）自觉执行 5S 管理。

3. 实训设备、工具和耗材

1）混合动力汽车整车（比亚迪混合动力汽车、荣威混合动力汽车或其他混合动力汽车）。

2）与实训车辆相配对的诊断仪（比亚迪 EDC1000、荣威诊断仪、元征系新能源汽车诊断仪等）、万用表、试灯。

3）高压防护套装、绝缘垫。

4）举升机、工具车、绝缘工具、拆检工具、试灯。

5）汽车维修护垫三件套、车内三件套、抹布。

4. 作业单：诊断仪的操作使用（混合动力汽车）

姓名：＿＿＿＿＿＿　　　班级：＿＿＿＿＿＿　　　学号：＿＿＿＿＿＿

实训车型：＿＿＿＿＿＿　　VIN：＿＿＿＿＿＿

混合动力车型：＿＿＿＿＿＿　　汽车上诊断座位置：＿＿＿＿＿＿　　诊断仪型号：＿＿＿＿＿＿

（1）读取和清除故障码

1）写出读取和清除混合动力汽车故障码的操作内容和方法，填写表 3-24。

表 3-24　读取和清除混合动力汽车故障码的操作内容和方法

操作步骤序号	操作内容和方法	操作说明与安全注意事项

2）将读取的混合动力汽车故障码填入表 3-25。

表 3-25　读取混合动力汽车故障码

系统	故障码	故障码含义	故障码解释

3）执行清除故障码操作，然后再次读取混合动力汽车故障码，填写表 3-26。

表 3-26　再次读取混合动力汽车故障码

系统	故障码	故障码含义	分析原因

（2）读取混合动力汽车各系统的数据流并填入表 3-27

表 3-27　读取混合动力汽车各系统的数据流

检测系统	数据名称	检测值（单位）	规定值（单位）
DC 总成	DC 系统故障状态		
	DC 工作模式		
	高压侧电压		
	低压侧电压		
	低压侧电流		
车载充电器数据	交流侧电压		
	直流侧电压		
	直流侧电流		
	交流外充电设备故障状态		
电池管理系统	SOC		
	电池组当前总电压		
	电池组当前总电流		
	高压互锁 1		
	最低单节电池电压		
	最高单节电池电压		
	最低单节电池温度		
	最高单节电池温度		

实训体会：

教师点评：

⚙️ 项目小结

1. 纯电动汽车主要使用诊断仪对各系统检测诊断，但对具体的导线、插接件和元器件还要使用万用表和试灯。
2. 钳形电流表可以测试直流电流和交流电流。
3. 各新能源汽车厂商使用的诊断仪都不相同，但基本操作使用方法是相同的。
4. 诊断仪具有读码和清码、读取数据流、版本更新、程序更新（标定）等功能。
5. 故障码有历史故障码和现行故障码，清除故障码后再次读取消失的故障码是历史故障码，仍存在的是当前故障码。
6. 分析数据流首先要了解该数据的定义、规定范围值，造成数据不正常可能是该零部件本身损坏，也可能是导线、插接件、其他零部件或其他系统造成的。

💡 思考与练习

1. 填空题

（1）万用表可以检测电动汽车的_____、_____、_____，但不能检测_____、_____、_____。

（2）北汽 VDS 诊断仪可以检测_____车系和_____车系，能够检测北汽 EV160 纯电动汽车的_____个系统。

（3）诊断仪可以读取电动汽车的_____故障码和_____故障码。

（4）北汽 VDS 诊断仪读取数据流的状态有_____、_____ 和 N/A，N/A 表_____。

（5）进入北汽 VDS 诊断仪主菜单，可以选择_____、_____、_____、_____四个操作功能。

（6）比亚迪 VDS1000 诊断仪由_____、_____和_____组成。诊断仪可以检测所有的比亚迪_____汽车和_____汽车。

（7）质量比能量是指单位_____所能输出的能量，单位是_____。体积比能量的单位是_____。

（8）功率表示电机在额定工作状态下运行时转轴上输出的机械功率，单位用_____或_____表_____。

2. 判断题

（1）使用万用表可以检测电动汽车的各类高压电和低电压。　　　　　（　　）

（2）使用万用表检测高压电时必须穿戴防护用具。　　　　　　　　　（　　）

（3）诊断仪具有读取和清除故障码、读取数据流、程序更新等功能。　（　　）

（4）当电动汽车不能起动运行时，首先应用诊断仪读取当前故障码和数据流并进行分析。（　　）

（5）北汽 VDS 诊断仪不能对北汽的电控汽油发动机进行检测。（　　）

（6）比亚迪 VDS1000 能够显示所有需要更新的系统。（　　）

（7）X-431 EV 诊断仪能检测 12V 新能源车型的电控系统，可以检测比亚迪和北汽的新能源车系。（　　）

（8）汽车在行驶中不能用诊断仪进行检测。（　　）

（9）所有诊断仪都必须在有网络系统的环境下使用。（　　）

（10）SOC 表示动力电池的实际容量。（　　）

（11）万用表连续性测量方法只能判断通或断，不能判断导线、开关的性能好坏。（　　）

（12）汽车电气维修检测起动电流和充电电流常用数字式交流钳型电流表。（　　）

3. 简答题

（1）如何操作北汽 BDS 诊断仪检测整车控制系统（MCU）？

（2）如何操作比亚迪 VDS1000 诊断仪检测驱动电机系统？

（3）简述使用诊断仪的注意事项。

（4）简述万用表在新能源汽车检测中的作用。

项目四 纯电动汽车故障诊断与分析

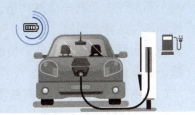

学习目标

1. 能够描述纯电动汽车检测与故障诊断作业的安全注意事项。
2. 知道纯电动汽车组成与整车故障诊断基本方法。
3. 能够叙述动力电池与管理系统的常见故障原因与诊断思路。
4. 能够叙述驱动电机与控制系统的常见故障原因与诊断思路。
5. 能够叙述整车控制系统和充电系统的常见故障原因与诊断思路。
6. 学会纯电动汽车故障分析和检测能力。
7. 学会纯电动汽车典型故障诊断与排除方法。

任务一 纯电动汽车故障诊断概述

"纯电动汽车"包括纯电动和增程式（具备外接充电功能的串联式混合动力）乘用车。本模块主要简述"纯电动乘用车"的故障诊断。

电机、电池与电控的"三电"技术是新能源汽车的核心技术。纯电动汽车没有传统的燃料发动机，完全由可充电电池（如镍镉电池、镍氢电池或锂离子电池）提供动力源，用电机驱动车辆行驶。《新建纯电动乘用车企业管理规定》文件指出了纯电动汽车的"双百规定"，即最高车速大于 100km/h、综合工况纯电续驶里程大于 100km，是评判能否进入工信部新能源车推广目录的关键标准之一。

纯电动汽车主要由电源系统（高压电源、低压电源）、动力驱动与控制系统（电机、减速器、差速器、控制器）、车身、底盘、电器及安全保护系统等组成，对不同品牌的纯电动汽车，基本组成是相同的，但总成部件、电路与线束、控制系统会有所不同，所以应在掌握纯电动汽车的基本结构和原理的基础上，再结合具体车型进行深入学习。

一、诊断纯电动汽车故障的基本方法

由于纯电动汽车驱动系统与传统内燃机汽车完全不同，所以故障分析与诊断的具体方法也有所不同。但纯电动汽车底盘与传统内燃机汽车底盘基本相同，所以故障分析与诊断方法也基本相同。

判断纯电动汽车的故障，首先要了解被检车辆的具体车型，了解结构组成与特点。不同车系的纯电动汽车虽然在组成部件和基本工作原理方面是基本相同的，但是具体控制系统和部件是有差别的，所以故障原因及检测诊断的具体方法不会完全一样。

其次要了解故障在什么情况下发生，要分析故障是属于低压故障还是高压故障，从而缩小故障检测诊断的范围。

纯电动汽车的故障诊断基本方法如图4-1所示。

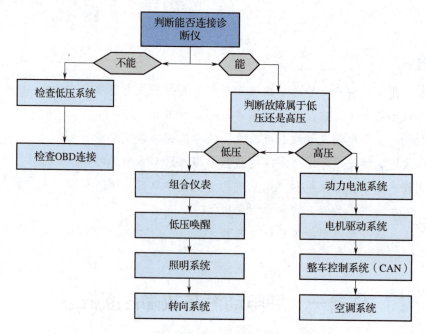

图4-1　纯电动汽车的故障诊断基本方法

二、纯电动汽车常见故障现象与原因

由于纯电动汽车的总体结构比传统汽车和混合动力汽车简单，纯电动汽车由独立的动力源和驱动系统组成，因此常见的故障现象也相对简单得多。纯电动汽车最常见的故障现象有：车辆无法起动、续驶里程缩短、无法监控电池状况、加速无力等。

纯电动汽车上述常见故障的原因大部分都是"电"故障，常见故障包含下述内容：

1）动力电池和电池管理系统：动力电池系统故障、动力电池管理系统故障、动力电池电路故障和充电系统故障、动力电池组冷却系统泄漏故障、电子水泵故障等。

2）电机与电机管理系统：驱动电机故障、驱动电机控制系统故障、驱动电机冷却系统故障。

3）整车管理系统：CAN 通信故障、整车控制器故障、整车控制线路故障。

4）低压电源系统：低压唤醒故障、DC-DC 故障、低压电路故障等。

5）空调系统：空调控制策略逻辑错误、PTC 故障、电动压缩机及其他器件故障等。

6）制动系统：EPS 系统故障、电动真空泵故障。

7）电路故障：熔丝、继电器或线路短路等导致的故障。

纯电动汽车常见故障除了"三电"故障之外，也有机械方面的故障，如减速器润滑油不足、减速器轴承损坏或磨损、减速器齿轮损坏或磨损、减速器输入轴油封磨损或损坏、差速器油封磨损或损坏、油塞处漏油、拨叉变形或损坏、接合齿或齿套失效、操纵机构安装不当或损坏、齿轮油加注过多等。

任务二　驱动系统故障原因分析

一、驱动电机故障

驱动电机本身故障会造成电机不能运转、运转出力不足、过热、运行时有较大振动和噪声等故障，驱动电机本体故障模式如图 4-2 所示。

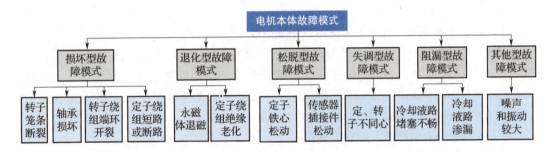

图 4-2　驱动电机本体故障模式

二、驱动电机控制器故障

驱动电机控制器本身故障会造成不能控制电机运转或运转方向、运转缓慢无力、运转不受控等故障。驱动电机控制器故障模式如图 4-3 所示。

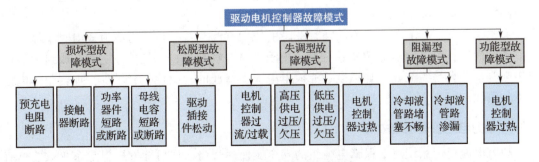

图 4-3　驱动电机控制器故障模式

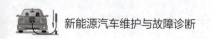

 **任务三　动力电池与电源管理系统
常见故障原因与分析**

一、动力电池常见故障原因与分析

动力电池提供几百伏直流电源，通过高压控制器（高压配电箱）输出三百多伏的三相交流电，经过驱动电机控制器提供给驱动电机做工作电源；提供高压电式空调压缩机和PTC加热器的工作电源；同时经过DC-DC变换器输出低压直流电源给低压蓄电池充电；外接快/慢充电器可以给动力电池充电。

动力电池管理系统（BMS）是电动汽车上管理车载动力电池的重要部件，其主要功能包括：电池物理参数的实时监测，电池充电和健康状态估计，在线诊断与预警，充/放电与预充控制，均衡管理和热管理，过电压、过电流、温度保护，基本参数设置等。

动力电池与电源管理系统常见故障有单体电池故障、线路或插接器故障和动力电池管理系统故障。

1. 单体电池故障

单体电池常见故障有三种：

（1）**电池性能下降，但能正常使用，无须更换**

故障变现为单体电池SOC偏低和单体电池SOC偏高。如果单体电池SOC偏低，则该电池在汽车行驶过程中，电压最先达到放电截止电压，使得电池组实际容量降低，应对该单体电池进行充电。如果单体电池SOC偏高，则该电池在充电末期最先达到充电截止电压，影响充电容量，需对该单体电池进行单独放电。

（2）**电池性能衰退严重，应立即更换**

故障表现为单体电池容量不足和单体电池内阻偏大。在电池组中，最小的单体电池容量也限制了整个电池组的容量，因此发生单体电池容量不足故障会影响车辆续驶里程。锂离子电池内阻过大会严重影响电池的电化学性能，例如充放电过程中的极化严重、活性物质利用率低、循环性能差等。

（3）**影响行车安全的其他故障**

其他故障表现为单体电池内部短路、外部短路、极性反向等以及在强振动下锂离子电池的极耳、极片上的活性物质、接线柱、外部连线和焊点可能会折断或脱落，造成单体电池内部短路或者外部短路故障。

通常情况下，造成单体电池前两种故障的原因有两个：一是动力电池成组时单体电池的一致性问题，单体电池的SOC、容量、内阻本身存在差异；二是单体电池在成组应用过程中因为应用环境差异（例如温度、充放电电流）造成的一致性差异增加，加剧单体电池的不一致性。

2. 动力电池管理系统故障

动力电池管理系统对于保障电池组的安全及使用寿命，尽可能发挥电池系统效能具有重要作用。动力电池管理系统通常对单体电池电压、总电压、总电流和温度等进行实时监控采样，并将实时参数反馈给整车控制器。动力电池管理系统除了对电池性能参数进行监控、实施电性能管理以外，还具有热管理为主的应用环境管理，实施对电池的加热和冷却，确保电池的良好应用环境温度以及温度场的一致性。若电池管理系统发生故障，就失去对电池的监控，不能估算电池的 SOC 及 SOH，容易导致电池的过充、过放、过载、过热以及不一致性问题增加，不仅影响电池的性能、使用寿命和行车安全，极端情况下甚至引发火灾。

动力电池管理系统故障包括 CAN 通信故障、总电压测量故障、单体电压测量故障、温度测量故障、电流测量故障、继电器故障、加热器故障和冷却系统故障等。

3. 线路或插接器故障

线路或插接器故障的诊断，对于确保行车安全和整车的可靠性也非常重要。例如，由于车辆振动，造成电池之间的连接螺栓松动，电池间连接电阻增大，发生电池间虚接故障，以致电池组内部能量损耗增加，造成车辆动力不足和续驶里程缩短，在极端情况下还能引起高温，产生电弧，熔化电池电极和连接片，甚至造成电池着火等事故。

在电动汽车运行过程中，单体电池之间可能发生相对位移，造成两电池之间的连接片折断。电池箱与电动汽车的电器连接也是故障的高发点，插接器在经历长时间振动后容易产生虚接，出现烧蚀、接触不良等故障。动力电池及管理系统常见故障及处理方法见表 4-1。

动力电池与电源管理系统除上述三类故障外，还有热管理问题（预热及冷却系统）的故障。

表 4-1　动力电池及管理系统常见故障及处理方法

故障现象	故障后果	处理方法
单体电池 SOC 偏低	电池组容量降低，电动汽车续驶里程短	对单体电池单独充电
单体电池 SOC 偏高		对单体电池单独放电
单体电池容量不足	电池组充电不足，使用寿命减少，电动汽车续驶里程短	更换单体电池
单体电池内阻偏大	电池组充电不足，使用寿命减少，电动汽车动力不足，续驶里程短	
单体电池过充电	电池内部短路、电池热失控，严重时会起火、爆炸	检查电池管理系统
单体电池过放电		
单体电池内部短路	电池热失控严重时会起火、爆炸	更换单体电池
单体电池外部短路		排除短路故障、更换单体电池
单体电池极性装反		更换单体电池
CAN 通信故障	无法监控电动汽车	检查 CAN 网络
总电压测量故障	无法监控总电压	检查总电压测量模块
单体电压测量故障	无法监控单体电压	检查单体电压测量模块
温度测量故障	无法监控电池温度	检查温度测量模块
电流测量故障	无法监控电池电流	检查电流测量模块
冷却系统故障	电池温度偏高	检查冷却风扇控制电路
电池间虚接	电动汽车动力不足、续驶里程短	紧固电池连接

（续）

故障现象	故障后果	处理方法
电池间断路	电动汽车无法起动	检查电池连接
快速熔断器断开		检查快速熔断器
动力电插接器断开		检查动力电插接器
动力电插接器虚接	插接器易烧蚀，电动汽车动力不足	
信号电插接器故障	无法监控电动汽车	检查信号电插接器
正极接触器故障	电动汽车无法起动	检查接触线
负极接触器故障		
电源线短路	电池热失控严重时会起火、爆炸	检查电源线

二、电源管理控制器故障的诊断与排除方法

电源管理控制器是整车动力电池的主控模块，负责采集动力电池的电池单元电压、温度、电流数据，控制动力电池处于最佳的充放电水平。此外，该模块还会负责控制高压配电箱内高电压继电器的接通与断开，并诊断继电器（接触器）故障信息。

1. 故障症状

1）电源管理控制器存在故障时，会导致高电压系统内接触器无法工作，使车辆失去动力。

2）车辆仪表板动力系统故障指示灯将点亮。

2. 故障可能原因

电源管理控制器的主要故障原因是电源供电异常或模块自身搭铁不良。

3. 诊断步骤

1）读取 DTC。使用诊断仪读取 DTC，可能存在以下 DTC：P1A58-00——电池管理系统初始化错误。

2）诊断步骤。根据 DTC 提示完成故障检测，包括电源和搭铁线路检测。电源和搭铁参考电路如图 4-4 所示。

①使用万用表测量电源管理控制器 M33-6 号端子，标准值：蓄电池电压。

②使用万用表测量电源管理控制器 M33-27 号端子，在点火 ON 下，标准值：蓄电池电压。

③使用万用表测量 M33-5、7、40、

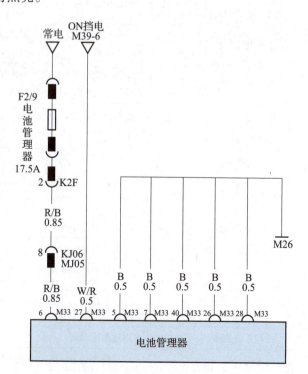

图 4-4 比亚迪 E6 电源管理控制器电源和搭铁参考电路

26、28 号端子，在蓄电池负极断开情况下，标准值：与车身搭铁电阻为 0.22Ω 以下。

4. 电源管理控制器其他的故障诊断

1）典型故障 DTC。使用诊断仪读取 DTC，可能存在以下 DTC：PIA40-00——单节电池温度传感器故障。可能的故障范围：温度传感器、线束。

2）DTC 诊断步骤。参考维修手册 DTC 诊断步骤进行诊断。

3）DTC 诊断参考电路如图 4-5 所示。

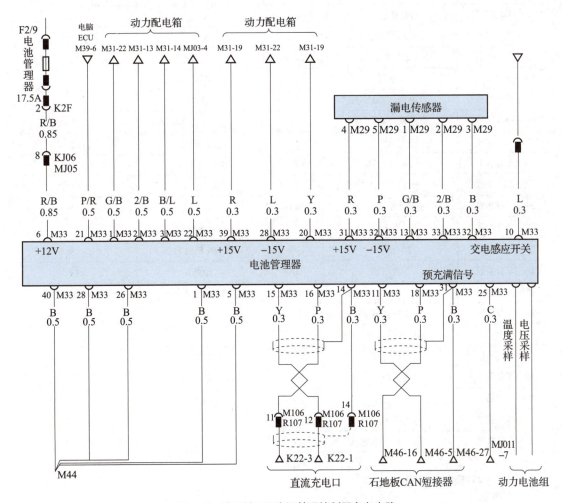

图 4-5　比亚迪 E6 电源管理控制器参考电路

4）电源管理控制器端子（见图 4-6）与电压正常值（见表 4-2）。

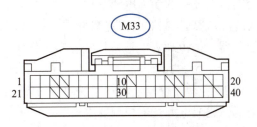

图 4-6　比亚迪 E6 电源管理控制器端子图

表 4-2　电源管理控制器端子与电压正常值

连接端子	端子描述	线色	条件	正常值
1—车身搭铁	充电接触器控制	G/B	充电	<1V
2—车身搭铁	预充接触器控制	Y/B	起动	<1V
5—车身搭铁	车身搭铁	B	始终	<1V
6—车身搭铁	电源信号	R/B	常电	11~14V
7—车身搭铁	车身搭铁	B	始终	<1V
10—车身搭铁	充电感应开关	L	充电	<1V
12—车身搭铁	漏电传感器电源	W	起动	约 −15V
13—车身搭铁	一般漏电信号	G/Y	一般漏电	<1V
14—车身搭铁	屏蔽地	B	始终	<1V
15—车身搭铁	充电通信 CAN–L	V	充电	1.5~2.5V
16—车身搭铁	充电通信 CAN–H	P	充电	2.5~3.5V
17—车身搭铁	F–CAN–L	V	电源 ON 档	1.5~2.5V
18—车身搭铁	F–CAN–H	P	电源 ON 档	2.5~3.5V
20—车身搭铁	电流霍尔信号	G	电流信号	—
21—车身搭铁	正极接触器控制	R/Y	起动	<1V
22—车身搭铁	DC 继电器	L	充电或起动	<1V
25—车身搭铁	预充信号	G/R	电源 ON 档电后 2s	<1V
26—车身搭铁	车身搭铁	B	始终	<1V
27—车身搭铁	电源	W/R	电源 ON 档 / 充电	11~14V
28—车身搭铁	车身搭铁	B	始终	<1V
31—车身搭铁	漏电传感器电源	R	起动	约 15V
32—车身搭铁	漏电传感器地	B	始终	<1V
33—车身搭铁	严重漏电信号	B/Y	严重漏电	<1V
37—车身搭铁	屏蔽地	B	始终	<1V
38—车身搭铁	电流霍尔电源	L	起动	约 −15V
39—车身搭铁	电流霍尔电源	R	起动	约 15V

5. 电源管理控制器更换流程

如果确认电源管理控制器损坏，应进行更换。

1）将车辆退电至 OFF 档，拆下后排座椅，断开维修开关，等待 5min。

2）拔掉电源管理控制器上连接的动力电池采样线和整车低压线束的插接件。

3）用 10 号套筒拆卸电池管理控制器的固定螺母。

4）更换电源管理控制器，插上动力电池采样线和整车低压线束的插接件，插上维修开关手柄。

5）断开维修开关，用 10 号套筒拧紧电池管理控制器的固定螺母。

6）插上维修开关手柄，完成电源管理控制器更换。

三、高压配电箱故障的诊断与排除方法

如图 4-7 所示，高压配电箱是控制高电压接通与关闭的执行部件，内部主要由多个接触器与继电器组成，这些接触器或继电器由电源管理控制器控制。其接触器工作流程如图 4-8 所示。

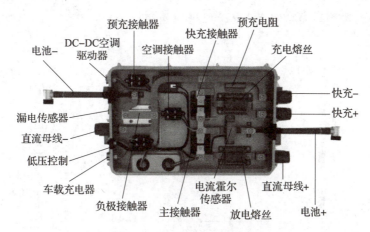

图 4-7　比亚迪高压配电箱结构

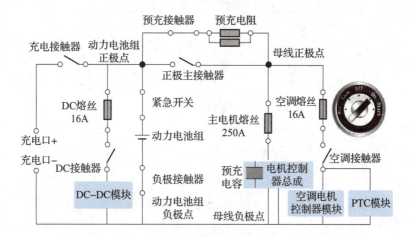

图 4-8　接触器工作流程

注：电机控制器检测到母线电压达到电池电压的 2/3，发送充满信号给电源管理控制器

电源管理控制器是高压配电箱内继电器与接触器的诊断主控模块，会诊断接触器是否按照预定的要求打开与关闭，不正常的吸合，如触电烧蚀会产生接触器类 DTC。

1. 故障症状

1）高压配电箱内接触器或继电器存在故障时，会导致高电压系统内接触器不能工作，使车辆失去动力。

2）位于车辆仪表内 ⛛（动力系统故障指示灯）将点亮。

2. 故障可能原因

接触器线圈损坏或者控制线路接触不良。

排除方法：检修线路，更换配电箱。

3. 诊断步骤

1）读取 DTC。使用诊断仪读取 DTC，可能存在以下 DTC：PIA5D—00 电机控制器预充未完成。

2）诊断步骤。根据 DTC 提示完成故障检测，包括电源和搭铁的线路检测。

电源与搭铁诊断参考电路如图 4-9、图 4-10 所示。

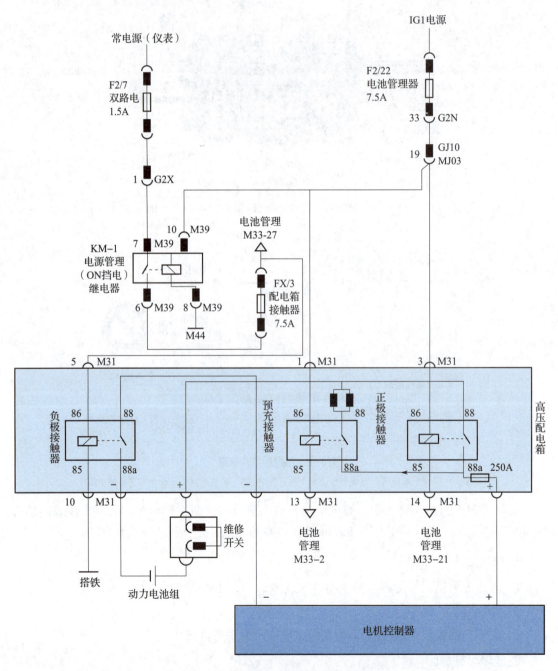

图 4-9　比亚迪 E6 高压配电箱驱动系统电路图

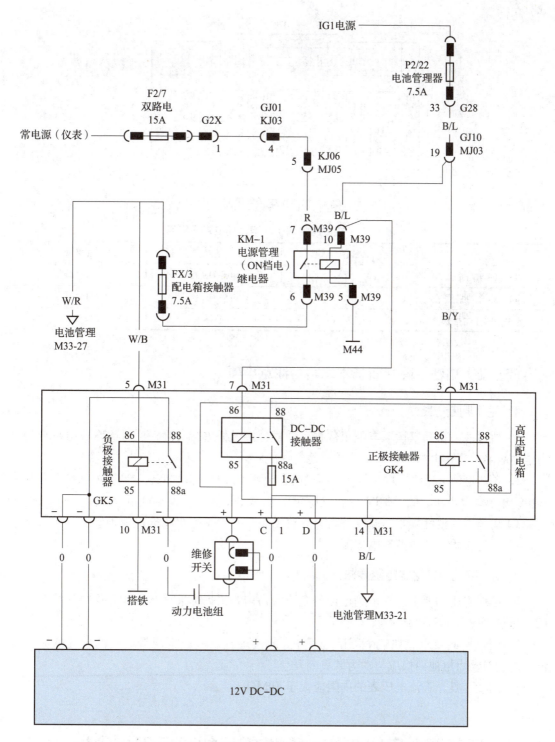

图 4-10　比亚迪 E6 配电箱在 DC-DC 系统的高压电路图

3）配电箱端子测量。

①拔下高压配电箱 M31 插接器。

②测量线束端插接器各端子间电压或电阻（图 4-11、表 4-3）。

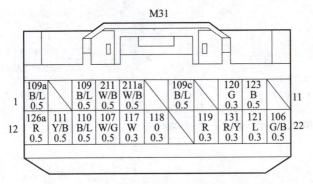

图4-11　配电箱端子图

表4-3　插接器各端子间电压或电阻正常值

端子	线色	条件	正常值
M31-1- 车身搭铁	G	电源 ON 档	11~14V
M31-3- 车身搭铁	B/Y	电源 ON 档	11~14V
M31-10- 车身搭铁	B	始终	<1Ω

四、动力电池故障判断基本思路与注意事项

1. 基本判断思路

1）通过故障诊断仪读取电池组数据，并配合接线板进行实测，通过最终数据判断是动力电池故障，还是电源管理控制器或其他组件故障。

2）单节电池电压值异常。单节电压过高会导致无法充电，过低会导致断电保护。充电过程中，单节最高电压应低于3.8V。行车过程中，单节电压低于2.2V会断电保护。

3）单节电池温度异常，温度过高会导致无法充电（高于65℃充电保护）。

4）电池包损坏、漏液漏电检测。

2. 动力电池对外绝缘电阻要求

1）绝缘电阻的要求。在动力电池的整个寿命内，根据标准计算方法计算得到绝缘电阻值，所得值应大于100Ω/V。

2）测试前的要求。在整个测试过程中，动力电池的开路电压等于或高于其标称电压值，测量时动力电池两极应与动力装置断开。

3）测量工具。直流电压表的内阻应大于10MΩ。

 # 任务四　电机与控制系统常见故障原因与分析

⚙ 提出任务

一辆比亚迪 E6 纯电动汽车，车主反映在仪表中有一个类似于汽车的感叹号灯点亮

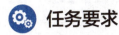

，起动车辆也不能行驶。你的主管初步判断是因为电机及驱动系统存在故障，要求你去诊断并找到故障的可能原因。你能完成这个任务吗？

任务要求

知识要求

1. 能够描述驱动电机控制器故障诊断与排除方法。
2. 能够描述驱动电机故障诊断与排除方法。
3. 能够描述驱动电机与控制器冷却系统故障诊断方法。

能力要求

1. 能够进行电机解角器传感器的检测。
2. 能够进行电机解角器传感器的波形检测。
3. 能够进行电机控制器的更换。

一、驱动电机控制器故障诊断与排除方法

电机控制器是驱动系统的核心执行模块。电机控制器接收电池管理器和整车控制单元的信息，控制三相驱动电机的运转，并实现电机转速、方向和转矩的改变。电机控制器通过接收电机角度传感器（电机解角器传感器）信号作为控制命令的输出反馈，实现系统的闭环控制。

1. 故障症状

1）电机控制系统存在故障时，会导致电机不能正常运转，使车辆失去动力。
2）位于车辆仪表内🚗（动力系统故障指示灯）将点亮。
3）如果仅该指示灯🔋点亮，说明电机的温度过高，系统将降低电机的功率输出。

2. 故障可能原因

电机控制系统的主要故障集中在：
1）控制器模块本身的故障。
2）角度传感器故障。
3）电源和搭铁不良。

3. 诊断步骤

1）读取 DTC。使用诊断仪读取 DTC，可能存在的 DTC 见表 4-4。

表 4-4 使用诊断仪读取可能存在的 DTC

MG2 电机控制器模块		
故障码（DTC）	故障描述	可能发生部位
P1B00-00	IPM 故障	电机控制器

（续）

MG2 电机控制器模块		
故障码（DTC）	故障描述	可能发生部位
P1B01–00	旋变故障	MG2 电机线束，插接件
P1B02–00	火电压保护故障	电机控制器
P1B03–00	主接触器异常故障	电机控制器
		电池管理器
		电压配电箱
P1B04–00	过电压保护故障	电机控制器
P1B05–00	IPM 散热器过温故障	电机控制器
P1B06–00	档位故障	档位管理器 电机控制器 / 线束
P1B07–00	节气门异常故障	节气门深度传感器回路
P1B08–00	电机过温故障	制动深度传感器回路
P1B09–00	动力电机过电流故障	MG2 电机
P1BOA–00	缺相故障	电机控制器，线束
P1BOB–00	EEPROM	—

2）诊断步骤。

①控制器电源与搭铁的诊断。根据 DTC 提示完成故障检测，包括电源与搭铁线路检测。电源与搭铁诊断参考电路如图 4-12 所示。

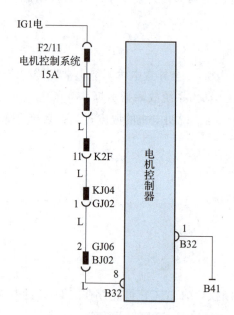

图 4-12 电机控制器电源与搭铁参考电路

a）拔下电机控制器 B32（外围 24PIN 棕色插接件）插接器。

b）测量线束端插接器各端子间电阻或电压。

c）插接器端子与正常值见表 4-5 及图 4-13 所示。

表 4-5 插接器端子与正常值

端子	线色	条件	正常值
B32-8—车身搭铁	L	电源 ON 位	11~14V
B32-1—车身搭铁	B	电源 ON 位	< 1Ω

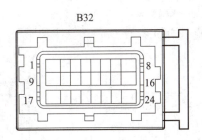

B32

图 4-13 电机控制器插接器 B32 端子

②电机控制器与电机低压端子线束电阻检查。

a）用诊断仪检查电机控制器和电机。

b）对照下面的结果测量（表 4-6、图 4-14），如果不符合规格则更换相应的组件。

表 4-6 插接器端子 B22、B23 与正常值

端子	线色	正常值
B33-7-B23-1	O	
B33-15-B23-4	Lg	
B33-4-B22-1	Y/L	
B33-5-B22-2	Y/O	
B33-6-B22-3	Y/G	<1Ω
B33-12-B22-3	W/L	
B33-13-B22-5	O/L	
B33-14-B22-6	Cr	

主电机控制器检测数据：测量电机控制器高压正负极输入端与控制器向动力电机输出端的电压值（表 4-7）。

表 4-7 动力电机输出端电压值

至动力电机输出相位	电压正常值	
A 相	与控制器输入正极	
	与控制器输入负极	
B 相	与控制器输入正极	
	与控制器输入负极	0.3V
C 相	与控制器输入正极	
	与控制器输入负极	

③角度传感器的诊断。

a）使用诊断仪诊断会产生 DTC：P1BO1-00——旋变故障。

b）检查低压插接件。退电 OFF 挡，拔掉电机控制器低压插接件 B33。

测量 B33-4 和 B33-12 电阻是否为 8~10Ω；测量 B33-5 和 B33-13 电阻是否为 14~18Ω；测量 B33-6 和 B33-14 电阻是否为 14~18Ω。

如果所测电阻正常，则检查 B22 插接件是否松动，如果没有，则为动力总成故障。

c）更换驱动电机控制器与 DC 总成。

电机控制器插接器 B33 端子如图 4-15 所示，其主要端子定义及正常值见表 4-8。

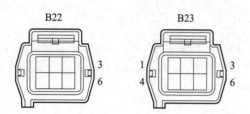

图 4-14 电机控制器插接器 B22、B23 端子

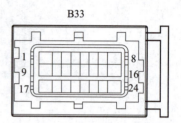

图 4-15 电机控制器插接器 B33 端子

表 4-8 电机控制器插接器 B33 端子与正常值

端子号	线色	端子描述	条件	正常值
3	绿	MG2 旋变屏蔽地	始终	<1V
4	黄	MG2 励磁 +	线束端（断线插件）	与励磁 −（8.1±2）Ω
5	蓝	MG2 正弦 +	线束端（断线插件）	与正弦 −（14±4）Ω
6	橙	MG2 余弦 +	线束端（断线插件）	与余弦 −（14±4）Ω
7	粉	MG2 电机过温	线束端（断线插件）	与 15 号端子有电阻值（<100Ω）
8	灰	运行模式切换信号输入	ON 挡	<1V 或 11~14V
11	紫	CAN 屏蔽地	始终	<1V
12	绿黑	MG2 励磁 −	线束端（断线插件）	与励磁 +（8.1±2）Ω
13	黄黑	MG2 正弦 −	线束端（断线插件）	与正弦 +（14±4）Ω
14	蓝黑	MG2 余弦 −	线束端（断线插件）	与余弦 +（14±4）Ω
15	绿黄	MG2 电机过温	线束端（断线插件）	与 7 号端子有电阻值（<100Ω）
16	黄红	运行模式切换信号输出	ON 挡	<1V 或 11~14V
19	棕	CAN 信号高	始终	2.5~3.5V
20	白	CAN 信号低	始终	1.5~2.5V
21	白黑	驻车制动信号	驻车	<1V
22	白红	行车制动信号	踩制动踏板	11~14V

4. 相关 DTC P1B03

欠电压保护故障（或 P1B04：过电压保护故障）的诊断流程操作界面如图 4-16 所示。

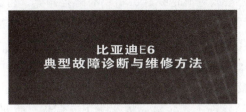

图 4-16　欠电压保护故障诊断流程操作界面

1）检查动力电池电量，动力电池电量是否大于 10%。

2）如果正常，检测高压母线。

①断开维修开关，等待 5min。

②拔掉电机控制器高压插接件端子。

③插上维修开关，整车上 OK 电。

④测量母端电压值（表 4-9）。

表 4-9　母端电压值

端子	正常值
母线正 – 母线负	标准动力电池电压

3）如果母端电压值不在正常范围，那么检查高压配电盒及高压线路。

4）否则，更换驱动电机控制器。

5. 更换驱动电机控制器

（1）拆卸前需求

1）整车 OFF 档。

2）拔掉紧急维修开关，等待 5min 以上。

3）断开起动电池。

4）拆掉配电盒。

（2）拆卸

1）拆掉电机三相线插接件的 4 个螺栓。

2）拔掉高压母线插接件。

3）拆掉附在箱体的配电盒上端螺栓。

4）拆掉底座 4 个紧固螺栓。

5）将控制器往左移，拔掉低压插接件，拆掉搭铁螺栓，拔掉 DC 低压输出线，拔掉 4 个低压线束卡扣。

6）将控制器往右移，拆掉进水管，拆掉出水管（拆掉进水管时，将留出的冷却液用容器接住）。

（3）安装

1）将控制器放进安装位置。

2）将控制器往右边移动，安装进水管、出水管。

3）安装4个底座螺栓（先对准左上方螺栓，将螺栓放进去，拧进1/3，再对准右下方螺栓，将螺栓拧进1/3，之后放进其他螺栓，将所有螺栓拧紧，拧紧力矩为22N·m）。

4）卡上DC12V输出线卡扣，插上DC12V插接件；卡上ACM线束卡扣；安装搭铁螺栓（拧紧力矩为22N·m）；插上插接件。

5）安装贴在箱体侧面的配电盒螺栓。

6）插上高压母线插接件。

7）安装电机三相线插接件（先装最靠近车头下方螺栓，拧进1/3；再装其对角螺栓，拧进1/3；然后安装其他螺栓；最后将所有螺栓拧紧，拧紧力矩为9N·m）。

二、驱动电机故障诊断与排除方法

驱动电机发生故障时，通常仪表板会点亮动力系统的故障警告灯 ，应先利用故障诊断仪读取故障码，根据故障码提示的内容进行检修。

驱动电机常见的故障如下：

1.电机起动困难或不能起动

1）电源电压过低处理方法：调整电压到所需值。

2）电机过载处理方法：减轻负载后再起动。

3）机械卡住处理方法：先停车解除机械锁止，然后再起动电机。

2.电机运行温度过高

1）负载过大处理方法：减轻负载。

2）电机扫膛处理方法：检查气隙及转轴、轴承是否正常。

3）电机绕组故障处理方法：检查绕组是否有搭铁、短路、断路等故障，给予排除。

4）电机冷却不良处理方法：检查冷却系统故障，给予排除。

三、电机与控制器冷却系统故障诊断方法

电机与控制器过热常见故障排除见表4-10。

表4-10　电机与控制器过热常见故障排除

故障现象	故障部位	故障原因	解决方案
电机或控制器过热	冷却液缺少	冷却液缺少，未按维护手册添加冷却液	溢水罐处添加冷却液
	冷却液泄漏	环箍破坏，水管接口处冷却液泄漏	更换全新环箍
		水管破损，水管本身冷却液泄漏	更换全新水管
		散热器芯体破坏，芯体处渗漏冷却液	更换散热器芯体
		散热器水室与散热器芯体压装不良，接缝处渗漏冷却液	更换散热器芯体
		散热器水室开裂，水室外侧泄漏冷却液	更换散热器芯体
		散热器放水堵塞丢失，放水孔渗漏冷却液	补装散热器放水堵塞

（续）

故障现象	故障部位	故障原因	解决方案
电机或控制器过热	电动水泵	冷却液有杂质，导致电动水泵堵转	更换系统冷却液
		电动水泵破损，泵盖/密封圈/泵轮破坏	更换电动水泵
		整车线束故障，虚接/短路/断路等故障	查找线束故障，依据线束维修手册处理
		电动水泵控制器熔丝/继电器烧毁/插接件针脚退针	更换电动水泵
	散热器风扇	风扇控制器/继电器/插接件针脚退针	更换散热器风扇
		整车线束故障，虚接/短路/断路等故障	查找线束故障，依据线束维修手册处理
		扇叶破损/断裂，扇叶不工作	更换扇叶
		电机/控制器温度传感器故障，风扇不工作	查找电机/控制器故障，依据相应维修手册处理
	散热器	芯体老化，芯管堵塞	更换散热器
		散热片倒伏，影响进风量	更换散热器
		水室堵塞，影响冷却液循环	更换散热器
	前保险杠中网或下格栅	进风口堵塞	查找进风口故障，依据相应维修手册处理

四、电机系统过热故障实例分析

以下列举典型的电机与控制器过热的故障实例。车型以北汽 EV 系列纯电动汽车为例，其他车型可参考。

1. 电机过热被限速 9km/h

（1）故障现象

车辆行驶几千米以后，出现限速 9km/h 现象，仪表显示电机控制器过热。

（2）可能原因

水泵故障、散热风扇故障、冷却液缺少或冷却系统内部堵塞。

（3）故障诊断与排除

用诊断仪读数据流显示电机控制器温度为 75℃，散热器风扇高速旋转，检查后发现水泵工作正常，膨胀水箱冷却液也不缺少；在水泵工作过程中观察膨胀水箱，发现冷却液循环不畅，进一步对冷却系统进行水道堵塞排查。采用压缩空气对散热器、管路和电机控制器进行疏通，检查时发现电机控制器内部有阻塞。找到堵塞点用高压空气将电机控制器内部异物吹出，恢复冷却系统管路，加注冷却液后进行试车，不再出现电机系统过热现象，故障排除。

（4）故障分析

电机系统冷却方式采用水冷式，电机控制器和电机是串联式循环，电机控制器的温度在 75~85℃时电机降功率，当电机控制器温度高于 85℃时电机将立即停止工作，所以此车电机控制器温度达到 75℃被降功率。

2. 间歇性断高压

（1）故障现象

车辆在行驶几千米后偶尔出现"掉高压"现象，仪表显示动力电池故障指示灯亮，系统故障灯亮，车辆无法行驶。

（2）可能原因

动力电池故障、电机控制器温度过高。

（3）故障诊断与排除

1）使用故障检测仪读出故障码为P0518，电机控制器欠电压故障。使用诊断仪清除故障码，如果故障码无法清除，则说明存在现行故障。

2）起动空调系统能正常工作。

3）检测高压绝缘性能未发现异常。

4）检查电机控制器低压电路电源正常，插接器也未发现退针现象。通过以上检查空调系统正常，基本排除了动力电池故障；结合故障现象和故障码显示可以断定为电机控制器故障，更换电机控制器，故障现象消失。

（4）故障分析

故障码为P0518（电机控制器欠电压故障），因为电机控制器是比较昂贵的部件，需要确定故障后才能更换，以免更换后故障未能解决。因此需要把相关部件和外围电路进行排查，最终确定是电机控制器故障才进行处理，避免多次维修不能解决问题。

3. MCU IGBT 过温故障

（1）故障现象

故障码为 P117098/P117198/P117298。

（2）故障处理方式

MCU：当任意一相 IGBT 温度高于 IGBT 温度限制值（900℃），MCU 进入零转矩控制模式，同时向 VCU 转矩发送零转矩模式状态标志位。

VCU：

1）VCU 在 IGBT 温度限制值的基础上超出 10℃，根据温度线性限制转矩，同时闪烁电机温度灯。

2）上报故障时，仪表点亮电机温度警告灯。

3）仪表点亮 MIL 灯，警告音短鸣。

（3）导致故障的原因

1）MCU 长期大负载运行。

2）冷却系统故障。

（4）故障可能造成的影响

1）MCU 最大可用转矩降低。

2）整车动力性能降低，甚至不能正常行驶。

（5）处理措施

1）如果间隔一段时间重新上电，车辆恢复正常，则不需要派工。同时将信息反馈技术中心电机工程师。

2）如果间隔一段时间重新上电，车辆运行故障重复出现，则按以下方法处理：

①首先优先排查风扇、水泵及其驱动电路故障，若异常，则联系冷却系统派工解决。

②然后优先排查是否缺冷却液，若缺冷却液，则及时补冷却液。

③若不缺冷却液，排查冷却管路是否存在堵塞和泄漏，若冷却管路存在堵塞和泄漏，则排查解决。

④若冷却液和冷却管路均无问题，则需要派工。

（6）维修措施

1）检查运行工况。

2）检查冷却水泵、冷却液和冷却管路。

4. MCU 过温故障

（1）故障现象

故障码为 P117F98。

（2）故障处理方式

MCU：当电机温度高于 MCU 温度限制值（75℃）时，MCU 进入零转矩控制模式，同时向 VCU 发送零转矩模式状态标志位。

VCU：

1）VCU 在 MCU 温度限制值的基础上超出 10℃，根据温度线性限制转矩，同时闪烁电机温度灯。

2）仪表点亮电机系统专用警告灯（闪烁）。

3）仪表点亮 MIL 灯，警告音短鸣。

（3）导致故障的原因

1）MCU 长期大负载运行。

2）冷却系统故障。

（4）故障可能造成的影响

1）MCU 最大可用转矩降低。

2）整车动力性能降低，甚至不能正常行驶。

（5）处理措施

1）如果间隔一段时间重新上电，车辆恢复正常，则不需要派工。同时，将信息反馈技术中心电机工程师。

2）如果间隔一段时间重新上电，车辆运行故障重复出现，则按以下方法处理：

①首先优先排查风扇、水泵及其驱动电路故障，若异常，则联系冷却系统派工解决。

②然后优先排查是否缺冷却液，若缺冷却液，则及时补冷却液。

③若不缺冷却液，然后排查冷却管路是否存在堵塞和泄漏；若冷却管路存在堵塞和泄漏，则进行排查解决。

④若冷却液和冷却管路均无问题，则需要派工。

（6）维修措施

1）检查运行工况。

2）检查冷却水泵、冷却液和冷却管路。

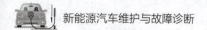

提示：如果处于 state30，在 MCU 上报此故障前，VCU 在指定温度值（65℃）至 MCU 温度限制值（75℃）之间限制转矩命令。点亮电机系统专用警告灯（闪烁）。

 # 任务五　整车控制系统常见故障原因与分析

⚙ 提出任务

有位比亚迪 E6 车主反馈车辆不能正常驱动，你的主管已经通过 ED400 诊断仪检查到存在加速踏板位置传感器故障码，现在你被安排继续进行该车辆的维修诊断，你能够完成后续的检查任务吗？

⚙ 任务要求

知识要求

1. 能够描述驱动系统输入及输出信号部件故障诊断与排除方法。

2. 能够描述高电压系统漏电故障的诊断与排除方法。

能力要求

1. 能够进行典型故障码诊断与排除。

2. 能够进行主控制 ECU 的更换。

3. 能够进行漏电传感器诊断。

4. 能够进行加速踏板位置传感器的检测。

5. 能够进行 DC-DC 的检测。

〔一〕 驱动系统输入／输出信号部件故障诊断与排除方法

以比亚迪 E6 为例，驱动电机的运转主要是驾驶人通过加速踏板、制动踏板和档位进行控制：

1）加速踏板用于为驱动系统提供电机负荷的输入信号，并控制制动能量回收功能。

2）制动踏板用于取消电机输入负荷，并实现车辆的制动功能。

3）档位控制器用于控制电机的运转方向和电机的起动与停止。

当以上输入信号产生故障后，主控 ECU（整车控制 ECU）将停止车辆的动力输入，并输出诊断 DTC。

1. 故障症状

1）制动信号丢失情况下，车辆无法起动；非制动信号故障时，车辆能够起动，但起动后起动力停止输出。

2）位于车辆仪表内 ⚠ （动力系统故障指示灯）将点亮。

2.诊断步骤与分析

（1）读取 DTC

使用诊断仪读取可能的 DTC。通常情况下，针对加速踏板、制动踏板以及挡位控制器，系统能够直接指向对应部件的故障。

（2）诊断参考信息

1）挡位控制器的检查与诊断。诊断挡位控制器故障，首先检查挡位控制器电源和搭铁电路（图 4-17）。

①检查电源线束。

（a）拔下挡位控制器 G56 插接器。

（b）测量线束端插接器各端子间电压或电阻，插接器端子及正常值见表 4-11 和图 4-18 所示。

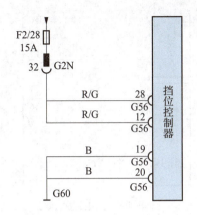

图 4-17　挡位控制器电源和搭铁电路图

表 4-11　挡位控制器插接器端子电压或电阻正常值

端子	线色	条件	正常值
G56-28- 车身搭铁	R/G	电源 ON 位	11~14V
G56-12- 车身搭铁	R/G	电源 ON 位	11~14V
G56-19- 车身搭铁	B	始终	<1Ω
G56-20- 车身搭铁	B	始终	<1Ω

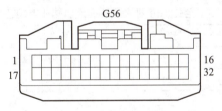

图 4-18　挡位控制器插接器 G56 端子

（c）如果检测到相应故障，则更换线束总成。

②检查挡位传感器。

（a）电源 ON 位。

（b）从挡位传感器 AG54 插接器后端引线或从挡位传感器 BG55 插接器后端引线。

（c）测量线束端插接器各端子间电压或电阻，插接器端子及正常值见表 4-12 及图 4-19、图 4-20 所示。

表 4-12　档位传感器插接器端子电压或电阻正常值

端子	线色	条件	正常值	端子	线色	条件	正常值
G54-3—车身搭铁	Gr	始终	<1Ω	G55-1—车身搭铁	Y/R	换挡手柄打到 R 位	<1Ω
G54-4—车身搭铁	W/L	换挡手柄打到 N 位	约 5V	G55-2—车身搭铁	O	换挡手柄打到 D 位	约 5V
G54-2—车身搭铁	R/L	换挡手柄打到 N 位	约 5V	G55-3—车身搭铁	Br	始终	约 5V
G54-1—车身搭铁	Y	电源 ON 位	约 5V	G55-4—车身搭铁	C	电源 ON 位	约 5V

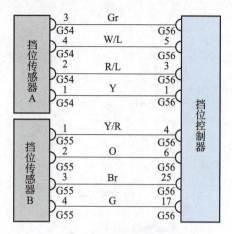

图 4-19 挡位传感器电路图

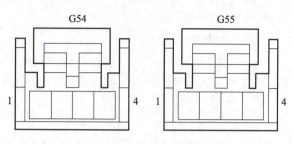

图 4-20 挡位传感器端子

③检查挡位传感器线束。

（a）拔下挡位传感器 AG54 插接器。

（b）拔下挡位传感器 BG55 插接器。

（c）拔下挡位控制器 G56 插接器。

（d）测量线束端插接器各端子间电阻，插接器端子及正常值见表 4-13 及图 4-21 所示。

2）加速踏板位置传感器的检查与诊断。

①加速踏板位置传感器的检测（图 4-22）。

表 4-13 挡位传感器线束端插接器端子电阻正常值

端子	线色	正常值	端子	线色	正常值
G54-3—G56-9	Gr	<1Ω	G55-1—G56-4	Y/R	<1Ω
G54-4—G56-5	W/L	<1Ω	G55-2—G56-6	0	<1Ω
C54-2—G56-3	R/L	<1Ω	G55-3—G56-25	Br	<1Ω
G54-1—G56-1	Y	<1Ω	G55-4—G56-17	G	<1Ω

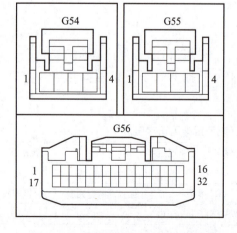

图 4-21 挡位传感器线束端插接器端子

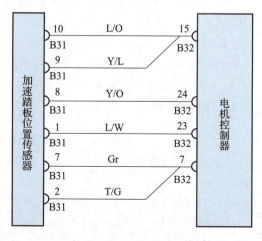

图 4-22 加速踏板位置传感器电路图

（a）电源 ON 位。

（b）从传感器 B31 插接器后端引线。

（c）测量线束端插接器各端子间电压或电阻，插接器端子及正常值见表 4-14 及图 4-23 所示。

②加速踏板位置传感器与电机控制器线束电阻的检测。

（a）拔下传感器 B31 插接器。

图 4-23　加速踏板位置传感器端子

表 4-14　加速踏板位置传感器端子电压正常值

端子	条件	正常值
B31-1—车身搭铁	不踩加速踏板	约 0.66V
	加速踏板踩到底	约 4.45V
B31-8—车身搭铁	不踩加速踏板	约 4.34V
	加速踏板踩到底	约 0.55V
B31-2—车身搭铁	电源 ON 位	约 5V
B31-7—车身搭铁	电源 ON 位	约 5V
B31-9—车身搭铁	电源 ON 位	<1V
B31-10—车身搭铁	电源 ON 位	<1V

（b）拔下控制器 B32 插接器。

（c）测量线束端插接器各端子间电阻，插接器端子及正常值见表 4-15 及图 4-24 所示。

表 4-15　加速踏板位置传感器端子电阻正常值

端子	正常值	端子	正常值
B31-2—R32-7	<1Ω	B31-2—车身搭铁	>10kΩ
B31-7—B32-7	<1Ω	B31-7—车身搭铁	>10kΩ
B31-1—B32-23	<1Ω	B31-1—车身搭铁	>10kΩ
B31-8—B32-24	<1Ω	B31-8—车身搭铁	>10kΩ
B31-9—B32-15	<1Ω	B31-9—车身搭铁	>10kΩ
B31-10—B32-15	<1Ω	B31-10—车身搭铁	>10kΩ

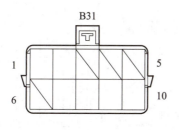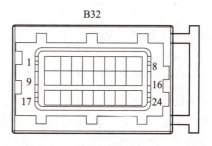

图 4-24　加速踏板位置传感器线束端插接器端子

3）制动踏板位置（制动深度）传感器的检测与诊断。

①制动踏板位置传感器的检测（图 4-25）。

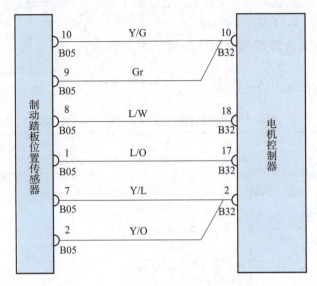

图 4-25　制动踏板位置传感器电路图

（a）电源 ON 位。

（b）从传感器 B05 插接器后端引线。

（c）测量线束端插接器各端子间电压或电阻，插接器端子及正常值见表 4-16 及图 4-26 所示。

表 4-16　制动踏板位置传感器端子电压正常值

端子	条件	正常值
B05-1—车身搭铁	不踩制动踏板	约 0.66V
	制动踏板踩到底	约 4.45V
B05-8—车身搭铁	不踩制动踏板	约 4.34V
	制动踏板踩到底	约 0.55V
B05-2—车身搭铁	电源 ON 位	约 5V
B05-7—车身搭铁	电源 ON 位	约 5V
B05-9—车身搭铁	电源 ON 位	<1V
B05-10—车身搭铁	电源 ON 位	<1V

②制动踏板位置传感器与电机控制器线束电阻的检测。

（a）拔下传感器 B05 插接器。

（b）拔下控制器 B32 插接器。

（c）测量线束端插接器各端子间电阻，插接器端子及正常值见表 4-17 及图 4-27 所示。

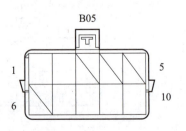

图 4-26　制动踏板位置传感器端子

表 4-17　制动踏板位置传感器端子电阻正常值

端子	正常值	端子	正常值
B05-2—B32-2		B05-2—车身搭铁	
B05-7—B32-2		B05-7—车身搭铁	
B05-1—B32-17	<1Ω	B05-1—车身搭铁	>10kΩ
B05-8—B32-18		B05-8—车身搭铁	
B05-9—B32-10		B05-9—车身搭铁	
B05-10—B32-10		B05-10—车身搭铁	

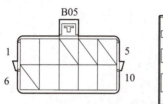
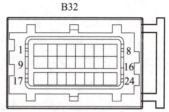

图 4-27　制动踏板位置传感器线束端插接器端子

高电压系统漏电故障的诊断与排除方法

警告： 在执行高压车辆诊断及维护前，务必穿戴完好的个人防护用品，并严格遵守正确的操作步骤！

提示： 高电压车辆安全的首要条件就是防止高电压系统与车身存在漏电。通常，比亚迪 E6 高电压系统采用漏电传感器来监测高电压电路是否存在与车身之间的漏电情况，如果发生漏电，系统将自动切断高电压接触器，避免更大的事故发生。

1. 故障症状

1）高电压系统漏电故障分为两种：

①高电压电路与车身存在漏电。

②漏电传感器系统本身故障。

2）高电压系统漏电类故障会导致车辆仪表内 ⚠ （动力系统故障指示灯）点亮，且车辆将关闭动力输出。

2. 诊断步骤

（1）读取 DTC

使用诊断仪读取相关 DTC。

如有明确的 DTC，按照 DTC 诊断步骤进行诊断，详细步骤可参考维修手册中的具体 DTC 信息。

（2）高电压电路漏电诊断

高电压电路导线漏电主要是绝缘效果降低导致的，因此漏电故障的诊断主要是检查线路对车身以及两线之间的绝缘电阻值。

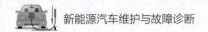

1）断开被测量的高压导线插接器，如果不确定漏电大体位置，可采用分段测量法进行排除。

2）使用高压绝缘测试仪分别测量导线对车身的电阻。

①测量正极导线对车身的绝缘电阻，应不低于 50MΩ。

②测量负极导线对车身的绝缘电阻，应不低于 50MΩ。

③测量两根导线之间的绝缘电阻，应不低于 50MΩ。

3）对于不符合要求的导线，需要更换新的高压导线。

（3）漏电传感器的诊断

1）检查 12V 蓄电池电压及整车低压线束供电是否正常。

标准电压：11~14V。

如果电压低于 11V，需要更换 12V 蓄电池或检查整车低压线束。

2）在关闭点火开关的状态下，断开漏电传感器插接器。

①测量漏电传感器供电电压，应在 9~16V。

②测量漏电传感器搭铁电阻，应在 0.2Ω 以下。

③如果不在以上范围，需要继续检查传感器本身或连接电路。

3）使用诊断仪读取在电源管理器模块内读取漏电传感器数值，不能正常读取的，需要更换新的漏电传感器。

 # 任务六　充电系统故障原因与分析

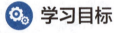 ## 学习目标

知识目标

1.描述充电系统的结构组成。

2.讲解电动汽车常用的充电方式。

3.讲解交、直流充电口对应端子的含义及 DC-DC 各端子含义。

4.描述电动汽车不充电的原因。

能力目标

1.结合电路图，检测充电系统各电路的性能。

2.结合电路图，利用诊断工具，在实车上或实训台上完成对电动汽车不能充电这一故障诊断及排除。

任务描述

一车主开着自己的北汽新能源 EV160 电动出租车到 4S 店咨询，描述其驾驶的 EV160 电动汽车，在中午最热的时候充电，开始时一切正常，可是在充电过程中发现始

终不能充满，再查看中央仪表充电指示器，发现没在充电状态。重新连接充电线束插头，情况依旧，即仪表显示电池没有充满，但继续充电再也充不进去电。如果你是维修技术人员，当遇到这样的故障时，你将如何给车主解释，如何解决这一故障。

一、车型故障资料

一辆北汽新能源 EV160 电动出租车，行驶 4 万 km，在炎热季节生意比较好，空调系统也一直开着，因此电能消耗比较快，需要频繁充电。在中午最热的时候充电，开始一切正常，可是在充电过程中发现始终不能充满，再查看中央仪表充电指示器，发现没在充电状态。重新连接充电线束插头，情况依旧，即仪表显示电池没有充满，但继续充电再也充不进去电了，立即将车开到修理厂，连接充电插头也是这种情况。

二、电动汽车充电系统概述

电动汽车充电系统包括慢充和快充两部分，主要由车载充电机、高压部件、充电接口和线束组成。

1. 车载充电机

车载充电机（On-board Charger）具有效率高、体积小、耐受恶劣工作环境等特点。其功能是将 220V 交流电转换为动力电池所需的直流电，实现电池电量的补给。图 4-28 所示是北汽 EV160 电动汽车车载充电机外形图。

（1）车载充电机接口定义

1）直流输出端接口定义。直流输出端端子如图 4-29 所示，端子定义见表 4-18。

低压通信端　直流输出端　交流输入端

图 4-28　北汽 EV160 电动汽车车载充电机外形图

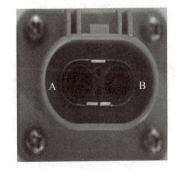

图 4-29　直流输出端端子

表 4-18　直流输出端端子定义

端子	定义	端子	定义
A	电源负极	B	电源正极

2）交流输入端接口定义。交流输入端端子如图 4-30 所示，端子定义见表 4-19。

3）低压控制端接口定义。低压控制端端子如图 4-31 所示，端子定义见表 4-20。

图 4-30 交流输入端端子　　　　图 4-31 低压控制端端子

表 4-19 交流输入端端子定义

端子	定义	端子	定义
1	L（交流电源）	4	空
2	N（交流电源）	5	CC（充电连接确认）
3	PE（车身搭铁）	6	CP（控制确认线）

表 4-20 低压控制端端子定义

端子	定义	端子	定义
1	新能源 CAN-L	11	CC 信号输出
2	新能源 CANGND	13	互锁输入（到空调压缩机低压插件）
5	互锁输出到高压盒低压插件	15	12V＋（OUT）
8	GND	16	12V＋（IN）
9	新能源 CAN-H		

（2）车载充电机电路图（图 4-32）

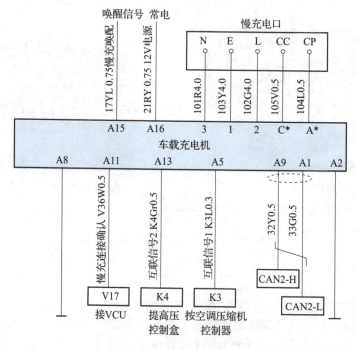

图 4-32 车载充电机电路图

（3）车载充电机的工作流程

车载充电机在工作过程中需要协调充电桩，BMS（电池管理系统）等部件来共同完成。车载充电机参数见表 4-21。

表 4-21　车载充电机参数

项目	参数	项目	参数
输入电压	AC220V±15%	冷却方式	风冷
输出电压	DC240~410V	防护等级	IP66
效率	满载时大于 90%		

车载充电机工作流程：

1）交流供电。

2）低压唤醒整车控制系统。

3）BMS 检测充电需求。

4）BMS 给车载充电机发送工作指令并闭合继电器。

5）车载充电机开始工作，进行充电。

6）电池检测充电完成后，给车载充电机发送停止指令。

7）车载充电机停止工作。

8）电池断开继电器。

2. 高压部件

充电系统高压部件主要是 DC-DC 变换器和高压控制盒，DC-DC 变换器（DC-DC converter）相当于传统汽车的发电机，其功能作用是将动力电池的高压直流电转换为整车低压 12V 直流电，给整车低压用电系统供电及给铅酸蓄电池充电，图 4-33 是 DC-DC 变换器外观图。

（1）DC-DC 变换器接口定义

DC-DC 变换器端子如图 4-34 所示，端子定义见表 4-22。

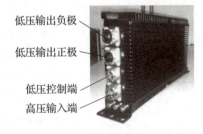

　低压输出负极
　低压输出正极
　低压控制端
　高压输入端

图 4-33　DC-DC 变换器外观图

图 4-34　DC-DC 变换器端子

表 4-22　DC-DC 变换器端子定义

高压输入	低压控制
A 脚：电源负极	A 脚：控制电路电源正极（直流 12V 起动，0~1V 关机）
B 脚：电源正极	B 脚：电源状态信号输出
中间为高压互锁短接端子	C 脚：控制电路电源

DC-DC 变换器具有效率高、体积小、耐受恶劣工作环境等特点。表 4-23 是 DC-DC 变换器参数表。

表 4-23　DC-DC 变换器参数表

项目	参数	项目	参数
输入电压	DC240~410V	冷却方式	风冷
输出电压	DC14V	防护等级	IP67
效率	满载大于 90%		

（2）DC-DC 变换器工作流程

1）整车 ON 挡上电或充电唤醒上电。

2）动力电池完成高压系统预充电流程。

3）VCU 发给 DC-DC 变换器使能信号。

4）DC-DC 变换器开始工作。

3. 充电接口

（1）慢充系统

慢充系统的作用是将充电电源来的 220V 的交流电通过充电枪输入到充电口，然后经过车载充电机内部后，转换成高压直流电，进入到高压配电盒进行分配后，给动力电池充电。慢充系统包括充电枪、充电口、车载充电机、高压配电盒、动力电池和整车控制器等。

慢充系统结构框图如图 4-35 所示。

（2）快充系统

快充系统是通过外围的供电设备将电网电源转变为高于动力电池的高压直流电后，通过快充口，经过高压配电箱分配后，直接对动力电池进行充电的系统。快充系统主要包括电源设备、充电接口、高压配电盒、动力电池、整车控制器等几部分，快充系统结构框图如图 4-36 所示。

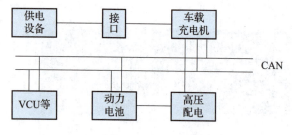

图 4-35　慢充系统结构框图

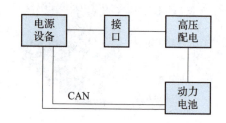

图 4-36　快充系统结构框图

4. 线束

（1）快充线束

快充线束是指连接快充接口到高压配电盒之间的线束。

快充接口低压线束如图 4-37 所示，各端子定义见表 4-24。

表 4-24　快充接口低压线束端子定义

端子	定义	端子	定义
1 脚	A-（低压辅助电源负极）	4 脚	S +（充电通信 CAN-H）
2 脚	A+（低压辅助电源正极）	5 脚	S-（充电通信 CAN-L）
3 脚	CC2（充电插接器确认）		

快充接口端子如图 4-38 所示。9 个端子的功能分别是：直流电源线 DC+；直流电源线 DC-；设备地线 PE；通信线路 S+；通信线路 S-；充电连接确认线路 CC1、CC2；低压辅助电源线路 A+、A-。快充接口端子定义见表 4-25。

图 4-37　快充接口低压线束

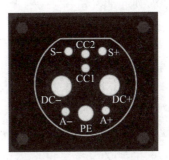

图 4-38　快充接口端子

表 4-25　快充接口端子定义

端子和功能	功能定义
S- 充电通信	充电通信 CAN-L
S+ 充电通信	充电通信 CAN-H
CC1 充电连接确认	充电桩检测快充口与车辆连接状态
CC2 充电连接确认	电池管理单元检测快充口与车辆连接状态
DC- 直流电源负	充电桩为动力电池提供的直流高压负极
DC+ 直流电源正	充电桩为动力电池提供的直流高压正极
A- 低压辅助电源负极	充电桩为电动汽车提供低压辅助电源负极
A+ 低压辅助电源正极	充电桩为电动汽车提供低压辅助电源正极
PE 保护接地	充电桩和车身地线

车辆插头和车辆插座在连接过程中，插头耦合的顺序为：

1）保护接地。

2）充电连接确认（CC2）。

3）直流电源正与直流电源负。

4）低压辅助电源正与低压辅助电源负。

5）充电通信。

6）充电连接确认（CC1）。

在插头与插座脱开的过程中则顺序相反。图 4-39 所示为直流充电接口的连接界面示意图。

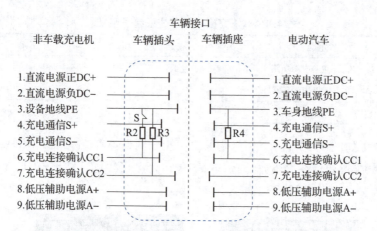

图4-39　直流充电接口的连接界面示意图

（2）慢充线束

慢充线束是指连接慢充接口到车载充电机之间的线束。慢充接口端子如图4-40所示，慢充接口端子定义见表4-26。交流慢充口符合国标设计要求，目前各个品牌的接口是统一的。交流慢充口总共有7个端子：①交流电源线L1、L2、L3；②设备地线PE；③中性线N；④连接确认线CC；⑤控制引导线CP。

220V充电口下面两个插孔是空的，只有L1、N、PE、CC和CP有线路连接，利用了其中的5根线。380V充电口的7个插孔全有线路连接，如图4-41所示。

图4-40　慢充接口端子（220V充电口）　　图4-41　慢充接口端子（380V充电口）

表4-26　慢充接口端子定义

端子和功能	功能定义
交流电源线L1、L2、L3	交流电源的相线
中性线N	交流电源的中性线
连接确认线CC	车辆接口和供电接口连接状态识别信号
控制引导线CP	充电桩与车辆之间充电控制引导线
设备地线PE	充电设备和车身地线

控制引导线CP：设计用于电动汽车和电动汽车供电设备之间信号传输或通信的电路。

连接确认线CC：反映车辆插头连接到车辆或供电插头连接到充电设备上的状态。

设备地线PE（也叫保护线）：当车辆发生漏电故障时，可以将漏电电流导向大地，防止人体接触时对人体导致的电击事故。电动汽车在充电时相当于一个用电设备，所以插座的 PE 线（地线）必须与大地可靠连接。

在充电连接过程中，首先接通保护接地触点，最后接通控制导引触点与充电连接确认触点。在脱开过程中，首先断开控制导引触头与充电连接确认触点，最后断开保护接地触点。

车辆接口的电气连接界面如图 4-42 所示。

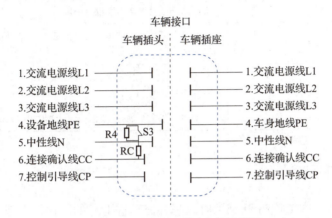

图 4-42　车辆接口的电气连接界面

三、电动汽车充电系统故障成因分析

除去电池老化原因，电动汽车显示电量不满，但又不能充电的原因主要有两种情况：一种是物理连接完成，已启动充电，但不能给汽车充电；另一种是充电中途停止充电。根据上述情况，进一步分析以上情况发生的原因和解决办法。

1. 故障状态一

物理连接完成，已启动充电，但不能给汽车充电，充电系统常见故障见表 4-27。

表 4-27　充电系统常见故障

可能的原因	解决方案
1. 动力电池已充满了	动力电池已充满时，充电会自动停止
2. 动力电池温度低于 –20℃或高于 65℃	在充电前允许动力电池加热或冷却，将车辆置于温度适宜的环境内，待温度正常后再充电
3. 充电电源不正常	确认电源是否已过载保护；选择使用专用的充电电源：220V 50Hz，10A 标准单相两极带接地插座进行充电
4. 交流充电连接装置没有正确连接	确认交流充电设备的开关已弹起，七芯转七芯电缆的充电设备插头长短不同，连接位置不同
5. 车辆或交流充电连接装置有故障	确定组合仪表上有动力系统故障灯点亮，或是有充电系统故障提示语，此时应停止充电，及时与电动汽车授权服务站联系
6. 充电桩或车辆显示有故障	确定组合仪表上有动力系统故障灯点亮，或是有充电系统故障提示语，或是充电桩显示有故障，此时应停止充电，及时与电动汽车授权服务站联系

2. 故障状态二

充电中途停止充电，原因见表 4-28。

表 4-28　充电中途停止充电的原因

可能的原因	解决方案
1. 电源断电	电源恢复后，充电会自动重新开始充电
2. 充电电缆没有连接完好	确认充电连接装置电缆没有虚接
3. 充电连接装置开关被按下	充电连接装置开关被按下则停止充电，需重新连接充电连接装置，启动充电
4. 动力电池温度过高	组合仪表显示动力电池温度过高警示灯点亮，充电会自动停止，待电池冷却后再充电
5. 车辆或充电桩发生故障	确认充电桩或车辆有故障提示，及时与电动汽车授权服务站联系

四、故障诊断分析

动力电池在低于 -20℃ 或高于 65℃ 时，是补充不进电量的。这是由锂离子电池的特性所决定的：当对电池进行充电时，电池的正极上有锂离子脱出，脱出的锂离子经过电解液运动到负极。而作为负极的炭呈层状结构，它有很多细小的微孔，到达负极的锂离子就嵌入到炭层的微孔中，嵌入的锂离子越多，充电容量就越高。但是当温度达到 65℃ 时，作为负极的炭层状结构受热膨胀，使微孔挤压封闭，到达负极的锂离子就无法再嵌入到炭层的微孔中，因此就充不进电了。

根据上述分析，结合故障发生时正值炎热夏季，地表温度超过 60℃。另一方面，锂离子电池在放电的时候产生热量较少，充电时由于锂离子运动加快，相互摩擦产生热量使电池温度升高，更加剧了故障的严重性。

五、故障排除

通过上述分析，用举升机将车辆举升离开地面，在车底电池和充电口各放置一台工业排风机，使用强风为电池降温。大约 40min 以后，用手摸动力电池外壳感觉不太热了，再连接充电线束，就可以给电池充电了。充电过程中继续使用风扇给电池降温，直至电池充满。

六、故障再现

由于锂离子电池本身的充放电特性，当温度低于 -20℃ 或高于 65℃ 时，是不能进行充电的。由于本案例是由于外界环境温度和动力电池本身产生热量所产生，在常温环境下不便于进行故障再现。

任务七　纯电动汽车空调维护与故障诊断

学习目标

知识目标

1. 能说出纯电动汽车空调的功能、作用及结构。
2. 能说出如何对制冷系统进行维护检查及常见故障。
3. 能说出取暖系统的功能、作用及结构。
4. 能说出如何对取暖系统进行检查维护及常见的故障。
5. 能说出通风净化系统的功能、作用及结构。

能力目标

1. 完成对制冷系统的维护与故障诊断。
2. 完成对取暖系统的维护与故障诊断。

任务描述

　　空调作为现代汽车的标准配置，其目的是通过人为的方式，创造一个对人体适宜的环境，即对车内的温度、湿度、气流速度进行调节和对空气进行净化，以达到提高驾驶室内的舒适性的目的。但随着车辆使用时间和行驶里程的增加，汽车空调的性能也会弱化或变差，因此对空调的维护可以有效改善空调的性能，提高车辆的乘坐舒适性。

一、汽车空调概述

1. 汽车空调的功能

　　汽车空调是对车厢内空气进行调节的装置，它可以将车内的空气温度调节到使人感到舒适的程度，还可以对空气进行净化和去湿。提高车内环境的舒适性，保持车内空气的温度、湿度、流速、洁净度等在热舒适性的标准范围内。不仅有利于司乘人员身体健康，提高了工作效率和生活质量，而且增加了汽车行驶的安全性。

　　1）调节车内空气的温度：汽车空调通过暖风装置，在冬季使车内温度达到18℃，并能除去风窗玻璃上的霜（雾）；在夏季制冷装置使车内温度保持在25℃左右。

　　2）调节车内空气的湿度：通过制冷装置和暖风装置可以进行除湿，它通过制冷装置冷却，去除空气中的水分，再由采暖装置升温以降低空气中的相对湿度，保持车内湿度合适。

3）调节车内空气流动：用于调节车内的气体以一定的风速和方向流动，并进行换气，保持车内有足够的新鲜空气和适合的风速。

4）净化车内空气：车内空气中含有的灰尘及一些有害物质，可通过空调的净化装置滤除或吸附，从而对空气进行消毒处理。

2.汽车空调的基本组成和系统功用

（1）制冷系统作用与组成

如图 4-43 所示，制冷系统由压缩机、冷凝器、储液干燥器（或集液干燥器）、膨胀阀（或孔管）、蒸发器、鼓风机、压力开关、高低压检修阀和制冷管道等组成。制冷系统的作用是利用制冷剂蒸发时吸收热量，来实现降低车内温度的目的。

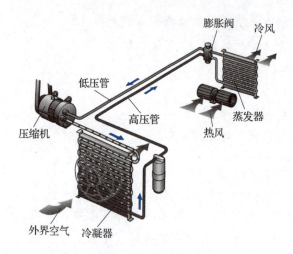

图 4-43　制冷系统

（2）取暖系统作用与组成

取暖系统是将冷空气送入加热器芯，吸收加热器的热量将冷空气加热，并将热空气送入车厢内进行取暖。

汽车取暖系统主要由控制阀、鼓风机和加热器芯组成。现代轿车上大多采用水暖式取暖系统。纯电动汽车由于取消了发动机，故只能采用独立的取暖系统进行取暖，更多使用PTC 加热器对独立取暖系统水箱中的水进行加热，再经过热交换器将热量传递到进入驾驶室的空气，以对其进行加热，实现室内取暖。

（3）通风配气系统作用与组成

如图 4-44 所示，通风系统将外部新鲜空气引入车内，并将车内的污浊空气排出车厢外，同时还可以防止风窗玻璃起雾。

配气系统将通风装置引入车内的新鲜空气与冷气、暖风进行有机地配合调节，形成冷暖适宜的气流从不同的出风口吹出。汽车空调配气系统一般由空气进入段、空气混合段和空气分配段三部分组成，如图 4-45 所示。

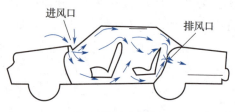

图 4-44　通风系统

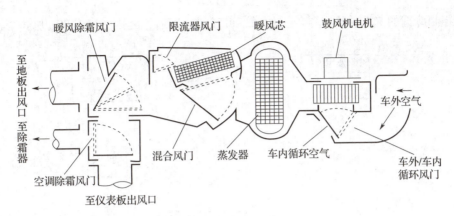

图 4-45　配气系统

（4）空气净化系统作用与组成

空调空气净化系统一般由鼓风机、空气过滤器、杀菌器、负氧离子发生器和进、出风口等组成，如图 4-46 所示。其作用是使车厢内空气保持清新洁净。

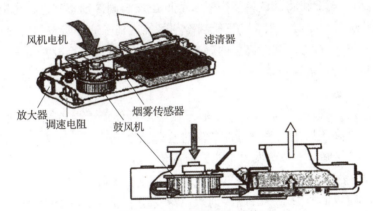

图 4-46　空调空气净化系统

（5）控制系统的作用与组成

汽车空调系统控制装置主要由空调控制面板和空调电气控制系统两大部分组成。电气控制系统根据驾驶人操作空调控制面板的指令来控制各个执行元件的工作情况。其结构与功能由 3 部分组成。

1）传感器部分，专门负责信息的采集和反馈。

2）空调控制器（ECU），也称空调电脑，负责信息处理和发出动作指令。

3）执行装置，包括空调系统的各种阀、继电器、电机和显示器，用来根据 ECU 的指令发挥各自的动作功能。

二、制冷系统结构与故障诊断

1. 制冷系统工作原理

与传统汽车空调制冷系统一样，电动汽车制冷循环系统主要包括四个工作循环过程：如图 4-47 所示，制冷系统通过制冷剂的气液两相转换时所形成的吸热和放热过程实现制冷。围绕制冷剂的气液转换，制冷工作循环可归纳为压缩、放热、节流和吸热四个过程。

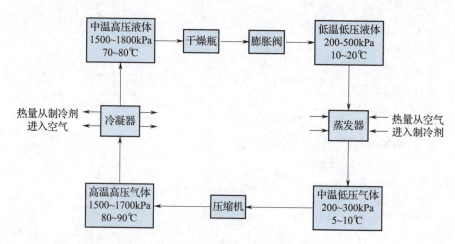

图 4-47　制冷系统工作原理

1）压缩过程：压缩机将从蒸发器中吸入的低压低温制冷剂蒸气进行压缩，使之成为高温高压的蒸气并送入冷凝器。压缩过程使制冷剂蒸气达到了液化所需的压力和温度。

2）放热（冷凝）过程：高温高压的气态制冷剂在冷凝器中冷凝并与车外空气进行热交换（放热），转变为高温高压液态制冷剂。这一过程使制冷剂中的热量得以释放并通过冷凝器传递给了车外的空气。

3）节流过程：从冷凝器流出的高压液态制冷剂经储液干燥器除湿，过滤后流经膨胀阀，由膨胀阀节流降压后送入蒸发器。节流过程降低了制冷剂的压力和温度，并产生部分气态制冷剂，以确保制冷剂在蒸发器中能完全汽化。

4）吸热（蒸发）过程：低温低压的液态制冷剂在蒸发器中汽化，并与车内空气进行热交换（吸热），变成低压中温气态制冷剂。在蒸发器中吸收了热量的制冷剂蒸气被压缩机吸走，使蒸发器中的制冷剂的汽化吸热过程得以持续进行。

2. 制冷系统的结构组成和维护检查

比亚迪 E6 电动汽车的空调系统不同于常规燃油车，制冷系统的动力源采用的是涡旋式电动空调压缩机，由于采用占空比控制，故比较节能。

（1）制冷系统的组成

电动空调制冷系统组成与内燃机汽车类似，主要由空调风管总成、空调管路总成、电动压缩机、冷凝器、空调控制面板及其相关传感器、空调驱动器、空调箱体等组成，如图 4-48 所示。

其中，空调驱动器与 DC-DC 布置于同一壳体中，位于前舱左侧。电动压缩机由 DC-DC 和空调控制器总成控制，其线束连接如图 4-49 所示。

电动汽车空调与常规车型空调系统相

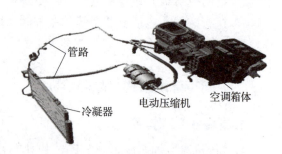

图 4-48　电动空调制冷系统结构图

比，主要区别在于电动压缩机及 PTC 制热。

（2）压缩机的结构组成及维护检查

1）压缩机的功能。

将低温、低压的制冷剂气体从蒸发器中吸入；压缩成高温、高压的气态制冷剂后输送到冷凝器。

2）涡旋式空调压缩机结构。

涡旋式压缩机如图 4-50 所示，由驱动电机和压缩制冷剂的涡旋压缩机等两部分组成。

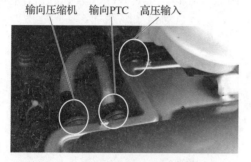

图 4-49　压缩机的线束连接

图 4-50　涡旋式压缩机

考虑到纯电动汽车电能供给的问题，在纯电动汽车上，使用的电机为变频式电机，使压缩机能够在较大的范围内工作。而涡旋式压缩机是由两个双函数方程型线的动涡盘和静涡盘相互啮合而成，如图 4-51 所示。在吸气、压缩、排气的工作过程中，静涡盘固定在机架上，动涡盘由偏心轴驱动并由防自转机构制约，围绕静涡盘基圆中心，作很小半径的平面转动。气体通过进气口吸入静涡盘的外围，随着偏心轴的旋转，气体在动静涡盘啮合所组成的若干个月牙形压缩腔内被逐步压缩，然后由静涡盘中心部件的轴向孔连续排出。

图 4-51　涡旋式压缩机结构

3）工作原理。

涡旋式压缩机的工作室由两个涡旋体啮合而成。涡旋体的型线采用圆的渐开线，利用渐开线的不同起始角形成涡旋体的壁厚。当轴向具有一定的高度时即形成涡旋体。

两个涡旋体中一个是固定不动的涡旋定子，一个是作平移转动的涡旋转子。涡旋转子和涡旋定子周向差 180°，中心呈偏置状态，于是两个涡旋体的型面出现多处啮合点，形成多个封闭的小室。涡旋转子中心只能进行绕涡旋定子中心，以偏心距为半径的平移转动而不能绕涡旋转子中心转动。在涡旋转子的中心处设置一定大小的排气口，在涡旋转子和涡旋定子即将啮合处设有吸气口，直通涡旋转子的外围。图 4-52a 表示转子和定子的最外圈正好在端点处啮合，处于最外围的两个对称的小室（蓝色部分）刚完成其吸气过程。随着偏心轴的转动和涡旋转子的平移动，两涡旋体保持着良好的啮合，使外圈小室中的气体不断向中心推移，容积不断收缩，压力逐渐升高，开始其压缩过程（每圈相对偏心轴转角 90°）。

压缩过程一直持续至该两小室的空间合并为一中心室与排气口相通为止，然后开始通过排气口向外排气，如图 4-52d 所示，并持续到小室的空间消失为止，此即排气过程。在上述这些过程进行的同时，外圈型面多次开启，把气体不断吸入到涡旋外圈小室，直到外圈端部闭合，多次完成其吸气过程。涡旋式压缩机中的压缩过程是具有一定内容积比的内压缩过程，有一定的内压比，不需要设置吸气阀和排气阀，不存在余隙容积，工作中也就没有膨胀过程。

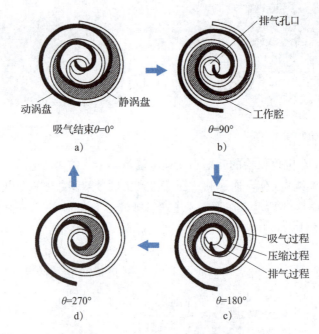

图 4-52　涡旋式压缩机工作原理

4）空调压缩机的维护检查。

①检查空调压缩机上是否有灰尘、水渍与锈蚀等杂物，应该使用潮湿的毛巾对其清理，确保晾干以后再重新将压缩机装回。

②打开制冷系统，使用温度检测仪检查压缩机进气口温度和排气口的温度，正常情况下，排气口一侧的温度在 70~80℃，进气口一侧在 1~2℃。

③检查压缩机工作声音是否正常，可以使用听诊器（图 4-53）直接接触在压缩机本身和电机上听诊，如果在听诊时电机或压缩机一侧的内部有金属摩擦的声音，可能是电机轴承松动或损坏，或是电机转子有故障，或是压缩机的定涡盘与动涡盘之间有摩擦，需要对电机和压缩机进行检修或者更换。

④检查压缩机的高压连接线束，是否连接可

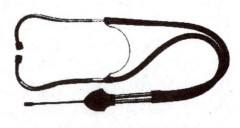

图 4-53　汽车用听诊器

靠，线路固定是否良好，线路走向是否合理，必要时，需要使用绝缘电阻表检查高压线束的绝缘性。

（3）冷凝器的结构作用与维护检查

1）功能。

来自压缩机的热的气态制冷剂（50~90℃）被压入到冷凝器的上部，冷凝器的蛇形管和金属薄片会吸收热量。凉的外部空气穿过冷凝器会吸收热量，于是制冷剂气体的热量被带走而冷却。在一定温度和一定压力时，制冷剂在冷却过程中会冷凝，气态制冷剂就变成液态的制冷剂。液态制冷剂从冷凝器的下部流出进入干燥器。

2）结构。

冷凝器由迂回的蛇形管组成，该管与薄金属片刚性连接在一起。这样就可获得较大的散热面积和更好的热传递效果。冷凝器由散热器风扇来冷却，以保证制冷循环的正常工作。冷凝器一般都安装在散热器的前方，这样可以提高冷凝器的效率。

平行流式冷凝器由集流管、扁管、波形散热翅片以及连接管组成，是专为 R134a 提供的一种新型冷凝器，如图 4-54 所示。这种冷凝器的传热效率比管带式冷凝器又提高了 30% ~40%。

图 4-54　平行流式冷凝器

3）冷凝器的维护检查。

①通过目测的方式检查冷凝器外观，是否沾有异物，如树叶、羽毛、塑料袋等，表面是否有油污，散热片是否有变形，冷凝器本身的固定是否良好。

②打开制冷系统，通过触摸或温度测试仪，检查冷凝器进气口和排气口的温度，正常情况下，冷凝器上端进气口一侧温度较高，下端排气口一侧温度相对较低。

（4）储液干燥器的结构、作用与维护检查

1）储液干燥器的结构及作用。

储液干燥器是配合膨胀阀使用的，安装在系统的高压侧，主要作用除储存、干燥、过滤制冷剂之外，还可以防止气态的制冷剂进入蒸发器，主要由干燥罐、输液管、过滤网、干燥剂、压力开关、观察镜等组成。

在新能源汽车上，为了节省机舱空间，储液干燥器通常集成在冷凝器的一端。从冷凝器流过的制冷剂直接进入干燥器，经干燥器干燥后进入节流装置，其结构如图 4-55 所示。

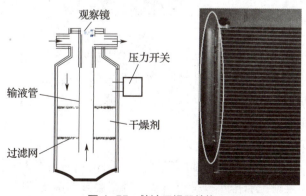

图 4-55　储液干燥器结构

2）干燥器的维护检查。

通过目检方式，检查干燥器在机舱中的固定情况，是否固定牢固，外观有无破损，和其他部件有无擦碰，干燥器与管路的连接是否可靠，压力开关的线束连接是否正常。

（5）节流装置的结构与作用

节流装置控制了高压制冷剂液体进入蒸发器的流量，使制冷系统分为高压侧和低压侧，这样高压液体进入低压侧膨胀汽化，达到吸热降温作用。目前使用更多的是膨胀阀型节流装置，如图4-56所示。图4-56a为传统膨胀阀，图4-56b为电动汽车上使用的膨胀阀节流装置——电子膨胀阀。

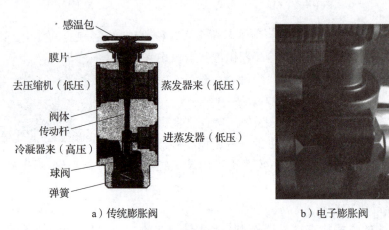

a）传统膨胀阀　　　　　　　　　　b）电子膨胀阀

图4-56　电子膨胀阀结构

（6）蒸发器结构、作用与维护检查

1）结构、作用。

如图4-57所示，蒸发器也是一个热交换器，作用是将制冷剂低温、低压的气液混合体吸热汽化，使之成为低温、低压的气体，被压缩机吸入。

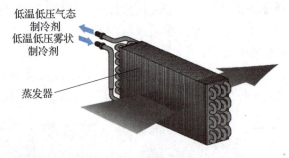

图4-57　蒸发器结构

其工作过程是将膨胀阀喷出的雾状制冷剂在蒸发器中蒸发，热空气被鼓风机强迫通过蒸发器，空气中的热量被汽化的制冷剂吸收，使其降温。这样，制冷剂液体逐渐汽化最终变为饱和蒸汽，从而降低车内空气温度。

2）检查维护。

打开空调，首先检查制冷系统的制冷效果，可间接判断蒸发器的工作性能；其次，检查蒸发器排水口的固定情况和排水口是否堵塞，否则会影响蒸发器的制冷效果。

3. 制冷系统典型故障案例

（1）故障现象

一辆比亚迪·秦，上 OK 电后，在 EV 模式下，开启空调冷风时，无冷风吹出。

（2）原因分析

打开空调后，机械压缩机可以正常工作，可以排除空调管路系统、空调面板按键、温度传感器及压力传感器等故障，分析主要和电动压缩机高压部分及控制部分有关，分析原因如下：

1）高压配电箱故障。

2）空调控制器故障。

3）空调配电盒故障。

4）电动压缩机及其线路故障。

（3）诊断流程

1）车辆上 OK 电后，诊断仪读取电动压缩机及 PTC 水加热器模块高压输入为 500V，说明高压配电箱及空调配电盒正常。

2）断开电动压缩机 A56 插接件，测量 A56 插接件 1 号端子电压为 13V，正常；测量 A56 插接件的 2 号端子，搭铁正常，如图 4-58 所示。

3）测量电动压缩机 A56 插接件的 4 号端子、5 号端子 CAN 线，都为 2.5V 电压，正常。

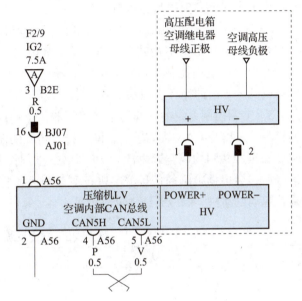

图 4-58　电动压缩机电路图

4）断开 PTC 加热器 B57 插接件，测量 B57 插接件 1 号端子电压为 13V，正常；测量 B57 插接件的 6 号端子，搭铁正常，如图 4-59 所示。

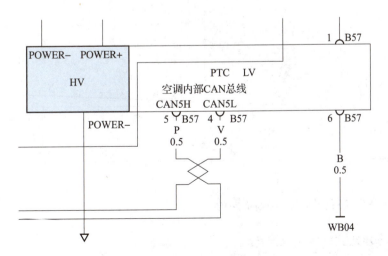

图 4-59　PTC 电路图

5）测量 PTC 加热器插接件的 4 号端子、5 号端子 CAN 线，都为 2.5V 电压，正常。

6）因电动压缩机及 PTC 加热器插接件线路高压及低压都正常，怀疑电动压缩机或 PTC 加热器故障，更换电动压缩机后，故障排除。

（4）故障确认

更换电动压缩机以后，在 EV 模式下，可以正常的开启制冷系统，故障得以排除。

（5）维修小结

1）空调系统在传统机械压缩机制冷及发动机冷却液制热的基础上，增加了一套不依靠发动机工作即可实现的制冷和制热系统。

2）在 EV 模式和 HEV 模式下，开启空调时，优先使用电动压缩机及 PTC 加热器加热，只有在高压电池电量不足或高压空调系统故障时，空调控制器经网关和驱动电机控制器通信，并由驱动电机控制器和发动机电脑进行通信，起动发动机，利用传统发动机带动机械压缩机及冷却液的循环实现制冷及制热。

3）空调控制系统的核心为空调控制器，空调控制器主要接收空调面板等操作面板的按键指令（主要为 CAN 线传递），同时接收传统的温度及压力信号，并和电动压缩机及空调 PTC 加热器共同构成空调内部 CAN 网络，空调控制器接收并检测以上 CAN 信号及传感器信号后，会根据检测的信号情况进行空调冷风或暖风的开启及关闭，并根据实际情况判断是否起动发动机。制冷系统常见故障见表 4-29。

表 4-29　制冷系统常见故障

故障症状	可能发生部位
空调系统所有功能失效	（1）控制器电源电路 （2）面板电源电路 （3）空调控制器 （4）CAN 通信 （5）线束或插接器
仅制冷系统失效（鼓风机工作正常）	（1）压缩机熔丝 （2）压缩机离合器继电器 （3）压缩机 （4）空调电机驱动器 （5）空调面板 （6）压力开关 （7）CAN 通信 （8）线束或插接器
制冷系统工作不正常（实际温度与设定温度有偏差）	（1）各传感器（室内、室外温度传感器） （2）空调控制器 （3）线束和插接器

三、空调取暖系统结构与故障诊断

1. 电动汽车水暖式取暖系统结构

电动汽车上大部分的取暖系统采用水暖式制热，通过 PTC 模块加热冷却液制热。供暖系统主要由 PTC、PTC 水泵、热交换器、暖风水管及鼓风机、风道、暖风水壶、进出水管及控制机构等组成，图 4-60 所示为比亚迪 E5 的取暖系统原理图。工作时 PTC 加热冷却液，并通过 PTC 水泵把加热后的冷却液经暖风进水管进入热交换器，通过鼓风机吹出的空气将冷却液释放的热量送到车厢内或风窗玻璃，用以提高车厢内温度和除霜。在热交换器中进行了

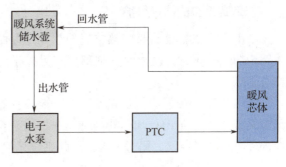

图 4-60 取暖系统原理图

热量释放的冷却液经暖风出水管被 PTC 水泵抽回，如此循环，实现暖风供热。

目前，电动汽车的采暖系统主要有两种加热方案。

1）采用 PTC 空气加热器直接加热空气，取代传统车上的暖风芯体。冷空气直接流经加热器表面，加热后送入车内，如图 4-61 所示。这种方案成本比较低，但由于 PTC 接入乘员舱内，存在一定的安全风险。此外，加热器表面温度比较高，容易将周边塑料烤热发出异味，故只有早期的电动汽车使用。

2）采用 PTC 水加热器间接加热空气。保留传统空调的暖风芯体，外接一套 PTC 加热循环回路。PTC 先把水加热，电动水泵工作后，将热水送入暖风芯体与冷空气换热，冷空气被加热后送入乘员舱内。整套回路布置于前舱内，避免了高压接入乘员舱内的安全隐患，加热后的水温不会烤热塑料而发出异味。但这套系统增加了 PTC、水泵、副加水壶、进出水管管路等部件，相对于第一种方案成本会更为高昂，实物如图 4-62~ 图 4-64 所示。

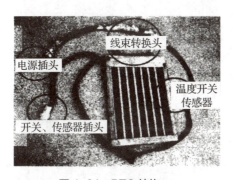

图 4-61 PTC 结构

图 4-62 水泵位置

图 4-63 PTC 总成

图 4-64 PTC 总成和水壶的实车位置

2.取暖系统的检查维护

采用 PTC 加热器直接加热空气的，首先检查 PTC 加热器高低压连接线是否连接可靠，线路走向是否正常，线束和其他部件有无擦碰现象。同时，打开取暖系统，检查各个出风口有无热风。

采用 PTC 加热器间接加热空气的，要检查储液罐中液面是否符合要求，并检查管路有无泄漏现象，检查 PTC 加热器高低压连接线是否连接可靠，线路走向是否正常，线束和其他部件有无擦碰现象。同时，打开取暖系统，检查各个出风口有无热风。

3.典型故障案例

（1）故障现象

一辆 2015 款比亚迪·秦，行驶 2000km 后，上 OK 电，在 EV 模式下，开启空调时，发动机自动起动，机械压缩机工作。

（2）故障原因

因打开空调后，机械压缩机可以正常工作，可以排除空调管路系统、空调面板按键、温度传感器及压力传感器等故障，分析主要和电动压缩机、PTC 高压部分及控制部分有关，分析原因如下：

1）高压配电箱故障。

2）空调控制器故障。

3）空调配电盒故障。

4）电动压缩机及线路故障。

5）PTC 水加热器及线路故障。

（3）诊断流程

1）车辆上 OK 电后，诊断仪读取到 PTC 模块中报"B121200PTC 驱动组件故障。B121800PTC 驱动组件失效"，电动压缩机、空调控制器中无故障码。

2）读取 PTC 及电动压缩机的数据流，显示高压输入 13V，正常应为电池包电压。

3）使用诊断仪对电动压缩机进行动作测试，电动压缩机能正常工作，说明空调系统高压电路正常。

4）怀疑 PTC 加热器内部故障，更换 PTC 加热器后，故障排除。

（4）维修小结

1）要保证 EV 模式下开空调不起动发动机，首先满足空调控制器、电动压缩机，PTC 加热器通信正常，只要任一模块出现通信故障必将导致如上故障。

2）仪表板左、右风口总成都属于空调子网的 CAN 模块，如果子网内任一 CAN 模块出现故障，也可能导致整个空调子网通信异常，故在处理该类问题时也不要忽略了此点。

四、通风净化装置结构组成

1.传统空调净化装置

汽车空调空气净化系统一般由鼓风机、空气过滤器、杀菌器、负氧离子发生器和进、出风口等组成，作用是使车厢内空气保持清新洁净。

空气净化方式有过滤式和静电集尘式两种。在一些高级轿车上，除了使用以上的除尘方法外，还装用了负氧离子发生器，以增加空气中负氧离子含量，改善车内空气质量，提高舒适性，使车内空气更加清新洁净，利于人体健康。

2. 空调滤净系统

空调滤净系统创新地将 $PM_{2.5}$ 的监控、过滤和净化集成于空调系统。这是一个高频高效智能系统，每 5s 检测并提醒空气状况；具有超强高效净化能力，可在 4min 内将 $PM_{2.5}$ 值由 $500\mu gm^3$ 降至 $12\mu gm^3$ 以下，迅速让车内重获清新。滤净技术是将空气经过4层净化和过滤，净化后的空气 $PM_{2.5}$ 值降到 $12\mu gm^3$ 以下，净化车内空气。滤净系统由高效过滤层、电离层、负离子发生器和静电集尘器四部分组成。图 4-65 所示为滤净系统部件，图 4-66 所示为滤净系统总成，位于杂物箱正上方。

图 4-65 滤净系统部件（部分）

图 4-66 滤净系统总成

将负离子层放置于高效过滤器和静电集尘器之间，这样可以充分发挥静电集尘器的静电吸附效果，滤净系统示意如图 4-67 所示。

3. 滤净系统的净化原理

空气过滤顺序：先经过"高效过滤器"过滤，再经过"静电集尘器"过滤，如图 4-68 所示。

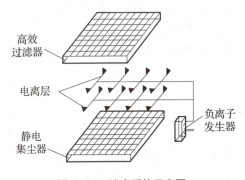

图 4-67 滤净系统示意图

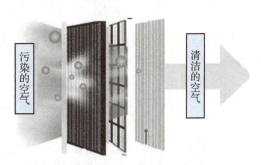

图 4-68 滤净系统的净化原理

高效过滤器：高效精滤技术，采用高效低阻滤材，对直径 $0.3\mu m$ 以上的粉尘颗粒过滤超过 90%；静电发生器：使空气中的颗粒带电；静电集尘器：该集尘器自身带静电，可有效吸附带电的颗粒，同时可进一步吸附 $0.3\mu m$ 以下的粉尘颗粒。

新能源汽车维护与故障诊断

五、空调系统常见故障及诊断方法

汽车空调系统故障包括：电器故障、功能部件的机械故障、制冷剂和冷冻机油引起的故障等，集中表现为系统不制冷、制冷不足、不制热、制热不足或异响等较为突出。

1. 维修空调系统时的注意事项

维护空调系统必须由专业技术人员进行。

维修前应使工作区通风，勿在封闭的空间或接近明火的地方操作制冷剂。维修前，应戴好眼罩，保持至维修完毕。

避免液体制冷剂接触眼睛和皮肤。若液体制冷剂接触眼睛和皮肤，应用冷水冲洗，不要揉眼睛或擦皮肤。

压缩机运转时，不要打开压力表高压阀，只能打开和关闭低压阀。

冷冻油必须使用专用冷冻油。不可乱用其他品牌的润滑油代替，更不能混用（不同牌号）。

维修时应注意，打开管路的 O 形垫圈必须更换，并在装配前在密封圈上涂冷冻油后按要求力矩连接。

在排放系统中有过多的制冷剂时，不要排放过快，以免将系统中的压缩机油也抽出来。

2. 基本诊断法

基本方法是指根据看、听、摸、测量等方式直观感觉检测到故障的部位。

（1）看

1）首先查看仪表板上的压力、水温、油压及各性能指示灯是否显示正常。

2）观察冷凝器、蒸发器及管路连接处是否有油污，如有则说明有制冷剂和冷冻润滑油泄漏。

3）系统部件和管路接头处是否有结霜、结冰现象。

4）从储液干燥器视液窗观察制冷剂量。

（2）听

通过耳朵听的方式，检查压缩机、送风机、排风机是否有异常声音，来判断运转部件是否存在故障。

（3）摸

开启制冷系统 15~20min 后，用手触摸系统部件，感受其温度。

1）压缩机进、排气管应有明显温差。

2）冷凝器进、出口管应有温差，出口管温度应低于进口处温度。

3）储液干燥器进、出口温度的比较：进口温度与出口温度相等时，表示冷气系统正常；进口温度低于出口温度时，表示制冷剂不足；进口温度高于出口温度时，表示制冷剂过多。

4）膨胀阀进、出口温差明显。

注意：在用手触摸高压区部位时要防止烫伤。如果压缩机高、低压侧之间没有明显温差，则说明制冷剂泄漏严重。

（4）测量

通过使用压力表检查空调的制冷系统高压和低压两端的压力，观察压力表的读数，能够初步地判断故障点出在高压一侧还是低压一侧。同时，还可以使用温度检测仪，通过检查高低压两侧的温度，也可以初步判断故障的范围。

3. 压力检测法

制冷系统工作时，内部压力变化与温度是密切相关的，这正是进行诊断的依据。根据压力的变化情况，进一步诊断出系统可能出现故障的原因及部位。对于制冷系统而言，歧管压力表组是最常用的工具。

（1）诊断方法

首先将压力表组的高、低压手动阀关闭，然后将压力表组的高、低压软管分别连接到系统的高、低压检修阀上，并利用系统内制冷剂压力排除管内空气。启动空调系统，待压力表指示稳定后即可读取压力值。

（2）诊断标准

空调系统压力正常范围：低压侧为 0.15~0.25MPa；高压侧为 1.47~1.67MPa。根据车型不同，测试工况不同，压力范围略有差异。

4. 其他常见故障

其他常见故障症状及可能发生的部位见表 4-30。

表 4-30　其他常见故障症状及可能发生的部位

故障症状	可能发生部位
鼓风机不工作	（1）鼓风机熔丝 （2）鼓风机继电器 （3）鼓风机 （4）调速模块 （5）空调控制器 （6）线束或插接器
鼓风机风速不可调（鼓风机工作正常）	（1）鼓风机调速模块 （2）空调面板 （3）空调控制器 （4）CAN 通信 （5）线束或插接器
出风模式调节不正常	（1）出风模式控制电机 （2）空调控制器 （3）线束和插接器
主驾侧温度调节不正常	（1）主驾空气混合电机 （2）空调控制器 （3）线束和插接器
副驾侧温度调节不正常	（1）副驾空气混合电机 （2）空调控制器 （3）线束或插接器

（续）

故障症状	可能发生部位
内外循环调节失效	（1）循环控制电机 （2）空调控制器 （3）线束和插接器
后除霜失效	（1）后除霜熔丝 （2）后除霜继电器 （3）后除霜电加热丝 （4）继电器控制模块 （5）CAN 通信 （6）线束或插接器
空气净化功能失效	（1）滤净系统熔丝 （2）滤净系统继电器 （3）空调 ECU （4）线束及插接器
$PM_{2.5}$ 检测功能失效	（1）滤净系统熔丝 （2）$PM_{2.5}$ 测试仪 （3）线束及插接器

六、典型纯电动汽车空调系统故障及诊断

1. 上汽通用五菱 E300 电动空调压缩机

（1）上汽通用五菱 E300 电动空调压缩机功能和组成

纯电动汽车采用电动空调压缩机作为空调制冷系统的主要部件，由动力电池提供高压电作为电动压缩机的能量来源。

电动汽车的压缩机与传统燃料汽车由发动机驱动的压缩机不同，传统燃料汽车的压缩机由发动机驱动，而电动汽车压缩机的动力源是电机，依靠动力电池为其提供能量。

E300 车型采用的是涡旋式压缩机。安装在车辆底盘右后部，由三相交流永磁无刷电机驱动，控制器、驱动电机以及压缩机集成在一起，图 4-69 所示为 E300 车型涡旋式压缩机安装位置。图 4-70 所示为 E300 车型涡旋式压缩机外部结构图，图 4-71 所示为 E300 车型涡旋式压缩机内部结构图。电动空调压缩机相关参数见表 4-31。

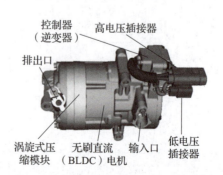

图 4-69　E300 车型涡旋式压缩机安装位置　图 4-70　E300 车型涡旋式压缩机外部结构图

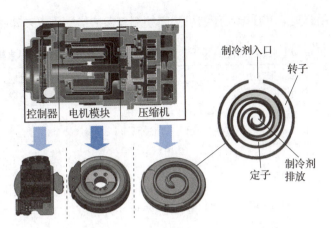

图 4-71　E300 车型涡旋式压缩机内部结构图

表 4-31　上汽通用五菱 E300 电动空调压缩机相关参数

基本项目	电机类型	永磁无刷交流电机
	极数	6
	定子绕组接法	三相 Y 型
	额定电压	DC350V
	工作电压范围	240~420V
	额定输入功率	2720W
	额定转速	6000r/min
	控制电压	DC12V
	控制电压范围	9~16V
性能	耐电压	通 AC2000V，1min 后无异常
	绝缘特性	通 DC500V，绝缘电阻＞50MΩ（20℃时）

（2）上汽通用五菱 E300 电动压缩机总成接线图（图 4-72）

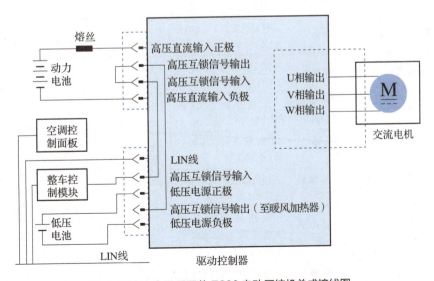

图 4-72　上汽通用五菱 E300 电动压缩机总成接线图

（3）上汽通用五菱 E300 电动压缩机故障检测与保护措施（见表 4-32）

表 4-32　上汽通用五菱 E300 电动压缩机故障检测与保护措施

序号	描述	LIN 报文上报故障形式	性能判断条件	分级	自动尝试恢复上限次数	内部故障恢复策略
1	限速运行	以故障码形式上报	电机电流超过允许的 14A/母线电流超过允许的最大 12A 电流/功率超过限定值	3（继续运行）	无上限	条件满足即恢复
2	加速过电流	过流故障	峰值电流大于 46A	1（直接停机）	2	延时 10s 恢复
3	减速过电流					
4	恒速过电流					
5	加速过电压	高压过压	检测输入高压高于规定的（430±5）V	2（直接停机）	无上限	条件满足且延时 1s 即恢复
6	减速过电压					
7	恒速过电压					
8	软件过电流	过流故障	软件检测电流有效值超 18A，并持续 10ms	1（直接停机）	5	延时 10s 恢复
9	欠压	高压欠压	在接收到高压就绪信号后，检测电压低于（230±5）V	2（直接停机）	无上限	条件满足且延时 1s 即恢复
10	控制器过载	过载故障	累计超过控制器的额定值 150% 运行 1min	1（直接停机）	5	延时 30s 恢复
11	电机过载	堵转故障	累计超过电机的额定值 150% 运行 1min	1（直接停机）	5	延时 30s 恢复
12	AD 判断过电流	过流故障	AD 采集电流值连续 3 次超过 35A	1（直接停机）	5	延时 10s 恢复
13	输出缺相	缺相故障	判断输出电流值未达到实际定标的最小值	1（直接停机）	3	瞬时恢复再尝试（延时 1s 恢复）
14	模块过热	温度异常	检测温度大于（120℃±1℃）	1（直接停机）	5	条件自恢复
15	温度过低	温度异常	温度低于（-10℃±1℃）	1（直接停机）	5	条件自恢复
16	通信超时	以故障码形式上报	未检测到 ACCU 的 CMD 命令 ID 超过 4s	2（直接停机）	无上限	条件自恢复
17	通信异常	LIN 通信异常	LIN 接收错误（帧错误/位错误）	2（直接停机）	无上限	条件自恢复
18	电机电流传感器异常	以故障码形式上报	停机时检测到电流传感器零点偏移过大	1（直接停机）	0	不恢复
19	温度传感器异常	以故障码形式上报	检测到温度值超过规定最大检测范围（-15~125℃）	1（直接停机）	2	条件自恢复
20	输入 IBUS 电流传感器异常	以故障码形式上报	停机时检测到电流传感器零点偏移过大	1（直接停机）	0	不恢复

（续）

序号	描述	LIN 报文上报故障形式	性能判断条件	分级	自动尝试恢复上限次数	内部故障恢复策略
21	参数读写异常	以故障码形式上报	读写参数超时（超过100ms）	1（直接停机）	无上限	条件自恢复
22	预过热警告运行	以故障码形式上报	温度（100~120℃）（开始限功率运行）	3（继续运行）	无上限	条件自恢复
23	控制器供电电压过高	以故障码形式上报	判断低压供电大于一定值（17V±0.5V）且持续一定时间（500ms）	2（直接停机）	无上限	条件自恢复
24	控制器供电电压过低	以故障码形式上报	判断低压供电少于一定值（8V±0.5V）且持续一定时间（500ms）	2（直接停机）	无上限	条件自恢复
25	速度异常	速度异常	检测估测速度波动超过一定值（10Hz），且持续一定时间（5s）	1（直接停机）	5	延时 30s 恢复
26	限速运行失败	以故障码形式上报	限速运行到限速最低转速（默认标定1800r/min）并持续60s	2（直接停机）	无上限	延时 30s 恢复
27	初始位置错误	以故障码形式上报	初始磁极位置检测错误	1（直接停机）	3	瞬时恢复再尝试（延时1s恢复）

2. 上汽通用五菱 E300 空调暖风加热系统

空调暖风加热系统主要用于车内空气的加热，提高车内温度。燃油汽车暖风系统的热源一般由发动机提供，发动机起动后，冷却液温度逐渐升高，暖风系统开始工作。由于电动汽车取消了发动机，所以暖风系统需要单独的热源。

按照热源的不同，目前纯电动汽车空调暖风系统采用电暖式和水暖式两种类型。

（1）E300 车型电热式暖风系统

上汽通用五菱 E300、E50 等车型暖风系统采用电热的方式进行加热，利用动力电池的高压电能加热 PTC 正温度系数热敏电阻，加热后的空气顺着空调管路被鼓风机吹入驾驶室。PTC 暖风加热器安装在仪表板内部空调管路中，如图 4-73 所示。

暖风加热器内置热敏开关，用于过温保护，如图 4-74 所示。

图 4-73　PTC 暖风加热器安装位置　图 4-74　用万用表测量暖风加热器内置热敏开关

当暖风加热器内部温度低于系统设定阈值时，热敏开关处于闭合状态。空调控制模块接收到这个信号后，允许加热器工作。

当暖风加热器内部温度超过系统设定的阈值时，热敏开关断开，空调模块接收到这个信号后，会断开暖风加热电路，保护加热器，避免加热器过热。

空调暖风加热器的加热体为正温度系数的热敏电阻 PTC，通过加热电阻发出的热量来加热空调管路内的空气。PTC 热敏电阻的正极和负极由高压配电箱内的继电器控制。

暖风加热器高压插头共有 6 个端子，分别为加热器高档电阻的电源和接地线、加热器低档电阻的电源和接地线，以及高压互锁信号输入和输出。

在 20℃ 的温度下，加热器低档电阻的电阻在 48Ω 左右，如图 4-75 所示；加热器高档电阻的电阻在 24Ω 左右，如图 4-76 所示。

图 4-75　加热器低档电阻的电阻值　　　　图 4-76　加热器高档电阻的电阻值

（2）N300LEV 车型水热式暖风系统（图 4-77）

N300LEV 车型暖风系统采用水热的方式进行加热，利用动力电池的高压电能加热 PTC 正温度系数热敏电阻，然后通过热敏电阻加热冷却液，加热后的冷却液通过水泵驱动，在暖风管路中循环。PTC 暖风加热器的控制器和加热器集成在一起，安装在副驾驶座椅下方。

N300LEV 空调暖风加热器相关参数见表 4-33。

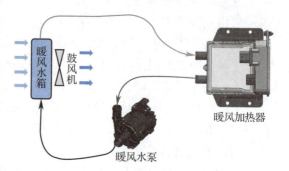

图 4-77　N300LEV 车型水热式暖风系统

表 4-33　N300LEV 空调暖风加热器相关参数

序号	项目	参数	单位
1	功率	5 ± 10%	kW
2	高压	240~420	V DC
3	低压	9~16	V DC
4	冲击电流	< 40	A
5	加热方式	PTC 正温度系数热敏电阻	—
6	控制方式	LIN2.1	—

（续）

序号	项目	参数	单位
7	电气强度	DC2150V，无放电击穿现象	—
8	绝缘电阻	DC1000V，＞100MΩ	MΩ
9	IP 等级	IP67	—
10	冷却液温度	−40~90	℃
11	冷却液	50（水）+50（乙二醇）	%
12	重量	≤ 2.1	kg

1）高压插接件端子定义，如图 4-78 所示。

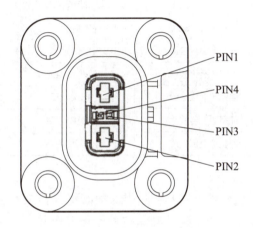

图 4-78　高压插接件端子定义

PIN1—高压电源输入正极　PIN2—高压电源输入负极
PIN3—端子高压互锁信号输入　PIN4—端子高压互锁信号输出

2）工作原理，如图 4-79 所示。

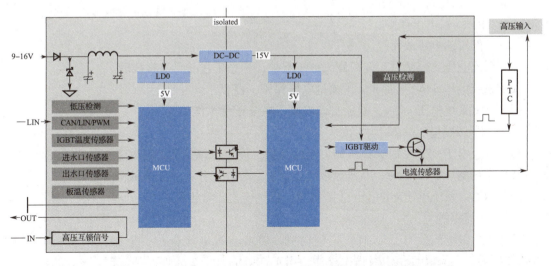

图 4-79　上汽通用五菱 N300LEV 车型水热式暖风系统工作原理

空调暖风加热器的加热体为正温度系数的热敏电阻 PTC，通过加热电阻发出热量来对冷却液进行加热。PTC 热敏电阻由控制器内部的 IGBT 通过占空比信号驱动。暖风控制器通过一定方式对系统的低压和高压电压进行监控，同时通过温度传感器检测 IGBT 温度、进水口和出水口温度以及控制线路板的温度。暖风控制器通过 LIN 线和其他模块通信，进行数据交换。

3）控制模块故障保护功能见表 4-34。

表 4-34　控制模块故障保护功能

故障 / 保护名	处理措施	故障 / 保护名	处理措施
高压欠电压故障	停机 / 上传故障	PTC 温度传感器开路故障	停机 / 上传故障
高压过电压故障	停机 / 上传故障	PTC 温度传感器短路故障	停机 / 上传故障
低压欠电压故障	停机 / 上传故障	IGBT 温度传感器开路故障	停机 / 上传故障
低压过电压故障	停机 / 上传故障	IGBT 温度传感器短路故障	停机 / 上传故障
LIN 通信超时故障	停机 / 上传故障	IGBT 过温故障	停机 / 上传故障
PTC 过电流故障	停机 / 上传故障	IGBT 短路	停机 / 上传故障
PTC 过温故障	停机 / 上传故障	IGBT 开路	停机 / 上传故障
PTC 开路故障	停机 / 上传故障	PTC 短路故障	停机 / 上传故障

①过温保护。

过温保护包含 IGBT 过温保护、PCB 板过温保护以及出水口过温保护三种。

（a）出水口温度 >95℃，冷却液过温保护，停止工作并且上报故障。当出水口温度 <90℃时，故障解除，自动恢复正常工作。

（b）当 PCB 板温度 >125℃，PCB 板过温保护，停止工作并且上报故障。当 PCB 板温度 <120℃时，故障解除，自动恢复正常工作。

（c）当 IGBT 温度 >120℃，IGBT 过温保护，停止工作并且上报故障。当 IGBT 温度 <110℃时，故障解除，自动恢复正常工作。

②过电压 / 欠电压保护。

（a）低压侧电压故障：

a）系统电压 <8.5V 时，低压侧欠电压保护，停止工作并且上报故障。

b）系统电压 >16.5V 时，低压侧过电压保护，停止工作并且上报故障。

c）9V< 系统电压 <16V，故障自动恢复，恢复正常工作。

（b）高压侧电压故障：

a）系统电压 <235V 时，高压侧欠电压保护，停止工作并且上报故障。

b）系统电压 >425V 时，高压侧过电压保护，停止工作并且上报故障。

c）240V< 系统电压 <420V，故障解除，自动恢复正常工作。

③过电流保护。

正常工作电流大于 25A 时，检测时间 >1000ms 过电流保护，上报故障并停止工作 20s。20s 后，在有功率请求时再次检测，当工作电流大于 25A 时，检测时间 >1000ms 过电流保护，报故障并停止工作 20s。如此反复。

④ IGBT 开路 / 短路保护。

（a）负载关闭状态下，控制占空比为 0%，电压 >200V，有负载电流，报 IGBT 短路故障，上报故障。

（b）负载开启状态下，控制占空比大于 10%，电压 >200V，无负载电流，报 IGBT 断路故障，上报故障。

⑤ LIN 通信故障。

（a）当 LIN 通信无总线活动持续时间大于 4s，停止工作。总线活动恢复后，自动恢复正常工作。

（b）当 LIN 通信收到数据错误时，停止工作并且上报 LIN 通信故障。当通信数据正常后，故障解除，自动恢复正常工作。

⑥温度传感器开短路故障。

当检测到温度传感器有开短路故障时，停止工作并且上报对应传感器的故障。

⑦ PTC 开路 / 短路保护。

（a）IGBT 开启状态下，无负载电流，为 PTC 开路故障，停止工作并且上报故障。

（b）IGBT 开启状态下，负载电流超过 120A，为 PTC 短路故障，停止工作并且上报故障。

⑧高压互锁。

由于安全的原因，当高压插接件断开时高压互锁线在高压电源线之前断开，此功能有效避免高压插接件连接和断开时产生火花的可能以及触电的危险。

⑨接地保护。

接地线和车身相连，一方面可用于高压屏蔽网接地提高 EMC 防护水平；另一方面一旦车辆发生碰撞，水加热器出现破裂的情况，整车侧通过接地线的检测，卸去高压电。

任务八　纯电动汽车故障诊断实训

（一）动力电池与电源管理系统技能实训

1. 工作准备

1）防护装备：绝缘防护装备。

2）车辆、台架、总成：比亚迪 E6 或其他纯电动汽车；或同类车型台架。

3）专用工具、设备：比亚迪故障诊断仪、万用表；或其他适用的设备。

4）手工工具：组合工具。

5）辅助材料：诊断与维修必要的熔丝等耗材。

2. 实施步骤

本操作任务主要完成对纯电动汽车（比亚迪 E6 为例）的动力电池系统的故障诊断与排除。

警告：

1）禁止未参加该车型高压系统知识培训的维修人员拆卸高压系统，包括手动维修开关、高压电池包、驱动电机、电力电子箱、高压配电单元、高压线束、空调压缩机、交流充电线束、快速充电口、电加热器、慢充电器。

2）在拆卸或装配高压配件时，必须断开 12V 电源和高压电池包上的手动维修开关。

3）在进行高压相关操作前，维修人员必须穿戴好劳保用品，戴好绝缘手套，穿好高压绝缘鞋。在戴绝缘手套前，必须检查绝缘手套是否有破损的地方，确保手套无绝缘失效。

4）在安装和拆卸过程中，应防止制动液、洗涤液等液体进入或飞溅到高压部件上。

警告： 执行高压中止与检验步骤！

1）断开点火开关，挂入 P 位，拔出车钥匙。

2）打开蓄电池负极端子防护盖。

3）用 10mm 扳手松开蓄电池负极螺栓。

4）断开蓄电池负极线，并固定好蓄电池负极线，防止工作时，负极线与蓄电池重新连接。

5）拆卸扶手箱内底部的盖板。

6）用螺丝刀拆下 USB 及点烟器接口集成器上面的 4 个螺钉，并取出。

警告： 高压操作前，维修人员必须穿戴好劳保用品，戴好绝缘手套，穿好高压绝缘鞋。在戴绝缘手套前，必须检查绝缘手套是否有破损的地方，确保手套无绝缘失效。

7）检查绝缘手套外观有无明显磨损痕迹。

8）检查绝缘手套密封性。

①卷起手套边缘。

②折叠开口，并封住手套开口。

③向手套内吹气，确认有无空气泄漏。

④用同样的方法检查另一只手套。

⑤确认密封良好后，佩戴绝缘手套。

9）轻轻向上掀起维修开关把手，当把手与维修开关垂直时，向上拔出维修开关。

10）拆下手动维修开关，等待 5min。

警告： 正常情况下，在拆除手动维修开关后，高压系统还存在高压电，这是因为电机控制器中高压电容的存在造成的，需要经过一段时间的等待，高压电容中的电，才能被完全释放。

3. 实训项目（以比亚迪 E6 纯电动汽车为例）

（1）动力电池电压检测

1）如图 4-80 所示，拆卸动力电池母线，拉出限位销，拔出动力电池高压母线负极（图 4-80）。

2）拉出限位销，拔出动力电池高压母线正极。

3）如图 4-81 所示，安装维修开关。

4）安装低压蓄电池负极。

5）按下电源开关。

6）将万用表旋至直流电压挡（图 4-82）。

7）将红黑表笔分别插入动力电池高压正、负极端子，测得动力电池电压307V（图4-83）。

图4-80　拆卸动力电池母线

图4-81　安装维修开关

图4-82　将万用表旋至直流电压挡

图4-83　测量动力电池电压

8）拔出表笔，关闭万用表。

9）安装电池母线。

10）拆下蓄电池负极。

11）拆下手动维修开关，等待5min。

12）对准限位槽，安装动力电池高压母线负极，插入限位销。

13）对准限位槽，安装动力电池高压母线正极，插入限位销。

14）安装维修开关。

15）安装低压蓄电池负极。

（2）动力电池组及单个电池电压数据检测

动力电池组及单个电池电压检测操作流程界面如图4-84所示。

警告：在接通汽车后，诊断仪屏幕会亮起，若程序未运行或出现乱码情景，可拔下仪器的数据线重新连接一次，即可继续操作；并且请确保测试插头和诊断仪器接触良好，以保证信号传输不会中断。

1）打开诊断仪工具箱。

2）取出连接线。

3）取出诊断仪器。

4）连接诊断仪器上的数据插头。

5）如图4-85所示，连接车辆OBD-Ⅱ诊断座。

图4-84　动力电池组及单个电池
电压检测操作流程界面

图4-85　连接车辆OBD-Ⅱ诊断座

6）起动车辆。

7）如图 4-86 所示，选择高压电池管理器。

8）如图 4-87 所示，读取电脑版本，读取完毕后退出。

9）如图 4-88 所示，读取系统故障码，读取完毕后退出。

图 4-86　选择高压电池管理器

图 4-87　读取电脑版本，
读取完毕后退出

图 4-88　读取系统故障码

10）读取数据流。

①查看单体电池、均衡累计时间数据（图 4-89）。

②查看电池包电压采样数据（图 4-90）。

③查看电池包温度采样数据（图 4-91）。

图 4-89　查看单体电池、均衡
累计时间数据

图 4-90　查看电池包电压
采样数据

图 4-91　查看电池包温度
采样数据

11）退出至诊断仪主菜单。

12）关闭仪器，拆卸接线。

（3）高压配电箱的更换

1）高压配电箱的拆卸。

高压配电箱的拆卸步骤界面如图 4-92 所示。

①在后座椅上铺翼子板护垫。

②拆下后排座椅坐垫左右两侧固定螺栓（图 4-93）。

③掀开后排座椅坐垫前方左右两侧固定卡钩，取出后排座椅坐垫。

图 4-92　比亚迪 E6 高压配电箱
的拆卸步骤界面

图 4-93　拆下后排座椅坐垫
左右两侧固定螺栓

④取出行李舱盖板，取出随车工具（图 4-94）。

⑤拆卸高压配电箱保护盖后部 2 个固定螺栓（图 4-95）。

图 4-94　取出行李舱盖板，
取出随车工具

图 4-95　拆卸高压配电箱保
护盖后部固定螺栓

⑥拆卸高压配电箱保护盖前部 2 个固定螺栓（图 4-96）。

⑦取下左右两侧后排座椅转轴支架护罩（图 4-97）。

图 4-96　拆卸高压配电箱保护盖前部固定螺栓

图 4-97　取下两侧后排座椅转轴支架护罩

⑧拉下座椅左右两侧固定导索（图 4-98）。

⑨拆下后排座椅转轴支架螺栓。

⑩将后排座椅靠垫搬出驾驶室。

⑪挑开与高压配电箱盖板相连接的安全气囊线束（图 4-99）。

图 4-98　拉下座椅左右两侧固定导索

图 4-99　挑开安全气囊线束

⑫掀开高压配电箱盖板，拔下遥控器天线插头，取出高压配电箱盖板。

⑬拉出限位销，拔出动力电池高压母线负极，拉出限位销，拔出动力电池高压母线正极（图4-100）。

警告：正常情况下，在拆除高压母线后，高压系统还存在高压电，这是因为电机控制器中高压电容的存在造成的，需要经过一段时间的等待，高压电容中的电，才能被完全释放。

⑭拔下电机控制器高压母线正极；拔下电机控制器高压母线负极（图4-101）。

图4-100　拔出动力电池高压母线正极　　　图4-101　拔下电机控制器高压母线负极

⑮拔下车载充电机充电线（图4-102）。

⑯拔下低压控制线束插头（图4-103）。

图4-102　拔下车载充电机充电线　　　　　图4-103　拔下低压控制线束插头

⑰拔下漏电传感器高压负极插头。

⑱拔下DC-DC、空调控制器高压插头。

⑲拆下高压配电箱4个固定螺栓。

⑳取下高压配电箱（图4-104）。

2）高压配电箱的安装。

高压配电箱的安装步骤界面如图4-105所示。操作流程如下：

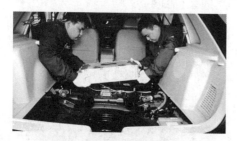

比亚迪E6
高压配电箱的安装

图4-104　取下高压配电箱　　　　　　　图4-105　高压配电箱的安装步骤界面

①将高压配电箱抬入驾驶室，安装到指定位置。

②安装固定螺栓。

③安装 DC-DC、空调控制器插头（图 4-106）。

④安装漏电传感器高压负极插头（图 4-107）。

图 4-106　安装 DC-DC、空调控制器插头　　图 4-107　安装漏电传感器高压负极插头

⑤安装电机控制器高压母线负极插头，插入限位销（图 4-108）。

⑥安装低压线束插头（图 4-109）。

图 4-108　安装电机控制器高压母线负极　　　图 4-109　安装低压线束插头
插头，插入限位销

⑦安装车载充电机充电线并锁紧（图 4-110）。

⑧安装电机控制器高压母线正极插头，插入限位销。

⑨拉出限位销，拔出动力电池高压母线负极，插入限位销；拉出限位销，拔出动力电池高压母线正极，插入限位销。

⑩安装高压配电箱保护盖，将盖板固定到后排座椅支架下方的两个螺丝杆上。

⑪安装保护盖前部螺母，安装遥控器天线插头。

图 4-110　安装车载充电机充电线并锁紧

⑫紧固保护盖后部螺母。

⑬安装安全气囊线束固定卡扣。

⑭紧固保护盖前部螺母。

⑮将后排座椅坐垫放入车内；整理好安全带，将安全带插头插入后排座椅的孔内；安装后排座椅坐垫，紧固螺钉。

⑯将后排座椅靠垫固定在后排座椅支架上。

⑰安装后排座椅支架的固定螺栓（图4-111）。

⑱用力推后排座椅靠垫，将后排座椅靠垫固定在支柱上（图4-112）。

⑲安装后排座椅转轴支架护罩。

⑳放好随车工具，安装行李舱盖板。

㉑关闭行李舱。

㉒安装维修开关。

㉓安装低压蓄电池负极。

图4-111　安装后排座椅支架的固定螺栓

图4-112　将后排座椅靠垫固定在支柱上

（4）动力电池包的更换

提示：本实训步骤根据实训室条件及实际情况选做。若确定动力电池有问题需要维修，目前仅支持更换整个电池包总成，并不支持单独的电池单元维修或更换，因为不同电池的特性不一致，电池性能不一致装配在一起会影响电池的寿命和使用，按以下步骤拆卸更换总成。

1）将车辆退电至OFF挡，拆下后排座椅，断开维修开关，等待5min。

2）用万用表检测电池是否漏电。

检测方法为：将万用表正极分别搭在电池正负极引出，负极搭车身搭铁，正常电压为10V以下；若过大请不要拆卸，检测漏电原因和地方，排除问题后再进行以下操作。

3）佩戴绝缘手套，用套筒依次拆卸掉每一根动力电池串联、维修开关线束、动力电池包正负极线束固定螺栓，同时取下每一根动力电池串联线、维修开关线束、动力电池包正负极线束，拆卸锁止装置如图4-113所示。

注意：拆卸动力电池正负极时，注意锁紧装置的拆卸与安装。

4）用一字螺丝刀撬开动力电池采样线固定卡扣，拔掉所有动力电池采样线与电池信息采集器连接的插接件（图4-114）。

图4-113　拆卸锁止装置

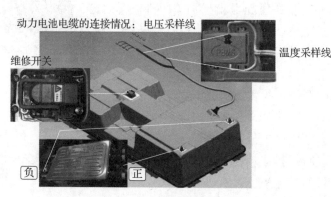

图4-114　拆卸插接件

5）安装合适的电池包总成支撑架，佩戴绝缘手套，用套筒拆卸掉动力电池总成的各个固定螺栓（图4-115）。

图4-115　安装电池包总成支撑架

6）拆下动力电池包总成，并按与拆卸相反的顺序安装新的动力电池包。

 电机与控制系统技能实训

1. 工作准备

1）防护装备：绝缘防护装备。

2）车辆、台架、总成：比亚迪 E6 或其他纯电动汽车。

3）专用工具、设备：比亚迪故障诊断仪、万用表、示波器；或其他适用的设备。

4）手工工具：组合工具。

5）辅助材料：诊断与维修必要的熔丝等耗材。

2. 实施步骤

本操作任务主要完成对纯电动汽车（以比亚迪 E6 为例）的电机及驱动系统的故障诊断。

警告：在执行高压车辆诊断及维护前，务必佩戴完好的个人防护用品，并严格遵守正确的操作步骤！

（1）电机解角传感器的检测

电机解角传感器也称"角度传感器"，是一种检测磁极位置的传感器，它对保证 MG1 和 MG2 的高效控制是必需的。解角传感器的定子包括一个励磁线圈和两个检测线圈。因为转子是椭圆形，定子和转子间的间隙随着转子转动而变化。预定频率的交流电流过励磁线圈和检测线圈，并且根据传感器转子的位置输出交流电。

电机控制器根据检测线圈的相位及它们的波形高度来检测转子的绝对位置。此外，为了把解角传感器用做一个速度传感器，CPU 计算出在一段预定的时间内位置的变化次数。

比亚迪 E6 电机解角传感器由电机控制器模块监测，根据这些位置传感器的信号，电机控制器监测电机的角位置、转速和方向。解角传感器包含一个励磁线圈、两个驱动线圈和一个不规则形状的金属转子。金属转子以机械方式固定在电机轴上。将点火开关置于 ON 位置时，电机控制模块输出一个 5V 交流电、一定频率的励磁信号至驱动线圈。驱动线圈励磁信号生成一个环绕两个从动线圈和不规则形状转子的磁场。然后，电机控制模块监测两个从动线圈电路，以获得一个返回信号。不规则形状金属转子的位置引起从动线圈的磁感应返回信号发生大小和形状的变化。通过比较两个从动线圈信号，电机控制器能确定电机的确切解角、转速和方向。解角传感器工作原理如图 4-116 所示，其安装位置及结构如图 4-117 所示。解角器的安装位置如图 4-118 所示。

图 4-116　解角传感器工作原理

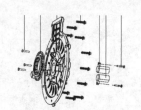

图 4-117　解角传感器（旋转变压器）安装位置及结构

1）检测电机控制器到传感器之间的线路连接，步骤界面如图 4-119 所示。

操作步骤如下：

①关闭点火开关至 OFF 档。

②断开蓄电池负极。

③断开电机解角传感器插接器（图 4-120）。

④断开驱动电机控制器插接器（图 4-121）。

⑤安装蓄电池负极。

解角器安装在电机后壳体上，用来测量电机转子的角度，检测磁极位置，将这些信号发送给电控制器

图 4-118　解角器的安装位置

图 4-119　电机解角器的诊断步骤界面

图 4-120　断开电机解角传感器插接器

⑥打开点火开关。

⑦将万用表负极线夹固定在搭铁处（图 4-122）。

图 4-121　断开驱动电机控制器插接器

图 4-122　将万用表负极线夹固定在搭铁处

⑧打开万用表，调至电阻挡，用万用表正极端子针搭铁，检查搭铁是否良好（图 4-123）。

⑨将万用表旋至直流电压挡。

⑩将正极端子针插入解角器 1 号端子到 6 号端子，检测它们的对地电压（图 4–124、图 4–125）。

2）检测电机控制器插接件端子与电机解角器插接器端子之间线束及插接器导通情况，步骤如下：

①将万用表旋至蜂鸣挡，将负极端子插入电机解角器插接器 1 号端子，将正极端子插入电机控制器插接器对应端子，测量其导通（图 4–126）。

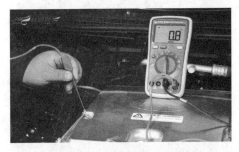

图 4–123　检查搭铁是否良好

图 4–124　将正极端子针插入解角器 1 号端子

图 4–125　检测 1 号端子对地电压

图 4–126　检测解角器 1 号端子与电机控制器
对应端子的导通性

②将负极端子插入电机解角器插接器 2 号端子，将正极端子插入电机控制器插接器对应端子，测量其导通（图 4–127）。

③将负极端子插入电机解角器插接器端子 3 号端子，将正极端子插入电机控制器连接器对应端子，测量其导通（图 4–128）。

图 4–127　检测解角器 2 号端子与电机
控制器对应端子的导通性

图 4–128　检测解角器 3 号端子与电机
控制器对应端子的导通性

④将负极端子插入电机解角器插接器端子 4 号端子，将正极端子插入电机控制器连接器对应端子，测量其导通（图 4–129）。

⑤将负极端子插入电机解角器插接器端子 5 号端子，将正极端子插入电机控制器连接器对应端子，测量其导通（图 4-129）。

图 4-129　检测解角器 4 号端子与电机
控制器对应端子的导通性

图 4-130　检测解角器 5 号端子与电机
控制器对应端子的导通性

⑥将负极端子插入电机解角器插接器端子 6 号端子，将正极端子插入电机控制器插接器对应端子，测量其导通（图 4-131）。

⑦关闭万用表。

3）测量电机控制器插接器端子搭铁电阻，步骤如下：

①将万用表负极线夹固定在搭铁处（图 4-132）。

图 4-131　检测解角器 6 号端子与电机
控制器对应端子的导通性

图 4-132　将万用表负极线夹固定在搭铁处

②打开万用表，调至电阻挡。用万用表正极端子搭铁，检查搭铁是否良好（图 4-133）。

③将正极端子插入电机控制器插接件端子第 3 行第 2 号端子，测量其是否搭铁短路（图 4-134）。

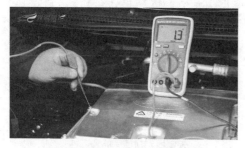

图 4-133　检查搭铁是否良好

图 4-134　测量电机控制器针脚是否搭铁短路

④将正极端子插入电机控制器插接件端子第 2 行第 1 号端子，测量其是否搭铁短路。

⑤将正极端子插入电机控制器插接件端子第 1 行第 1 号端子，测量其是否搭铁短路。

⑥将正极端子插入电机控制器插接件端子第 3 行第 1 号端子，测量其是否搭铁短路。

⑦将正极端子插入电机控制器插接件端子第 2 行第 2 号端子，测量其是否搭铁短路。

⑧将正极端子插入电机控制器插接件端子第 1 行第 2 号端子，测量其是否搭铁短路。

4）电机解角传感器检测，步骤如下：

①将万用表旋至电阻挡，校准万用表。

②将电机解角器的 1 号端子和 4 号端子接出引线，测量它们之间电阻（图 4-135）。

③将电机解角器的 2 号端子和 5 号端子接出引线，测量它们之间电阻（图 4-136）。

图 4-135　检测 1 号端子和 4 号端子之间电阻　　图 4-136　检测 2 号端子和 5 号端子之间电阻

④将电机解角器的 3 号端子和 6 号端子接出引线，测量它们之间的电阻（图 4-137）。

⑤关闭万用表。

⑥将电机控制器低压插件安装回原位。

⑦将电机解角器安装回原位。

⑧将低压蓄电池负极安装到位紧固螺栓。

（2）电机解角器的波形检测

电机解角器的波形检测操作步骤界面如图 4-138 所示。

 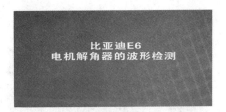

图 4-137　检测 3 号端子和 6 号端子之间电阻　　图 4-138　电机解角器的波形检测操作步骤界面

1）示波器线路连接，步骤如下：

①将数据传输线连接到仪器的端口上（图 4-139）。

②将负极搭铁线，连接在探针头部的插孔内（图 4-140）。

③检测时要将探针和被检测元件的延长线连接。

图 4-139　将数据传输线连接到仪器的端口上　　图 4-140　将负极搭铁线，连接在探针头部的插孔内

2）将延长线插入被检测解角器的端子后部（图 4-141）。

3）插好解角器插接器，示波器搭铁线搭铁（图 4-142）。

图 4-141　将延长线插入被检测
解角器的端子后部

图 4-142　插好解角器插接器，
示波器搭铁线搭铁

4）起动点火开关，按下示波器电源键，打开示波器（图 4-143）。

5）此时示波器可能出现杂波，属于正常现象（图 4-144）。

图 4-143　打开示波器

图 4-144　示波器可能出现杂波，属于正常现象

6）将探针和解角器端子延长线连接，观察示波器上的波形。此时为车辆无负载时的解角器波形（图 4-145）。

7）车辆加速，波形随着电机转速变化而发生变化（图 4-146）。

图 4-145　车辆无负载时的解角器波形

图 4-146　波形随着电机转速变化而发生变化

8）检测完毕，将仪器及工具归位（图 4-147）。

图 4-147　将仪器及工具归位

（3）驱动电机控制器的更换

警告：在执行高压车辆诊断及维护前，执行高压中止与检验，并严格遵守正确的操作步骤！在执行高压车辆诊断及维护前，务必佩戴完好的个人防护用品，并严格遵守正确的操作步骤！

1）拆卸步骤。

①拆掉电机三相线插接件的 4 个螺栓。

②拔掉高压母线插接件。

③拆掉附在箱体的配电盒上端螺栓。

④拆掉底座 4 个紧固螺栓。

⑤将控制器往左移，拔掉低压插接件，拆掉搭铁螺栓，拔掉 DC 低压输出线，拔掉 4 个低压线束卡扣。

⑥将控制器往右移，拆掉进水管，拆掉出水管。拆掉进水管时，将留出的冷却液用容器接住。

2）安装步骤。

①将控制器放进安装位置。

②将控制器往右边移动，安装进水管、出水管。

③安装 4 个底座螺栓（先对准左上方螺栓，将螺栓放进去，拧进 1/3，再对准右下方螺栓，将螺栓拧进 1/3，之后放进其他螺栓，将所有螺栓拧紧，拧紧力矩为 22N·m）。

④卡上 DC12V 输出线卡扣，插上 DC12V 插接件；卡上 ACM 线束卡扣，安装搭铁螺栓（拧紧力矩为 22N·m），插上插接件。

⑤安装贴在箱体侧面的配电盒螺栓。

⑥插上高压母线插接件。

⑦安装电机三相线插接件（先装最靠近车头下方的螺栓，拧进 1/3；再装其对角螺栓，拧进 1/3；之后安装其他螺栓；将所有螺栓拧紧，拧紧力矩为 9N·m）。

三、整车控制系统技能操作实训

1. 工作准备

1）防护装备：绝缘防护装备。

2）车辆、台架、总成：比亚迪 E6，其他纯电动汽车；或同类车型的台架。

3）专用工具、设备：比亚迪故障诊断仪、万用表；或其他适用的设备。

4）手工工具：组合工具。

5）辅助材料：诊断与维修必要的熔丝等耗材。

2. 实施步骤

本操作任务主要完成对纯电动汽车（以比亚迪 E6 为例）的整车动力控制系统的故障诊断。

警告：

1）禁止未参加该车型高压系统知识培训的维修人员拆卸高压系统，包括手动维修开关、高压电池包、驱动电机、电力电子箱、高压配电单元、高压线束、空调压缩机、交流充电线束、快速充电口、电加热器、慢充电器。

2）当拆卸或装配高压配件时，必须断开12V电源和高压电池包上的手动维修开关。

3）在进行高压相关操作前，维修人员必须穿戴好劳保用品，戴好绝缘手套，穿好高压绝缘鞋。在戴绝缘手套前，必须检查绝缘手套是否有破损的地方，确保手套无绝缘失效。

4）在安装和拆卸过程中，应防止制动液、洗涤液等液体进入或飞溅到高压部件上。

警告：执行高压中止与检验步骤！

1）断开点火开关，挂入P位，拔出车钥匙。

2）打开蓄电池负极端子防护盖。

3）用10mm扳手松开蓄电池负极螺栓。

4）断开蓄电池负极线，并固定好蓄电池负极线，防止工作时负极线与蓄电池重新连接。

5）拆卸扶手箱内底部的盖板。

6）用螺丝刀拆下USB及点烟器接口集成器上面的4个螺钉，并取出。

警告：高压操作前，维修人员必须穿戴好劳保用品，戴好绝缘手套，穿好高压绝缘鞋。在戴绝缘手套前，必须检查绝缘手套是否有破损的地方，确保手套无绝缘失效。

7）检查绝缘手套外观有无明显磨损痕迹。

8）检查绝缘手套密封性。

①卷起手套边缘。

②折叠开口，并封住手套开口。

③向手套内吹气，确认有无空气泄漏。

④用同样的方法检查另一只手套。

⑤确认密封良好后，佩戴绝缘手套。

9）轻轻向上掀起维修开关把手，当把手与维修开关垂直时，向上拔出维修开关。

10）拆下手动维修开关，等待5min。

警告：正常情况下，在拆除手动维修开关后，高压系统还存在高压电，这是因为电机控制器中高压电容造成的，需要经过一段时间的等待，高压电容中的电才能被完全释放。

3. 故障诊断

（1）典型故障诊断与排除方法

典型故障诊断与排除方法的操作流程界面如图4-148所示。

典型故障码：P1B03——欠电压保护故障或P1B04——过电压保护故障。

诊断与排除步骤如下：

1）检查动力电池电量。

①打开点火开关。

②检查电池电量观察右侧仪表板电量，动力电池电量是否大于10%（图4-149）。否则应充电。

2）检查动力电池输出电压。

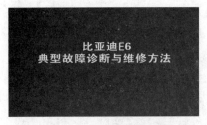

图 4-148　比亚迪 E6 典型故障诊断与
排除方法操作流程界面

图 4-149　检查右侧仪表板电池电量是否
大于 10%

警告：执行高压中止与检验步骤！执行高压安全防护！

①进行高压中止与检验，进行高压安全防护。

②拔出限位插件，断开高压母线正极和负极。

③安装维修开关。

④安装低压蓄电池负极，按下电源开关。

⑤将万用表旋至直流电压挡（图 4-150）。

⑥测量动力电池高压接线柱电压（图 4-151）。充满电的比亚迪 E6 动力电池的总电压应为 316.8V 左右。

⑦如果母端电压不在正常范围，检查高压配电盒及高压线路；如果正常，更换驱动电机控制器与 DC 总成。

图 4-150　将万用表旋至直流电压挡

图 4-151　测量动力电池高压接线柱电压

（2）主控制 ECU 的更换

1）主控制 ECU 的拆卸。

比亚迪 E6 主控制 ECU 的拆卸操作流程界面如图 4-152 所示。

警告：执行高压中止与检验步骤！执行高压安全防护！

主控制 ECU 拆卸步骤如下：

①取下扶手箱左侧塑料卡扣，取下扶手箱右侧塑料卡扣（图 4-153）。

图 4-152　比亚迪 E6 主控制 ECU 的拆卸
操作流程界面

图 4-153　取下扶手箱右侧塑料卡扣

②将扶手箱水杯垫掀开，松开自攻螺钉（图4-154）。

③拆下扶手箱底部2个自攻螺钉（图4-155）。

图 4-154　松开扶手箱水杯垫自攻螺钉　　　图 4-155　拆下扶手箱底部2个自攻螺钉

④取出扶手箱总成。

注意：

a. 取下之前，拆下点烟器插接器、天线插接器。

b. 拆下主控制ECU的2个插接器。

c. 拆下主控制ECU的3个固定螺栓。

d. 取出主控制ECU（图4-156）。

2）主控制ECU的安装。

比亚迪E6主控制ECU的安装流程界面如图4-157所示。

比亚迪E6
主控制ECU的安装

图 4-156　取出主控制ECU　　　图 4-157　比亚迪E6主控制ECU的安装流程界面

安装步骤如下：

①将主控制ECU放入地板指定安放位置。

②安装主控制ECU的3个固定螺母。

③安装主控制ECU的2个插接器。

④安装扶手箱。

注意：安装之前，装入点烟器插接器、天线插接器。

⑤安装扶手箱底部2个自攻螺钉。

⑥戴好绝缘手套，安装维修开关。

⑦放入点烟器底座总成。

注意：安装点烟器底座总成时要插入点烟器、USB插接器（图4-158）。

⑧安装固定螺栓。

图 4-158　安装点烟器底座总成时要插入点烟器、USB插接器

⑨放入扶手箱垫，关闭扶手箱盖。

⑩将扶手箱水杯垫掀开，安装自攻螺钉。

⑪安装扶手箱左侧塑料卡扣；安装扶手箱右侧塑料卡扣。

⑫安装低压蓄电池负极。

（3）漏电传感器的诊断

比亚迪 E6 漏电传感器的诊断操作流程界面如图 4-159 所示。

1）检查起动电池电压及整车低压线束供电是否正常。

①打开万用表，调至直流电压挡。

②红黑表笔分别接在低压蓄电池的正负极，测量蓄电池电压（图 4-160）。

图 4-159　比亚迪 E6 漏电传感器的诊断
操作流程界面

图 4-160　测量蓄电池电压

标准电压：11~14V。

如果电压低于 11V，在进行下一步检查之前，应充电或更换起动电池或检查整车低压线束。

2）取出诊断仪，并连接好诊断仪。

3）打开车辆电源到 ON 档。

4）选择好车型信息，进入高压电池管理器（图 4-161）。

5）读取故障码及数据流（图 4-162）。

图 4-161　进入高压电池管理器

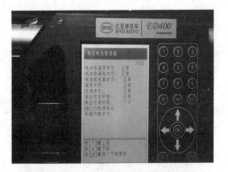

图 4-162　读取故障码及数据流

6）戴好绝缘手套。

7）断开漏电传感器插接器（图 4-163）。

8）万用表负极搭铁，打开万用表，调至电阻挡，确认万用表负极搭铁良好。

9）万用表调至电压挡，红表笔测量 2 号端子的搭铁电压，标准电压为 9~16V

（图 4-164、图 4-165）。

图 4-163　断开漏电传感器插接器

图 4-164　将红色表笔插入 2 号端子

注意： 测量时，应保持车辆电源在 ON 档。

10）如果电压正常、电池管理器供电正常，说明漏电传感器有故障。如果电压不正常，则继续测试电池管理器。

11）万用表负极搭铁，打开万用表，调至电阻挡，确认万用表负极搭铁良好。

12）万用表调至电压挡，红表笔测量电池管理器到漏电传感器的供电端子的搭铁电压，标准电压为 9~16V（图 4-166）。

图 4-165　测量 2 号端子的搭铁电压

图 4-166　测量电池管理器到漏电传感器的
供电端子的搭铁电压

如果在这个范围，说明线束有故障，应更换线束；如果不在这个范围，则需要更换电源管理器模块总成。

（4）加速踏板位置传感器的检测

加速踏板位置传感器的检测操作流程界面如图 4-167 所示。

1）电压检测。

①万用表连接好测试线，正极连接探针，负极连接测试夹（图 4-168）。

图 4-167　加速踏板位置传感器的
检测操作流程界面

图 4-168　连接表笔测试线

②打开车辆电源开关。

③打开万用表，调至电阻挡。

④正负表笔短接，校准万用表（图 4-169）。

⑤将负极线搭铁，将万用表调至电压挡。

⑥红表笔探针插入加速踏板插接器的 1 号端子（信号 1）（图 4-170）。

⑦读取信号电压值（图 4-171）。

⑧缓慢压下加速踏板，可以看到电压值慢慢变大；缓慢松开加速踏板，可以看到电压值慢慢变小（图 4-172）。

图 4-169　校准万用表

图 4-170　红表笔探针插入加速踏板插接器的 1 号端子

图 4-171　读取信号电压值

图 4-172　观察万用表电压值变化

⑨红表笔探针插入加速踏板插接器的 2 号端子（参考电源 1）。

⑩读取电压值，电压在 4.5~5.5V，缓慢压下加速踏板，可以看到电压值不变化（图 4-173）。

⑪红表笔探针插入加速踏板插接器的 3 号端子（参考电源 2）（图 4-174）。

图 4-173　2 号端子电压值不变化

图 4-174　红表笔探针插入加速踏板插接器的 3 号端子

⑫读取电压值，电压在 4.5~5.5V。缓慢压下加速踏板，可以看到电压值不变化（图 4-175）。

⑬红表笔探针插入加速踏板插接器的 4 号端子（信号 2）（图 4-176）。

图 4-175　3 号端子电压值不变化

图 4-176　红表笔探针插入加速踏板插接器的 4 号端子

⑭读取电压值。

⑮缓慢压下加速踏板，可以看到电压值慢慢变大。缓慢松开加速踏板，电压值变小（图 4-177）。

⑯红表笔探针插入加速踏板插接器的 5 号端子（搭铁 1）（图 4-178）。

图 4-177　观察万用表电压值变化

图 4-178　红表笔探针插入加速踏板插接器的 5 号端子

⑰读取电压值，电压接近 0V，缓慢压下加速踏板，可以看到电压值不变化（图 4-179）。

⑱红表笔探针插入加速踏板插接器的 6 号端子（搭铁 2）。

⑲读取电压值，电压接近 0V，缓慢压下加速踏板，可以看到电压值不变化。

图 4-179　5 号端子电压值不变化

2）电阻检测。

①万用表连接测试线，打开万用表，调至电阻挡，校准万用表（图 4-180）。

②在加速踏板的 1 号端子和 6 号端子引出导线（图 4-181）。

图 4-180　校准万用表

图 4-181　加速踏板的 1 号端子和 6 号端子引出导线

③红黑表笔分别连接 1 号端子和 6 号端子引出导线，读取电阻值，不得断路或短路（图 4-182）。

④在加速踏板的 1 号端子引出导线，黑表笔连接 1 号端子引出导线，红色表笔连接 2 号端子（图 4-183）。

图4-182 读取1号端子和6号端子的电阻值　　图4-183 测量1号端子和2号端子的电阻

⑤读取电阻值，不得断路或短路（图4-184）。

⑥加速踏板的2号端子和6号端子引出导线（图4-185）。

图4-184 读取电阻值　　　　图4-185 加速踏板的2号端子和6号端子引出导线

⑦红黑表笔分别连接2号端子和6号端子引出导线，读取电阻值（图4-186）。

⑧缓慢压下加速踏板，可以看到电阻值慢慢变大（图4-187）。

图4-186 读取电阻值　　　　图4-187 压下加速踏板观察电阻值变化

⑨缓慢松开加速踏板，可以看到电阻值慢慢变小（图4-188）。

⑩从加速踏板的3号端子和5号端子引出导线（图4-189）。

图4-188 松开加速踏板观察电阻值变化　　图4-189 从3号端子和5号端子引出导线

⑪红黑表笔分别连接3号端子和5号端子引出导线，读取电阻值，不得断路或短路（图4-190）。

⑫从加速踏板的4号端子引出导线，黑表笔连接4号端子引出导线，红色表笔连接3号端子（图4-191）。

图4-190　读取3号端子和5号端子的电阻值　　图4-191　3号端子和4号端子引出导线

⑬读取电阻值，不得断路或短路（图4-192）。

⑭在加速踏板的4号端子引出导线，黑表笔连接4号端子引出导线，红色表笔连接5号端子（图4-193）。

图4-192　读取3号端子和4号端子的电阻值　　图4-193　4号端子和5号端子引出导线

⑮读取电阻值，不得断路或短路（图4-194）。

⑯加速踏板的4号端子和5号端子引出导线（图4-195）。

图4-194　读取4号端子和5号端子的电阻值　　图4-195　4号端子和5号端子引出导线

⑰红黑表笔分别连接4号端子和5号端子引出导线，读取电阻值。

⑱缓慢压下加速踏板，可以看到电阻值慢慢变大（图4-196）。

⑲缓慢松开加速踏板，可以看到电阻值慢慢变小（图4-197）。

图4-196　压下加速踏板观察电阻值变化　　图4-197　松开踏板观察电阻值变化

四、充电系统技能操作实训

1. 准备工作

1）防护装备：防护三件套、室内五件套、遮挡、维修警示牌。

2）车辆、台架、总成：举升机、新能源汽车（比亚迪 E6 或秦）一辆。

3）工具、设备：常用工具一套、常用工具车一辆、手电筒、绝缘电阻表、万用表、一字螺丝刀、诊断仪、转换接线盒。

4）辅助耗材：毛巾、劳保用品、熔丝、电工胶布。

2. 充电系统故障诊断需要的工量具

故障诊断时需要使用的工量具见表 4-35。

表 4-35　故障诊断时需要使用的工量具

序号	工具名称	序号	工具名称
1	手电筒	4	转换接线盒
2	绝缘电阻表	5	一字螺丝刀
3	数字万用表	5	诊断仪

3. 操作步骤

1）关闭起动开关，将诊断仪连接到车辆（台架）诊断头上，打开起动开关。

2）插上充电枪后，检查仪表上充电连接指示灯是否点亮。

3）检查便携式充电器上充电指示灯和电源指示灯是否点亮，若电源指示灯不亮，需检查便携式充电器与电源之间的连接及有无电源。

4）若电源指示灯点亮，检查充电枪和充电接口之间的连接是否良好，锁止机构是否有效锁止。

5）若电源指示灯点亮，但车辆不充电，断开充电器电源，按下充电枪锁止机构，测量充电枪一端 CC 和 PE 之间电阻值，如图 4-198 所示，松开锁止机构后，再次测量 CC 和 PE 之间电阻值是否在规定范围内。

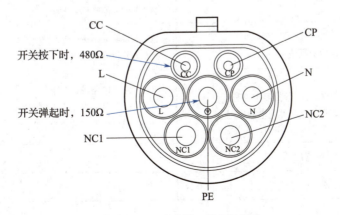

图 4-198　充电枪一端电阻检测

6）读取故障码，删除原始故障码。

7）读取数据流，并对数据流进行分析。

8）查阅充电系统的电路图并进行分析，找出可能引发不充电或充电过程中断电的原因。

4. 技能考核标准（表4-36）

表4-36　技能考核标准

序号	项目	操作内容	配分	评分标准	得分
1	连接诊断仪	将诊断仪连接到实车或总成上	8分	（1）关闭起动开关，2分 （2）找到诊断头，2分 （3）连接上诊断头，2分 （4）打开起动开关，2分	
2	检查仪表上充电连接灯	连接便携式充电器后，检查仪表上充电连接指示灯是否点亮	10分	（1）连接电源，2分 （2）检查电源指示灯点亮，2分 （3）按下手柄，2分 （4）连接充电枪，2分 （5）检查仪表上充电指示灯是否点亮，2分	
3	检查电源指示灯	连接上电源，检查指示灯是否点亮	4分	（1）查看充电器上电源指示灯点亮情况，2分 （2）检查电源是否有电，2分	
4	检查充电枪锁止机构	检查锁止机构完好情况	4分	（1）检查锁止开关，2分 （2）检查锁止功能，2分	
5	CC与PE电阻检测	检测前端电阻值	12分	（1）识别充电枪一端CC与PE端子，2分 （2）万用表使用正确，2分 （3）断开时电阻测量，2分 （4）松开时电阻检测，2分 （5）检测结果分析判断，4分	
6	读取故障码	进入诊断仪诊断系统，读取故障码	8分	（1）读取故障码，2分 （2）分析故障码，2分 （3）清除故障码，4分	
7	读取数据流	进入数据流读取页面，读取数据流	4分	（1）读取数据流，2分 （2）分析异常数据流，2分	
8	查询与车辆不能充电的电路图	对照整车控制电路图，分析引起不能充电的原因	8分	（1）画出电路图，4分 （2）分析可能引发不能充电的原因，2分 （3）说出可能的故障点，2分	
9	5S管理	5S管理	2分		
		总分	60分		

五、纯电动汽车空调技能操作实训

1. 准备工作

1）防护装备：防护三件套、室内五件套、遮挡、维修警示牌。

2）车辆、台架、总成：举升机、新能源汽车（比亚迪 E6 或秦）一辆。

3）工具、设备：空气压缩机一台、常用工具一套、常用工具车一辆、手电筒、绝缘电阻表或万用表、诊断仪、验电笔。

4）辅助耗材：毛巾、劳保用品。

2. 空调维护与诊断需要的工量具

一级维护需要使用的工量具见表 4-37。

表 4-37　一级维护需要使用的工量具

序号	工具名称	序号	工具名称
1	手电筒	4	胎压表
2	绝缘电阻表（万用表）	5	一字螺丝刀
3	诊断仪		

3. 操作步骤

1）将车辆停放到新能源汽车专用工位，关闭起动按钮，做好场地防护、维修工位防护及场地的安全提示。

2）铺设室内四件套，拉开发动机盖拉手。

3）打开发动机盖并可靠支撑，铺设机舱三件套。

4）检查取暖系统储液罐液面高度，检查管路的密封性能及走向、固定。

5）连接诊断头，打开起动开关。

6）打开鼓风机旋钮，检查旋钮在不同位置处出风量是否变化。

7）按下 A/C 开关，将温度旋扭旋转到蓝色区域，等待一会儿后检查制冷效果是否良好。

8）按下 A/C 开关，旋转温度旋钮到红色区域，检查空调取暖效果是否良好。

9）选择出风模式旋钮，检查不同出风模式时，相应的出风口是否出风。

10）检查后玻璃除霜功能是否正常，检查内外循环功能是否正常。

11）打开诊断仪，读取故障码，检查是否有故障码。若有故障码，删除后再次读取，检查是否有永久性故障码。

12）若有故障，结合故障码并分析，检测与之相关联的部位或部件。

13）拆卸副驾驶人前方的仪表副板或杂物箱后，清洁或更换空调滤芯。

14）检查制冷系统管路，走向良好，无擦碰、无变形、检测口盖良好，线路连接正常。

15）检查压缩机进气管和排气管是否存在温度差异，有温度差说明电动机运行正常，并检查压缩机高、低压线束连接是否良好。

16）检查冷凝器固定是否良好，进气口和排气口间温差如何，冷凝器的散热片有无变形。

17）举升车辆到合适高度后，可靠锁止举升机。

18）清洁空调排水孔，保证排水顺畅。

19）落下车辆到地面，进行 5S 管理。

4. 技能考核标准

技能考核标准见表 4-38。

表 4-38　技能考核标准

序号	项目	操作内容	配分	评分标准	得分
1	停放车辆，防护	车辆停到专用工位上并对场地进行防护	8分	（1）停到工位上，2分 （2）关闭开关，2分 （3）拉起围栏，2分 （4）放置警示牌，2分	
2	室内防护	铺设四件套、拉动发动机盖拉手	4分	（1）铺设四件套，2分 （2）拉开拉手，2分	
3	机舱防护	支撑发动机盖、将五件套安装到位	4分	（1）可靠支撑，2分 （2）安装到位，2分	
4	密封检查	取暖系统储液罐密封检查	6分	（1）盖子盖紧，2分 （2）液面检查，2分 （3）管路检查，2分	
5	自诊断	连接诊断头，打开起动开关	4分	（1）连接诊断头，2分 （2）打开起动开关，2分	
6	风量旋钮检查	检查不同挡位的出风量	3分	检查出风量，3分	
7	制冷效果检查	检查空调制冷效果	9分	（1）温度旋钮旋到蓝色区域，3分 （2）按下 A/C 开关，3分 （3）制冷检查，3分	
8	取暖效果检查	检查空调取暖效果	9分	（1）温度旋钮旋到红色区域，3分 （2）按下 A/C 开关，3分 （3）取暖效果检查，3分	
9	出风模式检查	检查出风模式	6分	（1）旋转旋钮，3分 （2）检查是否出风，3分	
10	除雾检查	除雾功能检查	4分	（1）后窗除雾检查，2分 （2）内外循环检查，2分	
11	读取故障码和数据流	检查有无故障	6分	（1）读取故障码，2分 （2）读取数据流，2分 （3）删除故障码，2分	
12	部件检查	检查部件	3分	结合故障码对部件或相关线路进行检查，3分	
13	更换空调滤芯	更换滤芯	6分	（1）拆卸副板，3分 （2）更换滤芯，3分	
14	空调管路检查	高低压管路检查	6分	（1）管路检查，2分 （2）检修阀检查，2分 （3）线束检查，2分	

（续）

序号	项目	操作内容	配分	评分标准	得分
15	压缩机检查	检查压缩机性能	4分	（1）低压管路温度检查，2分 （2）高压管路温度检查，2分	
16	冷凝器检查	检查冷凝器	4分	（1）有无变形，2分 （2）散热效果，2分	
17	举升车辆	举升车辆	6分	（1）有效支撑，2分 （2）高度合适，2分 （3）锁止举升机，2分	
18	排水孔清洁	清洁排水孔	4分	清洁排水孔，4分	
19	落下车辆	5S管理	4分	（1）场地，2分 （2）车辆，2分	
	总分		100分		

⚙ 项目小结

1. 电机、电池与电控的"三电"技术是新能源汽车的核心技术。纯电动汽车没有传统的燃料发动机，完全由可充电电池作为动力源，用电机驱动车辆行驶。

2. 纯电动汽车主要由电源系统、动力驱动与控制系统、车身、底盘、电器以及安全保护系统等组成，不同品牌的纯电动汽车，其基本组成是相同的。

3. 判断纯电动汽车的故障，首先要了解被检车辆是什么车型，了解结构组成与特点，不同车型的纯电动汽车的控制系统和部件是有差别的，所以故障原因及检测诊断的具体方法也不完全一样。

4. 首先要了解故障是在什么情况下发生的，要分析故障是属于低压故障还是高压故障，从而缩小故障检测诊断的范围。

5. 纯电动汽车最常见的故障现象有车辆无法起动，续航里程缩短，无法监控电池状况，加速无力等。故障原因大部分都是"电"故障。

6. 动力电池与电源管理系统常见故障有单体电池故障、线路或插接件故障和动力电池管理系统故障。

7. 电机与控制系统常见故障有驱动电机故障、控制系统故障和工作电源系统故障。

8. 整车控制系统常见故障包括整车控制器故障、CAN线、传感器信号和电源等。

9. 充电系统的常见故障主要有慢速充电系统故障和快充电系统故障。分析诊断充电系统故障，根据故障产生的条件进行不同系统的检测诊断，如果在慢速充电和快速充电时都不能充电，应该对动力电池、动力电池管理系统进行检测诊断，并检查是否由于存在高压漏电等原因，促使高压互锁起作用，从而产生不能充电的故障。

10. 检测诊断和排除纯电动汽车故障的必要条件是：

1）学会查阅该车的原厂维修资料，了解该车的结构、工作原理、主要部件安装位置。

2）掌握主要部件的作用、安装位置、检测诊断和分析方法。

3）查阅资料了解主要技术参数。

4）掌握识读和分析该车电路图的能力。

5）学会该车系诊断仪的使用方法和检测数据分析方法。

6）掌握故障分析方法，针对发生的故障现象能制订正确的检测诊断流程。

11.严格按照高压安全操作规范进行操作。

💡 思考与练习

1. 填空题

（1）_____、_____与_____的"三电"技术是新能源汽车的核心技术。

（2）驱动电机组件由_____、_____、_____、_____和壳体等组成。

（3）纯电动汽车动力系统主要是将驾驶员的操作意图，通过各类_____把_____传递给_____；_____再识别驱动系统和动力电池系统的信号，并且结合车辆目前的行驶状态进行综合处理，形成一个最新的操作指令发送至_____系统和_____系统，使车辆能够按照驾驶人的意愿行驶。

（4）当车辆在正常行驶时，动力系统会根据驾驶人给出的指令，及时将_____中储存的电能输送到_____，_____将_____的直流电能转变成为适合于驱动电机的_____，并把电能转变成为_____，驱动车辆行驶。

（5）首先要了解故障在什么情况下发生的，要分析故障是属于_____故障还是_____故障，从而缩小故障检测诊断的范围。

（6）纯电动汽车常见故障的原因大部分都是_____故障。

（7）驱动电机本身故障会造成_____、_____、_____、_____等故障。

（8）电机不能正常运行的故障原因有：_____、_____、_____、_____、_____等。

（9）动力电池系统故障按照故障发生的部位可以分为三类，即_____故障、_____故障、_____故障。

（10）整车控制系统的常见故障主要有_____故障、_____故障和_____故障。

（11）汽车空调通常具有_____、_____、_____和调节气流的作用。

（12）制冷系统工作时包括_____、_____、_____和蒸发四个过程。

（13）涡旋式压缩机机体主要由_____、_____两部分组成。

（14）现代汽车空调的储液干燥过滤器一般位于_____上。

（15）电动汽车空调取暖系统的热源是_____。

（16）空调滤芯一般位于_____。

2. 判断题

（1）慢速充电主要由慢充充电口、车载充电机、充电桩/220V（16A）市电接口和充电线束组成。（　　）

（2）北汽 EV160 的车载充电机上有三个充电指示灯，分别是绿色的交流指示灯、黄色的工作指示灯和红色的警告指示灯。（　　）

（3）北汽 EV160 的驱动电机系统主要包括驱动电机组件和电机控制器。其中，驱动电机组件主要由永磁同步电机、旋变传感器、温度传感器、冷却循环水道和壳体等组成。（　　）

（4）北汽 EV160 的 DC-DC 变换器共有四个接线口，分别是低压输出负极、低压输出正极、高压输入正极、高压输入负极。（　　）

（5）北汽 EV150 的动力电池系统主要由动力电池模组、电池管理系统、动力电池箱和辅助元器件等组成。（　　）

（6）荣威 E50 纯电动汽车由 5 种类型的数据总线组成，分别是高速 CAN1、高速 CAN2、本地 CAN1、本地 CAN2 和 MOST 总线。（　　）

（7）荣威 E50 本地 CAN1 总线上共连接 4 个模块，即电池管理系统、T-BOX 通信模块、电力电子箱和慢充充电器。（　　）

（8）荣威 eRX5 混合动力汽车的动力电池温度高，应检查发动机冷却系统工作是否正常。（　　）

（9）荣威 E50 的高压惯性开关属于主动安全装置。（　　）

（10）荣威 E50 冷却系统分为 3 个独立的系统。（　　）

（11）一般可以通过听的方式，判断鼓风机性能的好坏。（　　）

（12）通风净化系统作用是使车厢内空气保持清新洁净。（　　）

（13）压缩机运转时可以打开压力表高压阀。（　　）

（14）温度调节旋钮旋到红色区域时，出风口吹出的是冷风。（　　）

（15）当 PTC 水泵发生故障时，空调不会出热风。（　　）

3. 简答题

（1）制动能量回馈的四个重要前提条件是什么？

（2）北汽 EV 系列纯电动汽车，当车辆发生故障时，整车控制器会根据故障等级的不同，执行哪 7 种不同的操作？

（3）简述荣威 E50 冷却风扇的工作条件。

（4）开启制冷系统以后，通过手摸的方法，可以判断哪些部件的工作性能？

（5）简述空调不制冷的诊断思路。

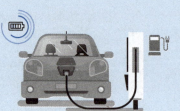

项目五　混合动力汽车故障诊断与分析

学习目标

1. 了解混合动力汽车的分类和基本结构及特点。

2. 熟悉混合动力汽车故障诊断和检测作业的安全注意事项。

3. 熟悉混合动力汽车典型故障诊断思路及检测步骤。

4. 掌握混合动力汽车典型故障现象和原因。

5. 掌握混合动力汽车典型故障分析和检测能力。

6. 掌握混合动力汽车典型故障诊断与排除方法。

 ## 任务一　诊断混合动力汽车故障的能力要求

　　混合动力汽车按驱动动力耦合的方式有三种：第一种是以发动机为主动力，电机作为辅助动力的"并联方式"；第二种是只用动力电机驱动行驶的电动汽车"串联方式"；第三种是"混联方式"。掌握混合动力汽车的分类和结构形式，是分析诊断混合动力汽车故障的基础。

 ### 一、掌握混合动力汽车故障诊断的基础要求

　　要学会混合动力汽车故障分析的能力，必须具备以下知识和基本操作能力：

　　1）熟悉混合动力汽车的分类、整车结构，各部件的作用、结构与工作原理。

　　2）了解整体控制原理和各系统的控制原理。

　　3）能识读和分析电路图。

　　4）掌握诊断仪和万用表等仪器的操作使用方法，知道故障码的含义和产生故障码的条

件，知道主要数据流的含义、标准值，以及造成数据不正确的原因。

5）能够熟练运用维修手册。

 二、掌握混合动力汽车故障诊断的检测能力

1）能正确观察仪表板上的仪表和警告灯状态，了解其含义并能做相应的检测。

2）能正确使用诊断仪对车辆进行全面检测，能够熟练使用诊断仪的所有功能，包括读取 / 清除和分析故障码（定义及运行、设置条件），读取和分析数据流，进行部件驱动测试，设置（校准或标定）及更新控制程序。

3）熟练使用必要设备或仪器量具根据维修手册和电路图进行正确测量，并判断测量结果。

 三、掌握混合动力汽车故障诊断的分析判断思路

判断混合动力汽车故障，首先要了解被检车辆是什么类型的车辆，是串联式、并联式还是混联式。不同类型的车辆，由于组成与结构不同，故障原因及检测诊断方法会有所不同。

其次要了解在什么驱动模式下发生故障，是在纯电动工作模式、发动机工作模式还是在混合动力工作模式下发生故障，从而缩小故障检测诊断的范围，提高故障诊断效率。产生故障时的不同汽车运行模式如图 5-1 所示。

1. 相同故障在不同驱动类型车辆上的检查方法

由于不同驱动类型的混合动力汽车组成与结构不同，所以，同样的故障现象，在不同驱动类型的混合动力汽车上，其诊断方法可能不一样。例如：

（1）串联式混合动力汽车不能起动运行的故障

从串联式插电混合动力汽车结构可以看到，串联式混合动力汽车的驱动动力源是唯一的电机，所以电机可作为诊断的切入口之一。基本检查流程如图 5-2 所示。

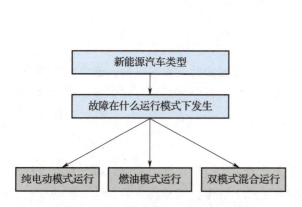

图 5-1　产生故障时的不同汽车运行模式

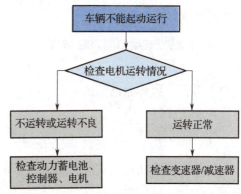

图 5-2　串联式混合动力汽车不能起动运行故障的基本检查流程

（2）并联式、混联式混合动力汽车不能起动运行的故障

并联式和混联式混合动力汽车的起动动力源是发动机的起动机，所以诊断切入口是起动机。其基本检查流程如图 5-3 所示。

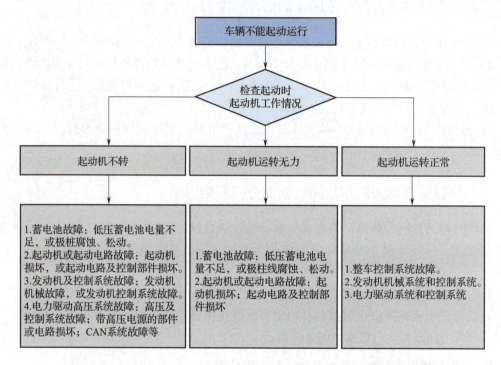

图 5-3　并联式、混联式混合动力汽车不能起动运行故障的基本检查流程

2. 纯电动运行模式下发生故障

如果并联式或混联式混合动力汽车在发动机运行模式时工作正常，而在纯电动运行模式时工作不正常，应在电力驱动系统进行检查分析。故障原因可能是：动力电池和管理系统（包括动力电池系统、动力电池管理系统、动力电池电路系统、动力电池冷却系统等）故障、电机与管理系统（包括驱动电机、驱动电机控制系统故障）故障、变速器故障、整车管理系统故障。

3. 燃油模式运行时发生故障

如果并联式或混联式混合动力汽车在发动机运行模式时工作不正常，就应对发动机进行检查分析。故障原因可能是：发动机机械故障、发动机电控系统故障、变速器故障、整车管理系统故障。

4. 两种动力混合运行时发生故障

如果并联式和混联式混合动力汽车在混合动力工作时不正常，就应对耦合系统进行重点检查分析。故障原因可能是：变速器（耦合系统）故障、差速器故障、电力驱动控制系统故障、整车管理系统故障。

任务二　混合动力汽车的发动机系统常见故障分析

一、常见故障征兆

常见故障征兆如下。

1. 发动机方面

不能起动运行，发动机缺火、不稳定或发出"砰砰"声，动力显著降低，发动机冷却液温度持续偏高，发动机噪声异常，车辆下部漏液（使用后的空调滴水是正常的），排气声有变化等。

2. 电驱动方面

发动机不能起动运行，电机无法起动，电机有卡滞现象及异常响声，电机运转时有过大振动，电动总成有漏油现象、异味排出等。

如果发生以上故障状况，应尽快将车开到具有资质的汽车维修厂，车辆可能需要调整或修理。

二、发动机正常运行的必备条件

混合动力汽车的发动机故障原因和故障现象，与电控汽油发动机相同。但需要增加考虑的因素是在混合动力汽车的高压互锁作用下会造成发动机不能起动运行的故障。

要使发动机正常运行必须满足 4 个条件：要有符合规定的气缸压缩压力、要有正确的点火时刻、要有足够的点火能量、要有恰当的混合气空燃比。任何一个条件不满足或不完全满足就会使发动机运行不正常。

三、故障信息的记录与分类

发动机电子控制单元不断地监测传感器、执行器、相关的电路、故障指示灯和蓄电池电压等，包括电子控制单元本身；对传感器输出信号、执行器驱动信号和内部信号进行可信度检测。一旦发现某个环节出现故障，或者某个信号值不可信，电子控制单元立即在RAM 的故障存储器中设置故障信息记录。故障信息记录以故障码的形式存储，并按故障出现的先后顺序显示。

故障按出现的频度可分成"稳态故障"和"偶发故障"。

故障按信号错误类型可分成 A、B、C、D 四类。A 类故障：信号超过正常范围的上限；B 类故障：信号超过正常范围的下限；C 类故障：无信号；D 类故障：有信号，但信号不合理。

四、根据故障现象进行检修的诊断流程

1. 故障诊断前的初步检查

在根据发动机故障现象进行故障诊断之前，首先应进行下列初步检查：

1）确认发动机故障指示灯工作正常。

2）用故障诊断仪检查，确认没有故障信息记录。

3）确认车主投诉的故障现象存在，并确认发生该故障出现的条件。

如果存在上述问题，首先做相应检查。

2. 外观检查

1）检查燃油管路是否有泄漏现象。

2）检查真空管路是否断裂、扭结，连接是否正确。

3）检查进气管路是否堵塞、漏气、被压扁或损坏。

4）检查点火线圈的外观，是否有鼓包、烧熔，点火顺序是否正确。

5）检查冷却系统管路是否堵塞、漏水。

6）检查增压器的外观有无擦伤，涡轮轴组件是否能自由转动，叶轮有无因冲击而损坏的现象。

7）检查涡轮壳和相关管路接头是否有废气泄漏，进气系统有无泄漏。

8）检查线束搭铁处是否干净、牢固。

9）检查各传感器、执行器插头是否有松动或接触不良的情况。

提示：如果上述现象存在，则先针对该故障现象进行维修作业，否则将影响后面的故障诊断和维修工作。

五、发动机常见故障现象与原因分析

发动机常见故障现象与主要故障原因分析见表 5-1。

表 5-1　发动机常见故障现象与主要故障原因分析

序号	故障现象	主要故障原因分析
1	起动时曲轴不转	机械故障，发动机内部运转部件咬死
2	发动机运行时有异响	机械故障，发动机内部运转部件磨损、装配不良
3	起动机运转正常，发动机不能起动运行	1.起动机损坏或起动控制电路故障 2.蓄电池亏电或极桩线接触不良 3.气缸压力低 4.点火系统能量不足或点火正时不正确 5.无燃油压力或燃油系统其他故障 6.因燃油系统、传感器、废气回收系统、涡轮增压、进气系统漏气等造成混合气过浓或过稀 7. ECU 损坏（外接装置过载导致 ECU 内部元器件损坏或烧毁，进水导致线路板腐蚀） 8. 高压互锁使发动机不能起动运行

（续）

序号	故障现象	主要故障原因分析
4	冷车难起动	1. 冷却液温度传感器等造成冷起动时混合气过稀 2. 喷油器漏油 3. 点火能量不够 4. 节气门体脏污 5. 线路故障
5	热车难起动	1. 冷却液温度传感器等造成热起动时混合气过浓 2. 喷油器漏油 3. 燃油压力、点火能量以及线路故障
6	任何时候难起动	1. 空滤器堵塞，进气道漏气 2. 燃油压力低 3. 点火能量低，火花塞型号或间隙不符合规范 4. 节气门体脏污 5. 喷油器不良，喷油量不符合规定或喷油雾化不良 6. 气缸压力不足 7. 点火顺序或点火正时不符合规范
7	无规律的难起动	1. 导线损坏，插接件接触不良 2. 电器元器件质量差或损坏
8	发动机动力差，加速性能差	1. 燃油系统压力不正确，喷油器喷油不良 2. 火花塞、高压导线、点火器故障造成点火性能差，点火正时不正确 3. 点火顺序或点火正时不正确 4. 气缸压缩压力低 5. 三元催化器堵塞，涡轮增压故障等
9	发动机油耗大	1. 空滤器堵塞 2. 传感器信号不正确 3. 喷油器雾化不良 4. 点火正时不正确 5. 发动机机械故障
10	发动机怠速抖动（怠速抖动、缺缸抖动、怠速过高、怠速过低）	1. 空滤器堵塞、进气道漏气 2. 怠速控制器脏、堵、卡 3. 节气门体脏污 4. 拆洗后未对怠速系统重新设定 5. 火花塞型号或间隙不符合规范 6. 点火顺序或点火正时、燃油压力、气缸压力等不符合规范 7. 喷油器喷油不良 8. 曲轴箱通风系统故障

电控汽油发动机典型故障：发动机缺火且发动机内部没有噪声异响；发动机动力差，加速无力；起动时，发动机可以拖转但不能成功起动；热车起动困难；冷车起动困难；发动机任何时候均起动困难，起动后正常；发动机起动正常，但起动后怠速不稳；发动机起动正常，暖机过程中怠速不稳；发动机起动正常，暖机结束后怠速不稳；发动机起动正常，起动部分负荷（如开空调）时怠速不稳或熄火；发动机起动正常，怠速过高；发动机加速时转速上不去或熄火；发动机加速时反应慢；发动机加速时无力，性能差；发动机加速或

匀速时车辆顿挫、抖动。

混合动力汽车的发动机与传统电控汽油发动机相同，所以故障诊断分析方法与传统电控汽油发动机相同。

任务三　混合动力汽车电力驱动系统部件故障诊断与排查

一、绝缘故障的诊断及排查

混合动力汽车和纯电动汽车都能以纯电池动力来驱动车辆运行，动力电池的输出电压（电流）一般在250~600V，甚至更高。一般环境条件下允许持续接触的"安全特低电压"是直流36V（目前国际上认为是60V），动力电池输出的直流电压已远远超过该安全电压，因此，国家电动汽车相关标准对人员的触电防护提出了明确的要求，其中包括对绝缘电阻值的最低要求。根据《电动汽车用锂离子动力蓄电池包和系统　第3部分：安全性要求与测试方法》（GB/T 31467.3—2015）第5.1.5条规定，蓄电池包和系统在所有测试前进行绝缘电阻测试。要求绝缘电阻不小于100Ω/V。各整车厂开发的新能源汽车，根据各自设定的电压等级来确定动力系统的绝缘电阻报警阈值。动力系统出现绝缘故障，仪表板上警告灯点亮，存储相应的故障码，诊断仪读出数据，非标准数据使用突出显示。应使用手摇式或电子式兆欧表检测电阻绝缘性能是否衰退，检测方法如图5-4所示。手摇式或电子式兆欧表表笔一端连接拆下的线束端或部件端，另一端与车身或部件导电壳体连接，读取到的兆欧表数值即电阻值。

图5-4　检测绝缘性能

1. 比亚迪·秦混合动力汽车的漏电传感器

比亚迪·秦混合动力汽车高压系统由动力电池包、高压配电箱、交流充电口、车载充电器、分布式电池管理系统、维修开关、漏电传感器、驱动电机控制器与DC-DC变换器总成、高压电缆等组成。漏电传感器安装在车身后搁物板前加强横梁上，如图5-5所示。其功用是用于对电动汽车直流动力电源母线与其外壳、车身底盘之间的绝缘阻抗的检测，通常检测与动力电池输出相连接的负极母线与车身底盘之间的绝缘电阻，来判断动力电池包的漏电程度。当动力电池包漏电时，传感器发出一个信号给电池管理控制器，电池管理控制器接到漏电信号后，进

a）安装位置

b）实物

图5-5　比亚迪·秦的漏电传感器

行相关保护操作并报警，防止动力电池包的高压电外泄，造成对人或物品的伤害和损失。漏电故障主要分为两种，即一般漏电故障、严重漏电故障。一般漏电故障：负极母线与车身的绝缘电阻≤100~120kΩ；严重漏电故障：漏电电阻≤20kΩ。

使用绝缘电阻测试仪检查直流高压插接件方法：断开维修开关，拔下高压插接件，用绝缘电阻测试仪测量控制器上高压插接件正极、负极对控制器外壳阻抗，一般应大于20MΩ。

2. 绝缘电阻过低故障的基本诊断方法

首先，用诊断仪读取故障码，并读取相应系统的数据流，结合故障码和数据流进行相应的检测。故障码和数据流不会显示故障点或范围，需要制定诊断流程进行检测诊断。

其次，检查并排除相关系统之间线路连接的故障，然后将检查重点集中在高压部件的绝缘电阻过低方面。检查高压系统时，要将高压系统分成高压电源和高压用电两部分进行排查，缩小排查目标，提高排查效率。如果高压用电部分绝缘电阻存在故障，可逐个断开高压部件检查，拔开某个高压部件后绝缘电阻显示正常，说明该高压部件存在绝缘电阻故障。

3. 绝缘故障的报警

一般电动汽车的最低报警绝缘电阻设定为500kΩ，由电池管理系统（BMS）承担检测功能。当检测到的绝缘电阻值低于该值时，BMS将存储对应的绝缘故障码并上报给整车管理系统，由整车管理系统指令组合仪表的故障灯点亮报警，有的还显示绝缘故障的文字。用诊断仪可读取北汽动力电池系统（BMSPPST）数据，可观察到"绝缘故障状态"的数据状态；用诊断仪读取比亚迪动力电池管理系统。可观察到"绝缘阻值"的数据状态。当组合仪表上显示绝缘故障的文字或警告灯点亮时，表示此时车辆出现绝缘故障，必须马上进行故障排查，以免出现人身安全事故。

4. 绝缘故障的基本排查流程

绝缘故障的种类和故障部件表现多样，可根据以下步骤进行初步排查：

1）如果车辆的仪表能正常显示，并正确反映是否有故障，那么说明BMS绝缘监测系统本身应是正常工作的。

2）如果诊断仪读取有绝缘故障码，或数据流显示高压绝缘有故障，此时首先应检查低压控制线路是否正确或可靠连接。低压线束端插接件插针松脱和扭曲导致连接失效，这些也可能导致产生故障码。

3）排除低压连接线路问题后，再检查排除CAN总线的通信故障，检查终端电阻阻值是否正常。若正常，应该是600Ω；如果测出是400Ω，则可能信号被削弱，会导致CAN通信不正常。

4）当高压部件出现绝缘电阻过低的故障，需要对高电压部件进行相关检查。由于绝缘检测系统无法对绝缘故障点进行定位，这时需要进行逐步的人工排查。

5. 高压系统绝缘故障的排查

高压系统由高压供电系统和高压用电部分组成。高压供电系统部分包括充电系统、电源转换装置、动力电池组、高压配电箱、动力电池管理系统；高压用电部分包括驱动电机系统、空调配电盒和空调压缩机、PTC 水加热器。所有高压导线全部放置在醒目的橙色护套管内。高压插接件和维修开关也全部采用醒目的橘红色。

比亚迪汽车高压配电箱（High Voltage Distribution Assy，HVDB），安装在行李舱电池包支架右上方（车后，面对行李舱观看），如图 5-6 所示。其功用是将电池包的高压直流电分配给整车高压电器使用，其上游是电池包，下游包括驱动电机控制器及 DC 总成、PTC 水加热器、电动压缩机、漏电传感器；将车载充电器的高压直流电分配给电池包。比亚迪汽车高压配电部分控制框图如图 5-7 所示。

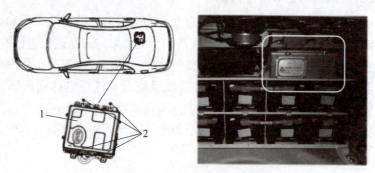

图 5-6　比亚迪汽车高压配电箱

1—高压配电箱　2—外部端子

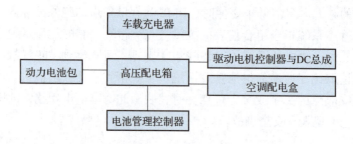

图 5-7　比亚迪汽车高压配电部分控制框图

高压配电箱外部有高压端子、低压线束、漏电传感器检测线、空调熔丝、车载充电保险。高压配电箱外部高压端子如图 5-8 所示。

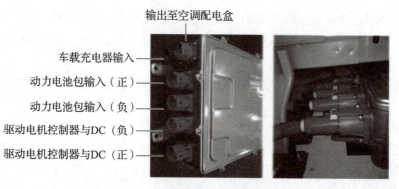

图 5-8　高压配电箱外部高压端子

（1）故障排查步骤

1）断开低压电源，断开维修开关，确保安全操作条件。

2）找到高压配电箱（图5-6），断开高压配电箱外部高压端子动力电池输入端导线（图5-8），从高压配电箱的电池组输入端（配电箱侧）测量对车辆底盘的绝缘电阻。如果绝缘电阻值正常，说明绝缘故障在上游动力电池组；如果绝缘电阻值低于报警电阻阈值，则对高压配电箱和外部负载检查。

3）如果绝缘问题出现在动力电池箱端，则拔掉动力电池组上的所有连接线，分别测量电池组的正负极对车辆底盘的绝缘电阻。如果过低，说明对应的电池组有绝缘问题，需要进一步开箱查找电池本身原因。

如果绝缘问题出现在高压配电箱和下游的负载，则依次拔掉高压配电盒高压电器负载的连接线，例如驱动电机、DC-DC、空调、PTC、充电机等，同时测量高压配电箱内的总正极和总负极对车辆底盘的绝缘电阻。如果上述某个负载接线拔掉后，绝缘正常或者提升，说明该负载存在绝缘问题，依次拔掉所有负载，即可确认故障点方向。

（2）操作注意事项

在进行高压回路的排查前，为了确保安全，一定要按照相应的高压安全操作规程进行作业，操作人员按规定穿戴好防护用品，检查工具的绝缘性。操作时，应戴绝缘手套，穿绝缘靴，站在绝缘台上。使用额定电压至少500V的电压表或测电笔，测量高压部件的残余高电压，如图5-9所示。通常主机厂在设计时都考虑了必须在3min以内将电压放至低于36V，考虑到拆装及维修准备时间，一般切断高压电10min以后，在锂电池处（断开动力电池与高压线束的连接），测量线束端子间的电压应在5V或以下，确保电压降至人体安全电压以内，以降低人体触电的风险。

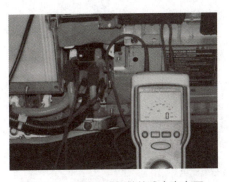

图5-9　测量高压部件的残余高电压

二、动力电池管理系统故障诊断与排查

动力电池为电动车提供动力电源。动力电池管理系统（BMS）对电池组进行管理，能够对单体电池电压、电池组总电压、温度、电流进行检测，并根据检测信息对电池组的均衡充电进行管理，以及对电池组提供保护，防止电池组过充、过放、短路等故障。BMS通过CAN通信网络将电池组相关参数以及故障情况传递给整车控制系统。动力电池管理系统常见故障有充放电电路故障、电池组故障和BMS故障。

1. 充放电电路故障

若充放电电路发生短路，会导致锂电池损坏甚至爆炸，引发安全事故，因此根据电池容量在电池组的总正端配有标称 250~300A 的电流熔断器，在发生短路后熔断器自动断开电路。

比亚迪·秦充电系统常见故障见表 5-2。根据充电流程图（图 5-10）和放电流程图（图 5-11），可以制订充电和放电电路检测方法和步骤。

表 5-2　比亚迪·秦充电系统常见故障

故障状态	可能原因	解决方法
充电装置已连接，已起动充电功能，但不能充电	电源置于 ON 档	将电源置于 OFF 档
	动力电池已充满	动力电池充满时，充电会自动停止
	12V 磷酸铁锂电池过放电	更换或维修低压磷酸铁锂电池
	车辆或交流充电连接装置故障	确定仪表板上有电池故障灯点亮，或是有充电故障提示语，停止充电，与比亚迪认证的经销商联系
充电中途停止充电	电源断电	电源恢复后，充电会自动重新开始充电
	充电电缆没有连接完好	确认充电连接装置电缆没有虚接
	充电连接装置开关被按下	充电连接装置开关被按下则停止充电，需重新连接充电连接装置，起动充电
	动力电池温度过高	仪表显示动力电池温度过高报警指示灯，充电会自动停止，待电池冷却后再充电
	车辆或车载充电器方式故障	确认仪表提升，读取相关数据流并分析

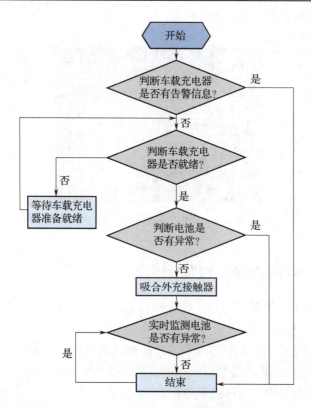

图 5-10　比亚迪·秦充电流程图

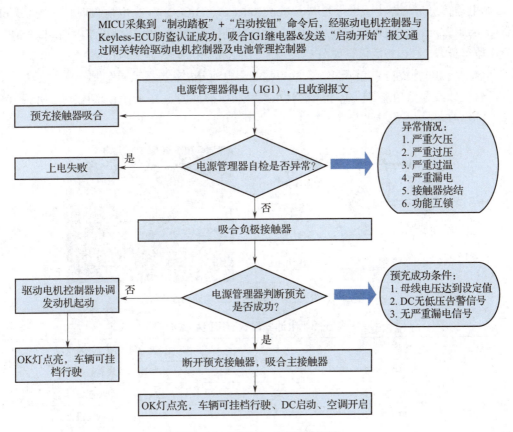

图 5-11 比亚迪·秦放电流程图

2. 电池组故障

电池组作为电动汽车能源系统的核心部件，若发生故障将严重影响整车性能。由于电池组中各单体电池的特性差异，在多次充放电后，各单体电池特性差异可能越来越大，在充放电过程中无法达到充/放电同步，易发生过充/放现象，会大大降低电池使用寿命甚至对其造成永久性损害。已达到使用寿命的单体电池若继续使用，会大大降低整车的行驶距离。因此避免动力电池的过充/过放，并尽早发现已经达到使用寿命的电池并及时更换，对延长电池组整体使用寿命，提高电动车整体性能有重要作用。BMS 实时检测各单体电池电压，若某节单体电池电压在放电过程中迅速降低，说明其 SOC 过低，此时会给整车发送故障信号，建议停止运行并对电池组充电，以防止动力电池过放现象的发生。在充电过程中，为防止单体电池过充，对单体电池进行充电均衡。电池达到使用寿命后，电量会大大降低，若电池电压降到设定值以下，其消耗的电量低于电池标称电量的 50%，表明电池容量大大降低，将发送故障信号以便及时对其进行更换。使用诊断仪对电池组进行检测，可以获得电池组大量信息，是诊断排除电池组故障的主要手段。

3. BMS 故障

BMS 若发生故障将无法对电池组进行监测及有效管理，而且 BMS 本身元器件较多，可靠性相对其他系统较低，因此对其进行故障诊断很有必要。

比亚迪·秦的分布式电池管理系统（Distributed Battery Management System，DBMS），

由 10 个电池信息采集器（Battery Information Collector，BIC）和 1 个电池管理控制器（Battery Management Controller，BMC）组成。10 个 BIC 分别位于 10 个动力电池模组的前端，BMC 位于行李舱车身右 C 柱内板后段，如图 5-12 所示。BMC 的主要功能是总电压监测、总电流监测、SOC 计算、充放电管理、接触器控制、功率控制、电池异常状态报警和保护、漏电报警、碰撞保护、自检以及通信功能等。电池异常状态报警和保护见表 5-3。使用诊断仪对 BMS 检测，是诊断排除 BMS 故障的最主要的手段。

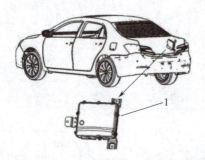

图 5-12　比亚迪·秦的分布式电池管理系统

表 5-3　电池异常状态报警和保护

故障状态	电池管理器系统故障诊断状况
模块温度 ≥ 65℃	一级故障：一般高温报警
模块（单体）电压 > 3.85V	一级故障：一般高压报警
模块（单体）电压 < 2.6V	一级故障：一般低压报警
绝缘电阻 < 设定值	一级故障：一般漏电报警
模块温度 > 70℃	二级故障：严重高温报警
模块（单体）电压 > 4.1V	二级故障：严重高压报警
模块（单体）电压 < 2.0V	二级故障：严重低压报警
绝缘电阻 < 设定值	二级故障：严重漏电报警

三、驱动电机与控制系统故障诊断与排查

在混合动力汽车中，除了混合动力汽车所需的储能系统外，电机驱动及控制系统是最重要的系统。电机驱动控制系统包括电机驱动系统与机械传动机构两个部分。电机驱动系统主要由电机、功率转换器、控制器、各种检测传感器以及电源等构成。

串联式、并联式或混联式的混合动力汽车都可以采用电机驱动车辆行驶。如果电机或电机驱动管理系统有故障，车辆将行驶不良或不能行驶。对并联型和混联型混合动力汽车，高压互锁将控制发动机不能起动运行。

在汽车行业标准《电动汽车用驱动电机系统故障分类及判断》（QC/T 893—2011）中，根据危害的程度，故障可分为致命故障、一般故障、轻微故障三级。把故障模式分为损坏性故障模式、退化性故障模式、松脱性故障模式、失调型故障模式、堵塞与渗漏型模式、性能衰退或失效型故障模式。

1.检查电机或诊断故障的简单方法

检查电机或诊断故障时，可通过看、听、闻、摸四种方法来及时预防和排除故障，保证电机的安全运行。

1）看：观察电机运行过程中有无异常，见表5-4。

表5-4　观察电机运行过程中有无异常

故障现象	故障原因
电机冒烟	定子绕组短路
转速会变慢且有较沉重的嗡嗡声	电机严重过载或缺相运行
电机正常运行时突然停止，接线处冒火花	冒火花的接线处松脱；熔丝熔断或某部件被卡住等
电机剧烈振动	传动装置被卡住或电机固定不良、轴承间隙过大、底脚螺栓松动等

2）听：电机正常运行时应发出均匀且较轻的"嗡嗡"声，无杂音和异响。若发出电磁噪声、轴承杂音、通风噪声、机械摩擦声等明显噪声，均可能是故障先兆或故障现象。电机运行时的噪声特点与原因见表5-5。

表5-5　电机运行时的噪声特点与原因

噪声类别	噪声特点	噪声原因
电磁噪声	电机发出忽高忽低且沉重的声音	轴承磨损从而使定子与转子不同心
		三相绕组存在误搭铁、短路或接触不良、电机严重过载或缺相运行等
		铁心固定螺栓松动，造成铁心硅钢片松动，发出噪声
轴承杂音	运转时有"吱吱"声	金属摩擦声，轴承缺油
	转动时有"唧哩"声	滚珠转动时发出的声音，一般为润滑脂干涸或缺油引起
	"喀喀"声或"嘎吱"声	轴承内滚珠不规则运动而产生的声音，这是轴承内滚珠损坏或电机长期不用，润滑脂干涸所致
传动机构和被传动机构杂音	周期性"啪啪"声	传动带接头不平滑引起
	周期性"咚咚"声	因联轴器或带轮与轴间松动以及键或键槽磨损引起
	不均匀的碰撞声	因风叶碰撞风扇罩引起

3）闻：通过闻电机的气味判断及预防故障。若发现有特殊的油漆味，说明电机内部温度过高；若发现有很重的煳味或焦臭味，则可能是绝缘层被破坏或绕组已烧毁。

4）摸：摸电机一些部位的温度也可判断故障原因。为确保安全，用手摸时应用手背去碰触电机外壳、轴承周围部分。若发现温度异常，其原因可能有以下几种：通风不良，如风扇脱落、通风道堵塞、过载致使电流过大而使定子绕组过热、定子绕组匝间短路或三相电流不平衡、频繁起动或制动；若轴承周围温度过高，则可能是轴承损坏或缺油所致。

2.三相异步电机故障分析

三相异步电机应用广泛，但通过长期运行后，会发生各种故障，因此，及时判断故障原因，进行相应处理，是防止故障扩大，保证设备正常运行的一项重要工作。三相异步电机故障分析见表 5-6。

表 5-6 三相异步电机故障分析

故障现象	故障原因
通电后电机不能转动，无异响，也无异味和冒烟	1. 电源未通（至少两相未通） 2. 熔丝熔断（至少两相熔断） 3. 过流继电器调得过小 4. 控制设备接线错误
通电后电机不转，然后熔丝烧断	1. 缺一相电源，或定子线圈某一相接反 2. 定子绕组相间短路 3. 定子绕组搭铁 4. 定子绕组接线错误 5. 熔丝截面过小 6. 电源线短路或搭铁
通电后电机不转有嗡嗡声	1. 转子绕组有断路（一相断线）或电源一相失电 2. 绕组引出线始末端接错或绕组内部接反 3. 电源回路接点松动，接触电阻大 4. 电机负载过大或转子卡住 5. 电源电压过低 6. 小型电机装配太紧或轴承内油脂过硬 7. 轴承卡住
电机起动困难，额定负载时，电机转速低于额定转速较多	1. 电源电压过低 2. 绕组接线错误，误将三角接法接成星形接法 3. 笼型转子开焊或断裂 4. 轴承损坏或卡住 5. 修复电机绕组时增加匝数过多 6. 电机过载
电机空载电流不平衡，三相相差大	1. 重绕时，定子三相绕组匝数不相等 2. 绕组首尾端接错 3. 电源电压不平衡 4. 绕组存在匝间短路、线圈接反等故障
电机空载、过负载时，电流表指针不稳、摆动	1. 笼型转子导条开焊或断条 2. 绕线型转子故障（一相断路）或电刷、集电环短路装置接触不良
电机空载电流平衡，但数值大	1. 修复时，定子绕组匝数减少过多 2. 电源电压过高 3. Y 接电机误接为 △ 4. 电机装配中，转子装反，使定子铁心未对齐，有效长度减短 5. 气隙过大或不均匀 6. 大修拆除旧绕组时，使用热拆法不当，使铁心烧损
电机运行时响声不正常，有异响	1. 转子与定子绝缘纸或槽楔相摩擦 2. 轴承磨损或油内有砂粒等异物 3. 定转子铁心松动 4. 轴承缺油 5. 风道填塞或风扇摩擦风罩 6. 定转子铁心相摩擦 7. 电源电压过高或不平衡 8. 定子绕组错接或短路

（续）

故障现象	故障原因
运行中电机振动较大	1. 轴承间隙过大 2. 转子不平衡 3. 转轴弯曲 4. 铁心变形或松动 5. 风扇不平衡 6. 电机固定螺母松动 7. 笼型转子开焊断路 8. 绕线转子断路 9. 定子绕组故障

3. 永磁同步电机故障分析

永磁同步电机的故障主要有起动故障、定子绕组故障、转子位置检测故障、温升过高故障等。

目前国产纯电动汽车和混合动力汽车基本都采用永磁同步电机。永磁同步电机常见故障现象及原因见表 5-7。

表 5-7 永磁同步电机常见故障现象及原因

故障现象	故障原因
电机过热	电源故障： 1. 电源电压过高或过低 2. 电源电压不对称 3. 三相电源不平衡
	负载故障： 1. 电机过载运行 2. 拖动的机械负载工作不正常 3. 拖动的机械负载有故障
	通风散热故障： 1. 环境温度高 2. 进风口或冷却水管路堵塞 3. 散热风扇电机损坏不转 4. 散热风扇电机控制器或电路损坏 5. 冷却水系统故障
电机不转	1. 电源未接通、熔丝熔断 2. 定子或转子绕组短路 3. 定子绕组搭铁、绕组相间短路、接线错误 4. 过载 5. 控制设备、轴承损坏
电机带负载时运转缓慢	1. 电源电压过低 2. 绕组故障、接反 3. 过载 4. 电刷磨损，接触不良

（续）

故障现象	故障原因
电机运行时有异响	1. 转子与定子相摩擦 2. 轴承磨损、缺油 3. 定转子铁心松动 4. 风道填塞或风扇摩擦风罩
电机外壳带电	1. 电源线和搭铁线接错 2. 绕组受潮 3. 局部绕组绝缘损坏使导线碰壳 4. 搭铁不良

从电机本身故障产生的机理来分析故障：

1）起动故障：起动故障主要是指永磁同步电机因为某些原因无法正常起动。引起永磁同步电机起动故障的主要原因有电源未接通、母线电压过低、负载过大等，不能起动运转的根本原因是定子电流产生的电磁转矩小于负载转矩。转子位置的测量或计算错误也可以导致永磁同步电机起动失败或者起动不正常。

2）定子绕组故障：永磁同步电机定子绕组的故障主要是指因匝间短路或由匝间短路发展导致的相间短路、搭铁短路等。如果不及时对这些故障进行处理，电机将会因为电机定子绕组所产生的电磁转矩不够而导致电机减速或者电机失步。

3）电机位置检测故障：永磁同步电机的电机转子位置的精确测量对整个电机控制系统来讲是非常重要的。如果测量不准确或者错误，将会导致电机无法正常起动，电机失步，电机输出转矩无法达到额定转矩等。另外，电机转子的位置信号是整个控制系统中重要的反馈信号，电机位置经控制器处理计算后，用于矢量控制和诊断，对永磁同步电机的速度控制尤为重要。

4）转子失步故障：电源或线路故障引发电机突然断电，负载转矩大于电机所能带动的最大负载，对控制系统和负载危害极大，可能造成电机振动、电机轴承损坏、负载受损，失去原有性能和功能。

5）电机过热故障：电机带载运行时，负载越大，电机输出功率越大，温升越高。现代永磁同步电机一般采用水冷方式，用循环水将电机定子散发的热量带出，进而达到给电机降温的目的。当冷却系统出故障时，将会直接导致电机的热量散发不出去，继而引发电机的温度升高。电机的温度过高，不仅会使电机的寿命缩短，定子绕组绝缘程度下降，甚至可能造成火灾等危险。

对于水冷却方式，当检查到流出冷却系统的水温大于流入的水温时，说明水冷却系统出现故障，这可能导致电机损坏。对于风冷却式，冷却风扇不转，电机温度立即升高。

4. 电机控制系统

混合动力汽车用电机控制器的作用是驱动电机运转工作，将动力电池的直流电转为交流电，输出给电机，驱动汽车行驶或起动发动机工作；能量回收控制作用，控制电机作为发电机输出时输出功率，并为动力蓄电池进行充电或进行能量回收；根据汽车行驶速度由控制器控制驱动电机实现动力输出；ABS能量回收，在汽车下坡或制动时，由控制器控制电机进行能量回收，为蓄电池进行充电；能根据汽车行驶速度由控制器控制电机进行辅助制动；功能控制，对汽车的速度、温度、加速性能、制动、软起动进行一系列的数字化处理，实现过压、过流、超载、超温、超速的自我保护；信号和通信控制，进行功率控制及加速时，实施调频调幅大动态范围控制。

电机控制器不能正常工作的故障原因有内部原因和外部原因。控制器内部故障有功率管器件损坏、内部供电电源损坏、控制器控制程序不完善等。外部故障有传感器损坏或线路故障造成控制器收不到传感器信号、控制器电源或搭铁有故障、与其他控制单元通信断路等。

如果驱动电机不工作或工作不良，可能是电机故障，也可能是电机控制器故障，没有输出正确的控制信号。电机控制器损坏一般都会产生故障码，可用诊断仪读取故障码，根据故障码进行检测排除故障。如果有故障但没有故障码，可根据原厂维修资料或技术通报或获取原厂技术服务部帮助，在确保高压安全的前提下进行检测维修。

 # 任务四　典型并联插电式混合动力汽车故障诊断方法

一、比亚迪·秦混合动力汽车结构特点

比亚迪·秦是并联插电式混合动力汽车，由发动机、电机、动力电池组、功率转换器、耦合器、离合器、高压线束、充电器和充电口等组成。

1. 内燃发动机

混合动力汽车的主动力由电控汽油发动机提供。电控汽油发动机的结构与普通的电控发动机完全相同。

比亚迪·秦混合动力汽车采用 1.5L Ti 缸内直喷 + 涡轮增压的 BYD476ZQA-2 发动机，最大功率 113kW/5200r·min^{-1}，最大转矩 240N·m/1750~3500r·min^{-1}。如图 5-13 所示，BYD476ZQA-2 发动机采用废气涡轮增压、缸内直接喷射、液压挺柱、全铝机体、进气 VVT 等先进技术。

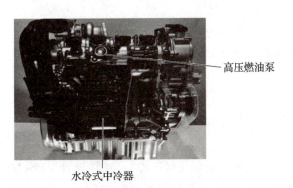

图 5-13　比亚迪·秦 1.5LTi 缸内直喷 + 涡轮增压发动机

2. 发动机电控系统

比亚迪·秦 TB10 电控系统与汽油发动机控制系统在组成与基本工作原理方面是相同的，发动机电控系统由输入部件、输出部件和电控单元 ECU 组成，如图 5-14 所示。

TB10 发动机管理系统属于电子控制的汽油缸内直喷系统，系统采用开环和闭环（反馈）控制相结合的方式，对发动机的运行提供各种控制信号。进气压力传感器和发动机转速信号决定基本喷油量，再根据其他传感器信号修正喷油量。曲轴位置传感器、凸轮轴位置传感器决定喷油正时。发动机起动后，首先根据凸轮轴位置传感器信号和发动机转速信号确定初始点火提前角，然后根据发动机转速和负荷信号确定基本点火提前角，最后根据其他相关传感器修正点火提前角，以此获得最佳点火提前角。

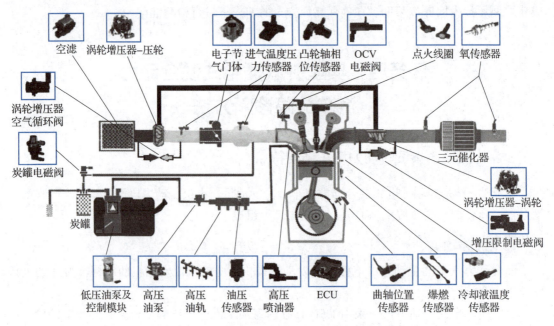

图 5-14　比亚迪·秦 TB10 电控系统组成

3. 变速器

（1）变速器简介

比亚迪·秦采用手自一体六挡混合动力自动变速器，变速器型号为 BYD6HDT35，如图 5-15 所示，动力系统如图 5-16 所示。6HDT35 变速器采用的是湿式双离合器，利用变速器油进行冷却和润滑。

基本特点：

1）拥有两组自动控制的离合器，分别相连两根输入轴。

2）离合 1 控制 1、3、5、R 挡，离合 2 控制 2、4、6 挡。

3）采用预挂挡形式，两组离合器交替工作，换挡时间短且动力无间断输出；相当于两台独立手动变速器通过电液控制模块协调控制实现自动变速功能。

图5-15　比亚迪·秦手自一体六挡混合
　　　　　动力自动变速器

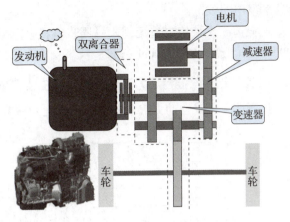

图5-16　比亚迪·秦动力系统

（2）工作模式简介

1）驱动模式选择。比亚迪·秦自动变速器可以实现电驱动（EV）模式和混合动力（HEV）模式。

2）EV纯电动工作模式。动力电池提供电能，电机通过减速器驱动车辆，满足各工况下的运行，起步、稳速、加速、倒车等。

3）HEV稳速发电工作模式。当电量不足时，系统从EV模式自动转换到HEV模式，使用发动机驱动，在车辆以较稳定的速度行驶时，发动机输出的一部分转矩会驱动电机进行发电，对动力电池进行充电。

4）HEV混合动力工作模式。当用户从EV模式自动转换到HEV模式后，车辆由发动机和电机共同驱动。

5）HEV燃油驱动工作模式。当电量不足或高压系统有故障时，可单独使用发动机驱动。

6）能量回馈工作模式。在车辆减速时，电机将车辆需要降低的动能转换为电能储存在动力电池内。

4. 冷却系统

混合动力汽车除了用传统机械冷却水泵对发动机进行冷却之外，还增加了对电机进行冷却的水泵和对电池进行冷却的水泵（具有水冷循环系统）。

比亚迪·秦冷却系统由发动机冷却系统和电机冷却系统组成。发动机冷却系统与传统涡轮增压车型冷却系统一样，系统水温一般在90~100℃，允许最高温度为110℃。

电机冷却系统采用了单独装有电动水泵的独立冷却系统，用于电机与电机控制器的冷却。电动水泵驱动冷却液独立循环的冷却系统由散热器、电子风扇、水管、冷凝罐、电机水套、电机控制器、水泵组成。系统水温一般在50~60℃，允许最高温度为75℃。

5. 电机

电机是混合动力汽车的动力源之一，向外输出转矩，驱动汽车前进后退。同时，也可以作为发电机发电。

比亚迪·秦使用交流无刷永磁同步电机，电机工作参数：额定功率110kW、最大转速10000r/min、最大转矩200N·m。

6.比亚迪·秦混合动力汽车电驱动系统架构图

比亚迪·秦混合动力汽车电驱动系统架构如图5-17所示。

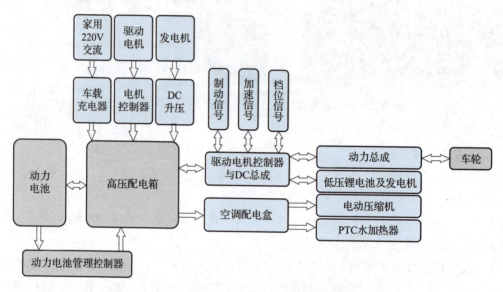

图5-17　比亚迪·秦混合动力汽车电驱动系统架构

二、插电式混合动力汽车故障诊断方法

插电式混合动力汽车的驱动工作模式有三种：电机驱动模式、发动机驱动模式、发动机和电机共同驱动模式。比亚迪混合动力汽车和荣威混合动力汽车都是并联插电式混合动力汽车，虽然结构与控制上有差异，但控制模式基本相同，见表5-8。

表5-8　并联插电式混合动力汽车的工作模式

工作模式	发动机	动力电池组	电动机—发电机	整车状态
纯电机驱动	关机	放电	电动	驱动
再生制动充电	关机	充电	发电	制动
混合动力驱动	机械动力输出	放电	电动	驱动
强制补充充电	机械动力输出	充电	发电	驱动
纯发动机驱动	机械动力输出	既不充电，也不放电	不工作	驱动
停车补充充电	机械动力输出	充电	发电	停车

混合动力汽车故障诊断的流程如下：

1）了解故障在什么工作模式下发生（表5-8）。

2）确认故障的存在和真实性。

3）接通点火开关，查看仪表和警告灯显示情况是否正常。

4）查看动力舱有无异常情况。

5）读取和记录故障码，分析是当前故障码还是历史故障码，区别与故障无关的故障码。

6）读取检查数据流，是否有红色不正常数据，结合故障码进行综合分析。

7）用诊断仪检查有无需要重新标定和更新的程序，有些故障可通过软件升级加以解决。

8）查阅原厂技术通报，了解是否有类似故障，进行参考。

9）查阅原厂维修资料进行检测维修，必要时获得主机厂售后技术服务部门的支持。

任务五　典型混联式混合动力汽车结构与故障解析

丰田普锐斯混合动力汽车是典型的混联式混合动力汽车，简称 THS（Toyota Hybrid System），如图 5-18 所示。

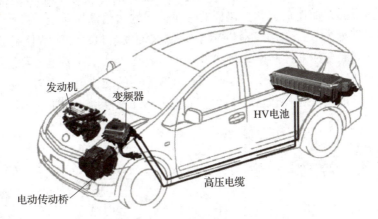

图 5-18　丰田普锐斯混合动力汽车

一、丰田混联式混合动力汽车特点与结构

1. 丰田混联式混合动力汽车结构特点

丰田普锐斯和凯美瑞混合动力车辆都是混联式混合动力系统，具有串联式和并联式系统的双重功能。丰田混合动力汽车发动机和驱动桥如图 5-19 所示。丰田普锐斯采用 1NZ-FXE 阿特金森式发动机，直列 4 缸，16 气门，双顶置凸轮轴。混合动力系统具有两台电机（MG1 和 MG2）。MG1 利用发动机动力发电，产生的电能用于为 HV 蓄电池充电、为 MG2 提供动力。车辆可由汽油机或电机分别驱动，也可由汽油机和电机混合输出驱动。由于发动机可带动 MG1 发电为 HV 蓄电池充电，所以无需对车辆进行充电。

图 5-19 丰田混合动力汽车发动机和驱动桥

2. 丰田普锐斯混合动力系统组成

丰田普锐斯混合动力系统组成如图 5-20 所示。HV ECU 根据加速踏板位置传感器发出的信号检测加速踏板上所施加力的大小。HV ECU 收到发电机（MG1）和电动机（MG2）中速度传感器（解角传感器）发出的车速信号，并根据挡位传感器的信号检测档位。HV ECU 根据这些信息确定车辆的行驶状态，对发电机（MG1）、电动机（MG2）和发动机的动力进行最优控制。此外，HV ECU 对动力的转矩和输出进行最优控制以实现低耗油和更清洁的排放等目标。在图 5-20 中，高压系统基本上能以最理想的方式满足驾驶人的需求。为了解驾驶人的意图，加速踏板和变速杆的位置信号输送给高压系统，高压系统不是以程序直接控制而以下列方式：①用发动机 ECU 控制汽油发动机；②防滑控制 ECU 控制制动系统；③用变频器和变换器控制电动机和发电机。高压电从高压蓄电池经过系统主继电器到变频器和变换器。然后直流电变为 MG1 和 MG2 需要的交流电，也转换为空调压缩电机和 EPS 需要的交流电及辅助蓄电池需要的直流电。HV 控制系统的组成如图 5-21 所示。

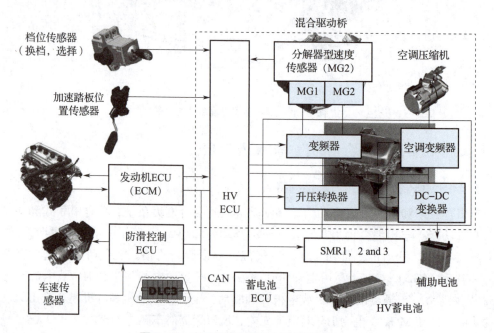

图 5-20 丰田普锐斯混合动力系统组成

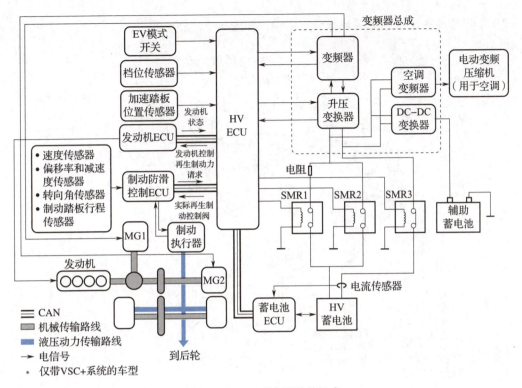

图 5-21 HV 控制系统的组成

3. 丰田普锐斯混合动力系统组件安装位置

1）丰田普锐斯混合动力系统车身及发动机舱组件如图 5-22 所示。

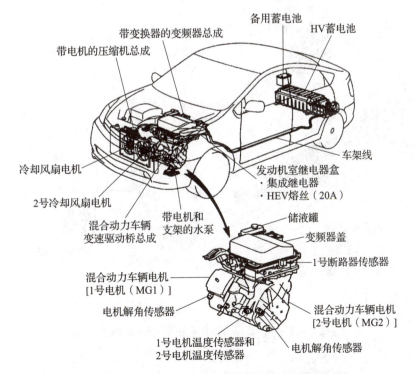

图 5-22 丰田普锐斯混合动力系统车身及发动机舱组件

2）丰田普锐斯混合动力系统驾驶室内组件如图 5-23 所示。

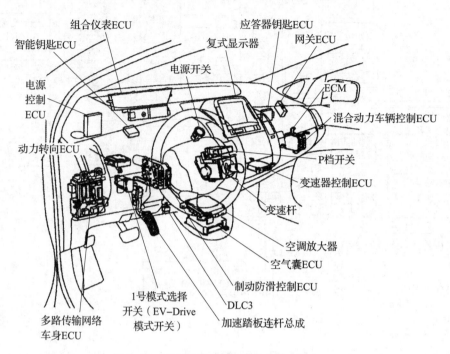

图 5-23　丰田普锐斯混合动力系统驾驶室内组件

3）丰田普锐斯混合动力系统高压蓄电池如图 5-24 所示。

4）丰田普锐斯混合动力系统高压蓄电池组件如图 5-25 所示。

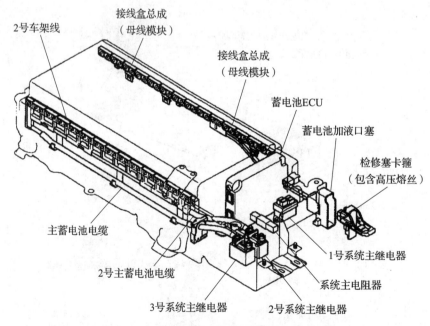

图 5-24　丰田普锐斯混合动力系统高压蓄电池

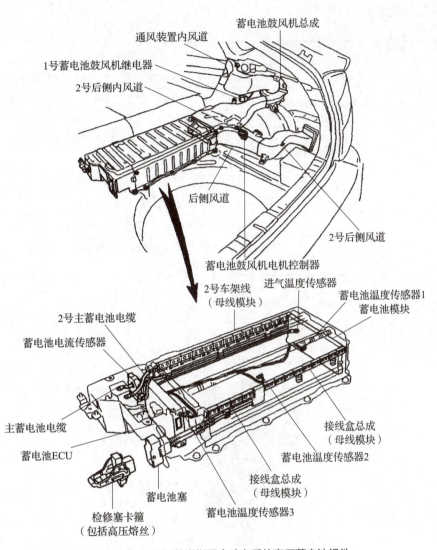

通风装置内风道
蓄电池鼓风机总成
1号蓄电池鼓风机继电器
2号后侧内风道
后侧风道
2号后侧风道
蓄电池鼓风机电机控制器
2号车架线（母线模块）
进气温度传感器
蓄电池温度传感器1
蓄电池模块
2号主蓄电池电缆
蓄电池电流传感器
主蓄电池电缆
蓄电池ECU
接线盒总成（母线模块）
蓄电池温度传感器2
接线盒总成（母线模块）
蓄电池塞
蓄电池温度传感器3
检修塞卡箍（包括高压熔丝）

图 5-25 丰田普锐斯混合动力系统高压蓄电池组件

4. 丰田混合动力汽车各组件功能（表 5-9）

表 5-9 丰田混合动力汽车各组件功能

组件		功能
传动桥	动力分配行星机构	切换耦合和分配来自不同动力源的动力（速度、旋转方向和转矩）。例如：将发动机的动力分为 2 个路径，其中一路分给车轮以驱动车轮，另一路分配给 MG1 以发电
	MG2	主要用于补充发动机动力，以提高驾驶性能；减速时，通过再生制动发电
	MG1	主要通过使用发动机输出的动力发电；用作起动机以起动发动机
HV 蓄电池	HV 蓄电池	储存 MG1 和 MG2 发的电；驱动 MG1/MG2 时，为 PCU 提供电能
	系统主继电器（SMR）	根据来自 HVECU 的信号连接或切断高压电源电路
	维修塞	拆下维修塞把手即切断 HV 蓄电池的高压电源电路

（续）

组件		功能
动力控制单元 PCU	各逆变器	将来自增压转换器的直流电转换为三相交流电，以驱动 MG1 和 MG2
	增压转换器	将 HV 蓄电池的电压从 244.8V 增大至 650V（最大）；降低 MG1 和 MG2 发电的电压，为 HV 蓄电池充电
	DC-DC 变换器	将 244.8V 直流电降为 14V 直流电，为辅助蓄电池充电，并为辅助系统提供动力（相当于常规车辆的交流发电机）
控制 ECU	HV ECU	监控和控制 HV 蓄电池的工作
	蓄电池 ECU	检测 HV 蓄电池的温度、电压和电流，然后传输给 HVECU
	ECM/ 发动机 ECU	控制发动机，以响应来自 HVECU 所需发动机输出功率
	防滑控制 ECU	制动时要求 HVECU 进行再生制动；对制动系统进行控制，实现 ABS、TRC、VSC 等功能

5. 混合动力系统组成部件

1）混合动力传动桥（图 5-26、图 5-27）。

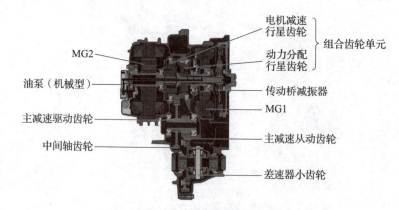

图 5-26　混合动力传动桥

图 5-27　电机与行星齿轮机构

2）带变换器的变频器（图 5-28、图 5-29）。

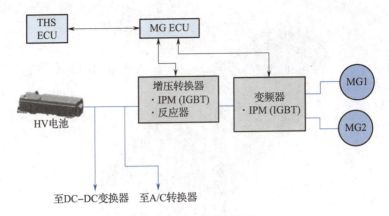

图 5-28 变频器总成

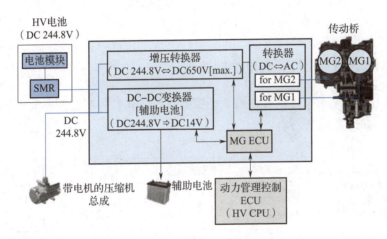

图 5-29 带变换器的变频器总成

注：图中的 DC 表示直流，AC 表示交流

3）高压线束（图 5-30）。

4）HV 动力电池（图 5-31）。

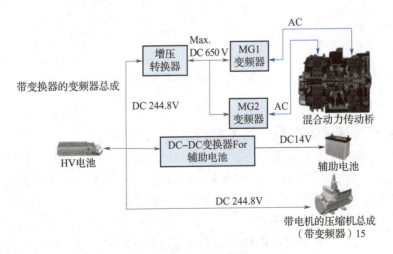

图 5-30 高压线束

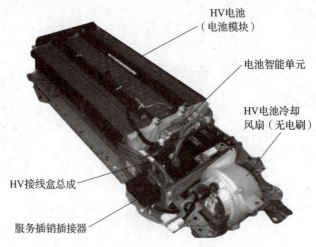

图 5-31　HV 动力电池

二、蓄电池 ECU 对 HV 蓄电池的控制

蓄电池 ECU 对 HV 蓄电池的控制有 3 个控制内容：SOC 控制、蓄电池冷却风扇控制、绝缘异常控制，如图 5-32 所示。

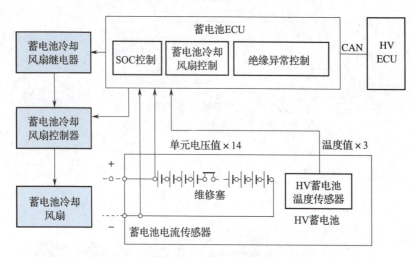

图 5-32　蓄电池 ECU 对 HV 蓄电池的控制

1. SOC 控制（图 5-33）

HV 蓄电池在加速过程中放电，在减速过程中由再制动充电。

蓄电池 ECU 根据 HV 蓄电池的电流、电压和温度计算 SOC。蓄电池 ECU 始终根据充电和放电级进行充放电控制，以使 SOC 保持接近目标水平。SOC 的控制目标值约为 60%，最大值约为 80%（通常上限约为 75%），最小值约为 20%（通常下限约为 30%）。

蓄电池 ECU 可根据蓄电池单元（1 个单元包括 2 个单元模块）计算 SOC，并在不同蓄电池单元的 SOC 之间有差别时设定 DTC。各单元的电压和 SOC 也可通过诊断仪的 ECU 数据查看。

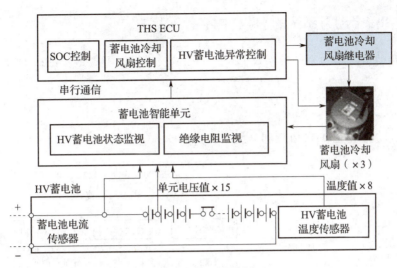

图 5-33 SOC 控制

2. HV 蓄电池冷却风扇控制

蓄电池 ECU 通过检查 HV 蓄电池温度并在温度升高时适当控制冷却风扇，将 HV 蓄电池温度控制在适当水平。

3. 绝缘异常控制

为了安全，混合动力汽车的高压电路与车身搭铁绝缘。内置于 HV 蓄电池 ECU 的"漏电检测电路"持续监视高压电路与车身搭铁绝缘性能，如图 5-34 所示。如果绝缘电阻降至低于规定阈值，则存储一个 DTC（高压绝缘异常），且点亮组合仪表板上的警告灯。

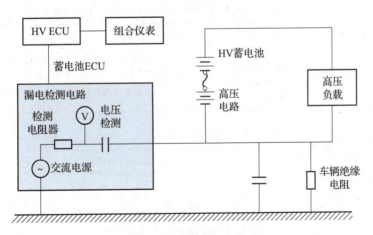

图 5-34 漏电检测电路

漏电检测电路有交流电源，允许少量交流电流至高压电路，交流电路经检测电阻器、电容器，至车身搭铁。车辆绝缘电阻越小，检测电阻器的电压就越低，交流波也越低。根据交流波的波幅可以检测绝缘电阻值，转换为 ECU 数据"Short Wave Highest Val"，该值在 0~5V 之间，可通过诊断仪检测。

三、丰田混合动力系统的 DTC

丰田混合动力汽车的原厂诊断仪 IT–Ⅱ（图 5-35），具有读取故障码 DTC 和数据流等功能。

1. 混合动力系统 DTC 组成

丰田混合动力系统 DTC 由三部分组成，如图 5-36 所示。

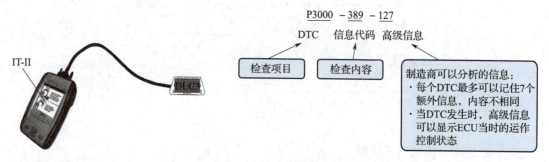

P3000 — 389 — 127
DTC　信息代码　高级信息

检查项目　　检查内容

制造商可以分析的信息：
· 每个DTC最多可以记住7个额外信息，内容不相同
· 当DTC发生时，高级信息可以显示ECU当时的运作控制状态

图 5-35　丰田混合动力汽车的原厂诊断仪 IT-Ⅱ　　图 5-36　丰田混合动力系统 DTC 组成

2. 混合动力系统 DTC 与发动机系统 DTC 的差异

丰田混合动力汽车的混合动力系统 DTC 与其他系统（如发动机系统）使用的 5 位数代码不同，由系统代号（1 个字母）起头后跟 4 个数字，再加上 3 个数字组成的信息码组成，见表 5-10。没有详细信息（INF 代码）就无法进行故障排除。混合动力蓄电池电压系统绝缘故障举例见表 5-11 和图 5-37 所示。

表 5-10　混合动力系统 DTC 与发动机系统 DTC 的差异

项目	DTC	描述
发动机系统 DTC	P…	使用 5 位数代码对故障部位进行分类
混合动力系统 DTC	P…– ▲▲▲ （代码组）–（INF 代码）	使用 5 位数代码和 INF 代码，对故障部位进行分类

表 5-11　混合动力系统 DTC 与 INF

DTC （代码组）	详细信息（故障部位）	
	INF 代码	信息
POAA6 （混合动力蓄电池电压系统 绝缘故障）	526	所有部位（整个高压电路绝缘异常）
	611	空调压缩机和空调逆变器
	612	HV 蓄电池、蓄电池智能单元、HV 继电器总成
	613	混合动力车辆传动桥、逆变器
	614	直流高压部位
	615	后传动桥、逆变器

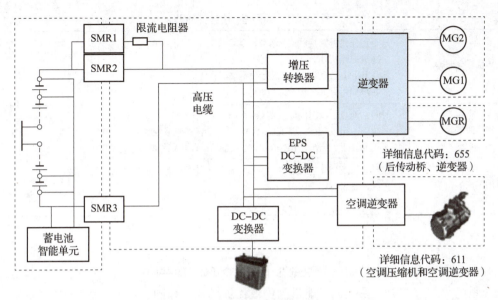

图 5-37　绝缘故障部位

（四、丰田混合动力系统故障诊断

1. 丰田混合动力系统故障诊断的基本流程

丰田混合动力系统故障诊断的基本流程如图 5-38 所示。

当向客户询问其抱怨或顾虑时，应尽可能详细询问并认真听取客户对其问题的陈述，以便获得故障出现前、后状况的更多信息，见表 5-12。

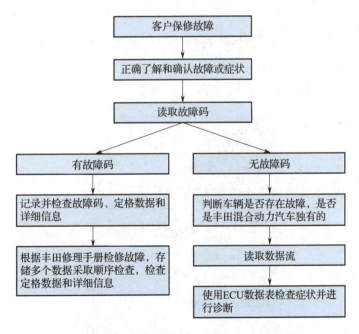

图 5-38　丰田混合动力系统故障诊断的基本流程

新能源汽车维护与故障诊断

表 5-12　询问客户的各种问题

出现前的状况	是否有任何异常症状或操作： ·冷机或暖机 ·自 READY-ON 状态起的行驶距离、行驶时间及路况 ·客户如何驾驶车辆
出现时的状况	时间、地点、状况的详细信息： ·故障、出现频率、路况、驾驶条件，如何感觉或观察到该症状 ·车辆处于 / 未处于 READY-ON 状态时可以 / 无法进行什么操作
出现后的状况	车辆状况及故障出现后客户进行的操作（任意警告显示、能够 / 不能够等）： ·故障是否持续 ·车辆何时及在何种情况下恢复正常

2. 多个 DTC 的诊断方法

控制系统发出的某个控制信号通过两个或多个 ECU 的共同协作计算出来，当其他相关 ECU（系统）发生故障，系统将可能进入失效保护模式，如图 5-39 所示。如果出现一个故障码，可以根据 DTC 和 INF（信息）进行针对性检测。如果出现多个故障码，应全面分析它们之间的关联性。

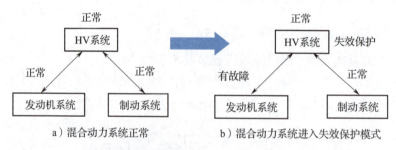

图 5-39　因发动机系统的故障导致 HV 需要进入失效保护模式

1）确认客户抱怨的问题，并正确检查汽车的状态，以辨认故障的真实性。

2）检查和记录所有系统的 DTC，如图 5-40 所示。

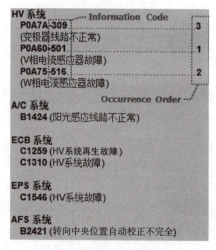

图 5-40　显示全部故障码

264

3）如果 HV 系统有 DTC 存在，确认信息码和优先顺序。

4）检查和记录 FFD（每个系统）工作历史数据。

5）剥离与当前故障不关联的 DTC（例如 A/C、AFS 等），当出现多个故障码，查看时应将与当前故障无关的故障分离开，如图 5-41 所示。

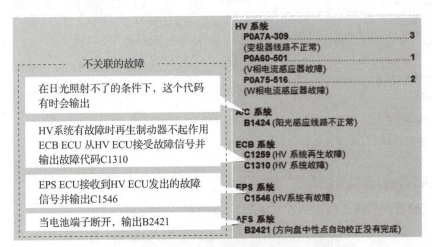

图 5-41　剥离与当前故障不关联的 DTC

6）推测故障。清除 DTC 后，再次读取故障码，查看故障是否依然存在，如果故障依然存在，说明目前存在该故障。如果有多个故障码，则按照故障码出现顺序进行检查，如图 5-42 所示。

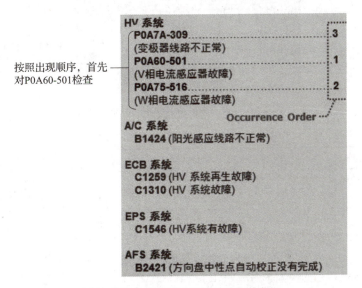

图 5-42　按照故障码出现顺序进行检查

3. 有 DTC 不代表一定有不正常的输出

DTC 的设置还取决于一定的驾驶 / 运行情况，即使系统功能正常，若因操作条件不满足也会存储 DTC，但不一定存在真实故障，见表 5-13。

表 5-13　DTC 设置的条件和原因

DTC-INFCode	条件	输出原因
[P3000-388] 放电抑制控制故障	变速杆停留在 N 位	·挡位在 N 的时候不能发电 ·挡位持续保持在 N，HV 电池持续放电 ·当 SOC 达到指定的水平，DTC 会被储存
	没有汽油	·没有汽油，发动机不能工作 ·不能发电，HV 电池持续放电 ·当 SOC 达到指定的水平，DTC 会被存储
[P3000-389] 放电抑制控制故障	车辆没有长期使用	·如果车辆没有被长期使用，HV 电池容量持续下降，DTC 会被存储
[P3190] 发动机动力不足	汽油过少	·汽油发动机动力输出达不到规定值，DTC 会被存储
[P0A0D-350] 锁止操作	在排除故障后	·如果服务插销被拔出后，将点火开关转至 ON，DTC 会被存储

4. 使用定格数据和详细信息

使用定格数据和详细信息的方法如图 5-43 所示，见表 5-14。

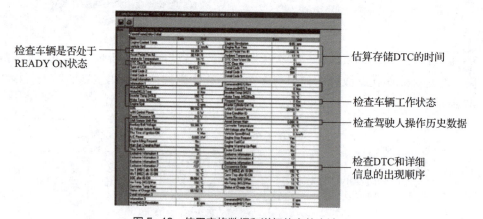

检查车辆是否处于 READY ON 状态

估算存储DTC的时间

检查车辆工作状态

检查驾驶人操作历史数据

检查DTC和详细信息的出现顺序

图 5-43　使用定格数据和详细信息的方法

表 5-14　使用定格数据和详细信息的方法

待查项目和检查顺序	待查数据	待查详细信息
（1）检查 DTC 和详细信息的出现顺序	OccurrenceOrder（出现的顺序）	检查故障码的存储顺序
（2）估算存储 DTC 的时间	DTCCleanWarmUp（DTC 清除后暖机）；DTCCleanRunDistance（DTC 清除后，车辆运转的里程）；DTCCleanMin；EngineRunTime（DTC 清除后，最短的发动机运转时间）	检查存储 DTC 的时间是否与诊断问卷的结果一致
（3）检查驾驶人操作历史数据	ShiftSensorShiftPos（档位传感器的档位位置）；AccelSensorMain（主加速踏板传感器）；StopSwitch（制动开关）	确定驾驶人可能进行的驾驶操作
（4）检查车辆是否处于 READY ON 状态	AuxiliaryBatteryVoltage（辅助蓄电池电压）	确定车辆是否处于 ReadyOn 状态； 结果：蓄电池电压大约为 12.5V 或更低时，未处于 ReadyOn 状态

（续）

待查项目和检查顺序	待查数据	待查详细信息
（5）检查车辆工作状态	Motor（MG2）Revolution（电机 MG2 转速）；Motor（MG2）Torq（电机 MG2 转矩）；Generator（MG1）Rev（发电机 MG1 转速）；Generator（MG1）Torq（发电机 MG1 转矩）	使用列线图了解车辆工作状态

五、日系混合动力汽车故障诊断安全注意事项

1. 确认车辆是否处于怠速停机模式

在维修日系混合动力汽车之前，必须知道一些必须加以防范的安全防护措施。本田 Insight、思域和丰田普锐斯这三款混合动力汽车都有一个"怠速停机"模式，可以在临时停车时，如在遇到红色交通信号灯时，关闭汽油发动机。在这种模式下，当踩下加速踏板时，最初车辆会在电机的驱动下行驶。经过很短的行驶时间之后，车辆便进入正常的行驶状态，汽油发动机会重新起动并提供动力。因此当一辆混合动力汽车被送到维修厂进行维修时，如果发动机已熄火，但点火钥匙又被置于"ON"的位置，那么维修时可能会出现问题。此时维修技术人员可能会认为，既然发动机已经关闭，因此可以安全进行维修工作。但这时如果踩下加速踏板，可能会使发动机重新起动，从而产生严重的后果。在本田公司的混合动力汽车上，在发动机转速表左下方有一个汽车驻车指示灯，如果这个灯在闪烁，则表明该辆汽车处于"怠速停机"模式，同时也在警告维修人员，在维修该车辆之前，一定要把点火开关关掉。而丰田普锐斯混合动力汽车处于怠速停机模式时，在显示板上的档位指示器上方有一个就绪指示灯。在对汽车进行维修工作之前，要确保就绪指示灯是熄灭的。因此，也应该把点火开关关掉。所以维修人员在动手作业之前，一定要确认车辆当前的状态。当然最为安全稳妥的做法，就是把钥匙从点火开关上拔下来。

2. 高压安全维修开关

在维修混合动力汽车时，最重要的安全问题是高压电气系统，其中包括电机、蓄电池组、控制系统和电线束。为保证安全，所有的高压电线接线端都是密封的或隔离的，而且电线束都是橙色。

如果没有戴上绝缘性能良好的高压防护手套，不要轻易触摸这些电线束。即使这些绝缘手套上只有一个极小的针孔，都可能会导致电流从孔中穿过，经人体流向大地，危及维修技术人员的生命安全。

尽管可以用探针穿过电线绝缘层来检查普通汽车上的 12V 电气系统的一些性能，但对于混合动力汽车上这些橙色高压线束，切不可这样做。跟上面介绍的情况一样，这些高压线束上一个极小的孔都可能导致高压电流外漏。不过，与其他新能源汽车相同，每个混合动力汽车的高压电气系统都设有易于关闭的安全维修开关，以确保有一个安全的维修工作条件。

本田汽车的高压安全维修开关通常装在动力控制单元上，本田 Insight 的动力单元位于后座地板附近，是水平安装的，隐藏于地毯之下。本田思域的智能动力单元是垂直安装的，位于后排乘客座位的后面。对于本田公司的这两款混合动力汽车，要想拆除轿车上的

高压电气系统，需要打开动力单元上面的一个小盖子，并且把里面的开关打到 OFF 位置。

要想拆除丰田普锐斯高压电气系统，只需要取下位于驾驶人一侧的行李舱后面的维修塞即可，如图 5-44 所示。维修塞的饰板在后排座位附近的地毯下面。当维修高压电气系统时，建议取下维修塞后放在口袋里随身携带，以防其他维修人员在维修时又把它安上去，造成重大安全事故。

图 5-44　丰田 Pruis 维修塞

任务六　混合动力汽车典型故障诊断与分析

一、比亚迪·唐典型故障诊断与分析

1. 漏电故障检修

（1）故障现象

车辆起步后，仪表板显示"请检查动力系统"，系统自动切换为 HEV 模式，如图 5-45 所示。使用诊断仪检测故障，显示 P1CA1（漏电传感器报严重漏电故障）、P1CA2（一般漏电故障），如图 5-46 所示。

图 5-45　仪表板显示"请检查动力系统"　　图 5-46　VDS1000 诊断仪故障检测

（2）故障原因分析

查阅维修资料，高压系统漏电故障主要发生在以下几方面：

1）高压模块、电机存在漏电。

2）动力电池包存在漏电。

3）高压线束存在漏电。

4）漏电传感器故障。

5）BMS 故障。

6）低压信号线故障。

（3）故障排查

比亚迪·唐动力电池有高电量版（712.8V）和低电量版（620.4V）两种。动力电池正 / 负极母线位于点烟器下方，动力电池正 / 负极母线座含一根搭铁线，如图 5-47 所示。

动力电池采样线位于驾驶人座椅下面，如图 5-48 所示。动力电池采样端子定义见表 5-15。

电池包正极母线　电池包搭铁线

电池包负极母线

图 5-47　比亚迪·唐动力电池母线

图 5-48　比亚迪·唐动力电池采样线

表 5-15　比亚迪·唐动力电池采样端子定义

端子	定义	端子	定义
A（1）	BIG 电源正	T（17）	高压检测互锁正
B（2）	BIG 电源正	U（18）	高压检测互锁负
C（3）	电池模组接触器 1 电源正	V（19）	—
D（4）	电池模组接触器 2 电源正	W（20）	严重漏电
E（5）	—	X（21）	一般漏电
F（6）	负极接触器电源脚	Y（22）	—
G（7）	+12V（漏电传感器）	Z（23）	—
H（8）	—	a（24）	CAN2-L（漏电传感器）
J（9）	—	b（25）	漏电传感器 CAN2 屏蔽地
K（10）	BIG 电源负	c（26）	—
L（11）	BIG 电源负	d（27）	GND
M（12）	负极接触器控制脚	e（28）	CAN1 屏蔽地
N（13）	电池模组接触器 1 控制脚	f（29）	CAN1-L
P（14）	电池模组接触器 2 控制脚	g（30）	—
R（15）	—	h（31）	CAN2-H（漏电传感器）
S（16）	—	j（32）	CAN1-H

因为比亚迪·唐的动力电池包内部含有分压接触器和负极接触器，在不上电（EV 模式）时内部接触器无法吸合，所以暂无法使用比亚迪 F3DM、E6 的漏电公式去测量与判断，只能通过先测量各控制器、电动机总成的绝缘阻值，确认其是否漏电，逐一排查最终确认是否为电池包漏电故障，具体测量方法如下：

1）清除故障码，若上电后系统仍报漏电故障，则按如下步骤检测：

①车辆下电后，断开低压电池负极，断开电池包的正负 K 母线插接件。

②测量电池包正极母线线束端对车身绝缘电阻值，用万用表 1000V 直流挡位或兆欧表

测量。如果电阻小于 1MΩ，则说明高压配电箱漏电，应更换高压配电箱。

③断开空调压缩机高压线束插接件，测量线束端正负极高压端子与车身绝缘电阻，如使用 1000V 直流挡位或兆欧表测量，如电阻小于 1MΩ，则分别检测前驱控制器、后驱控制器、车载充电器、PTC、高压配电箱，确认并排除漏电部件。

④测量空调压缩机端线束正负极高压端子与车身绝缘阻值，如使用 1000V 直流挡位或兆欧表测量，电阻 < 1MΩ，则空调压缩机漏电。

2）清除故障码后，若上电后系统无漏电故障，但挂 D/R 挡后如报漏电故障，按如下步骤检测：

①车辆下电后，断开低压磷酸铁锂电池负极，断开电池包正负极母线插接件。

②断开前驱电机三相线，分别测量电机三相线、前驱控制器三相输出端子对车身的绝缘电阻，如 DC1000V 挡位或兆欧表电阻小于 1MΩ，则被测元件漏电。

③断开后驱电机三相线，分别测量电机三相线、后驱控制器三相输出端子对车身的绝缘电阻，如 DC1000V 挡位或兆欧表电阻小于 1MΩ，则被测元件漏电。

3）清除故障码后，若上电后系统无漏电故障，但开空调报漏电故障，按如下步骤检测：

①将温度调到制冷最低，开空调报漏电，则为压缩机漏电。

②将温度调到暖风最高，开空调报漏电，则为 PTC 漏电。

③清除故障码，若上电后系统无漏电故障，但充电系统报漏电故障，说明车载充电器漏电。

通过对电池包以外高压部件的绝缘电阻排查，若无漏电元器件，则说明动力电池包可能漏电，更换动力电池包后复检漏电故障是否排除。

2. 动力电池包 SOC 跳变、里程短故障

（1）故障现象

行驶中有时 SOC 会自动跳到 99%。另外，车辆在用车载交流充电装置充电几分钟后 SOC 会变为 100%，组合仪表无故障提示。

（2）故障原因分析

SOC（荷电状态）表示电池当前所拥有的电量，它用当前所拥有的容量占电池常温下总容量的百分比来表示。SOC 是动力电池管理系统的估算值。影响 SOC 估算值的因素很多，主要有：放电电流、温度、一致性、自放电、容量衰减及动力电池管理软件等。

故障原因如下：

1）单节电压异常。

2）电池电压采集器故障。

3）BMS 故障。

（3）故障排查

1）用诊断仪 VDS1000 读取车辆静态（KOEO）时的电池包信息，检查是否出现异常，图 5-49 所示为正常情况下的数据。

图 5-49　诊断仪 VDS1000 读取电池包信息（修复后）

2）进行试车检查，观察电量变化，并使用诊断仪读取实时电池电压数据，根据数据读取值进行分析。

检测数据显示此时动力电池总电压、总电流和单节电池电压都明显偏低，说明动力电池损坏，见表 5-16，更换动力电池包，复检和试车。

表 5-16　读取静态（KOEO）电池包部分信息

数据项	数据值	最小值	最大值
电池组当前总电压 /V	429	0	750
电池组当前总电流 /A	231	−500	500
最低单节电池电压 /V	1.332	0	5

3. 前驱动电机控制器故障

（1）故障现象

整车通常表现为不能进入 EV 模式，组合仪表报"请检查动力系统"警示信息。

（2）故障排查

首先用 VDS1000 进入"前驱动电机控制器"模块读取数据流，如电源、搭铁和 CAN 线等，如图 5-50 所示；其次是读取模块有故障码，此时则根据故障码提示进行针对性的检查。

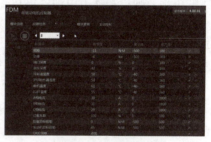

a）前驱动电机控制器数据流 1　　　　　b）前驱动电机控制器数据流 2

c）前驱动电机控制器数据流 3

图 5-50　比亚迪·唐前驱动电机控制器数据流

1）故障码 P1BB100（前驱动电机控制器 IPM 故障）。

①首先检查前驱动电机控制器的软件程序版本信息是否为最新版本，是否有更新信息。若有更新，更新控制器软件版本后检查故障码是否重现。

②进行故障码清除操作，清除后，尝试多次上电进行试车，看故障是否会重现。

③若故障码重现，检测直流母线到三相线的管压降是否正常，见表 5-17。若不正常，更换前驱动电机控制器与 DC 总成。

④若管压降正常，确认是否还报其他故障码，根据其他故障码排查依旧无效后，更换前驱动电机控制器与 DC 总成。

表 5-17　检测直流母线到三相线的管压降

端子	万用表连接	正常值	备注
三相线 A/B/C– 直流母线正极	正极 – 负极	约 0.32V	二极管
直流母线负极 – 三相线 A/B/C	正极 – 负极	约 0.32V	
三相线 A/B/C– 与车身搭铁	正极 – 负极	10MΩ	—

2）故障码 P1BB500（前驱动电机控制器高压欠压）。

①首先检查前驱动电机控制器的软件程序版本信息是否为最新，若有更新信息，则更新前驱动电机控制器的软件程序版本，更新控制器软件版本后再检查故障码是否重现。

②进行故障码清除操作，清除后，尝试多次上 ON 挡电进行试车，看故障是否会重现。

③使用诊断仪读取动力电池电压，若动力电池电压小于 400V，则对动力电池、高压配电箱和高压线路进行检查。

④用诊断仪读取前电机控制器直流母线电压（正常值 400~820V），同时对比 DC 母线电压，若都不正常，则检查动力电池、高压配电箱和高压线路。

⑤若前驱动电机控制器母线电压正常，而 DC 高压侧电压不正常，则更换前驱动电机控制器与 DC 总成。

3）故障码 P1BB900（前驱动电机控制器开盖保护）。

①检查前驱动电机控制器的软件程序版本信息是否为最新，确认故障码是否能清除，然后再尝试多次上 OK 挡进行试车，看故障是否会重现。

②检查前驱动电机控制器盖子是否打开。

③更换前驱动电机控制器与 DC 总成。

4）前驱动电机温度过高故障码（表 5-18）。

温度过高原因分析：

①电机冷却系统冷却液不足或有空气。

②电机电动水泵不工作。

③散热风扇不工作。

④冷却管路堵塞。

⑤前驱动电机控制器与 DC 总成故障。

表 5-18　前驱动电机温度过高故障码

故障码	故障码含义
P1BB300	前驱动电机控制器 IGBT 过温警告
P1BB400	前驱动电机控制器冷却液过温警告
P1BC700	前驱动电机控制器 IPM 散热器过温警告
P1BB200	前驱动电机过温警告

注：维修手册中的"过温"是指温度过高。

（3）更换前驱动电机控制器及 DC 总成后的防盗系统编程及标定

如果前驱动电机控制器及 DC 总成损坏就要更换，更换后必须做防盗系统编程及标定工作，操作步骤如下：

1）前驱动电机控制器进行密码清除，如图 5-51 所示。

a）

b）

c）

图 5-51　清除前驱动电机控制器密码

2）对新的前驱动电机控制器进行编程，如图 5-52 所示。

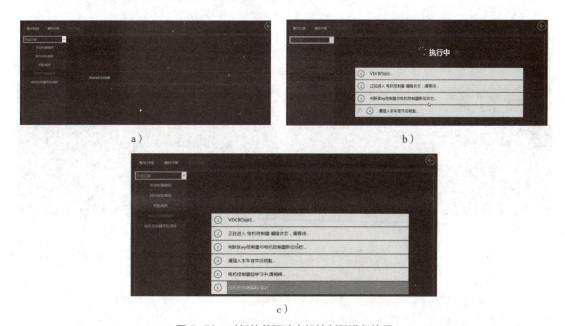

图 5-52　对新的前驱动电机控制器进行编程

3）前驱动电机控制器编程完成并下电 5s 后，重新上电，读取前驱动电机控制器类型，如图 5-53 所示。

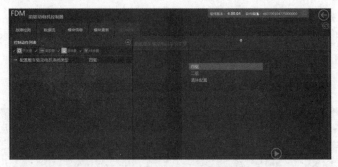

图 5-53 读取前驱动电机控制器类型

4）进入 TCU 模块，读取倾角信息，如图 5-54 所示。

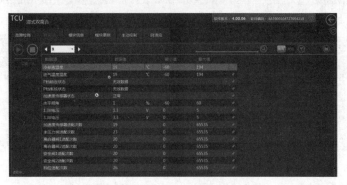

图 5-54 读取 TCU 模块倾角信息

注：车辆处于水平时读取倾角信息，确认是否正常（正常值：0°），如有偏差，则进行倾角标定

5）确认制动深度信号是否正常，如图 5-55 所示。

进入前驱动电机控制器模块，读取制动深度信号是否随着脚踩制动踏板深度的变化而变化，不踩制动踏板时显示为 0。

a）未踏制动踏板

b）踏下制动踏板

图 5-55 确认制动深度信号是否正常

6）制动起点标定。

如果读取制动深度信号数据异常，则需进行制动起点标定，标定方法如下：

①整车上 ON 挡电（不要上 OK 挡电，否则在进行第 2 步时会导致车辆向前冲的危险），不要踩制动踏板（有制动开关信号就无法标定）。

②踩下加速踏板（50%~100%），持续 5s 以上，电控系统便可自动标定。

③正常下电一次，并延迟 5s 再上电。

二、比亚迪·秦典型故障诊断与分析

1. 在 EV 模式下电动空调不工作

（1）故障现象

一辆比亚迪·秦在上 OK 挡电后，在 EV 模式下开启空调后发动机自动起动，机械压缩机工作。

（2）比亚迪·秦的空调系统简介

比亚迪·秦的空调系统是在传统机械压缩机制冷及发动机冷却液制热的基础上，增加了一套在发动机不工作工况（即 EV 或 HEV 模式）下可实现制冷和制热的独立系统。

比亚迪·秦在 EV 模式和 HEV 模式下开启空调，优先使用电动压缩机及 PTC 加热器加热。当高压电池电量不足或高压空调系统出现故障时，空调控制器与发动机电脑进行通信，停止电动压缩机及 PTC 加热器的工作。起动发动机，利用传统发动机带动机械压缩机及冷却液的循环，实现制冷及制热。

比亚迪·秦的空调控制系统的核心是空调控制器。空调控制器主要接收空调操作面板的按键指令（主要是 CAN 线传递），同时接收传统的温度及压力信号，并和电动压缩机及空调 PTC 加热器共同构成空调内部 CAN 网络。空调控制器接收并检测以上 CAN 信号及各传感器信号，并根据检测的信号情况进行空调冷风或暖风的开启及关闭控制，同时还会根据实际情况判断是否起动发动机。

比亚迪·秦空调系统主要工作流程如图 5-56 所示。

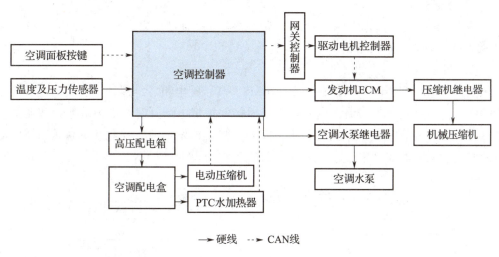

图 5-56　比亚迪·秦空调系统主要工作流程

（3）故障原因分析

该车打开空调后，机械压缩机可以正常工作，可以排除空调管路系统、空调面板按键、温度传感器及压力传感器等故障，因此故障应主要与电动压缩机高压部分及控制部分有关，其可能原因如下：

1）高压配电箱故障。

2）空调控制器故障。

3）空调配电盒故障。

4）电动压缩机及其线路故障。

（4）故障排查流程

比亚迪·秦空调故障诊断排除如下：

1）车辆上 OK 电后，用诊断仪读取电动压缩机及 PTC 水加热器模块高压的输入是否正常。若高压输入在正常范围内，说明高压配电箱及空调配电盒正常；反之，维修高压配电箱或空调配电箱断路故障。

2）断开电动压缩机 A56 插接件，测量 A56 插接件 1 号端子电压为是否为低压蓄电池电压，测量 A56 插接件的 2 号端子搭铁是否正常，若不正常，维修线路故障。

3）测量电动压缩机 A56 插接件的 4 号端子、5 号端子 CAN 线上的电压是否正常（约 2.5V 电压），若不正常，维修 CAN 线路故障。

4）断开 PTC 加热器 B57 插接件，测量 B57 插接件 1 号端子电压为是否为低压蓄电池电压，测量 B57 插接件的 6 号端子搭铁是否正常，若不正常，维修线路故障。

5）测量 PTC 加热器插接件的 4 号端子、5 号端子 CAN 线上的电压是否正常（约 2.5V 电压），若不正常，维修 CAN 线路故障。

6）若电动压缩机及 PTC 加热器插接件线路高压及低压都正常，则电动压缩机或 PTC 加热器故障，更换电动压缩机后，检查故障是否排除。

2. 高压互锁故障

（1）故障现象

车辆无 EV 模式，仪表提示"请检查动力系统"，动力系统故障灯亮；高压 BMS 报故障码 P1A6000，高压互锁故障。

（2）故障分析

比亚迪·秦的主要高压插接件（高压 BMS、高压配电箱、维修开关、驱动电机控制器及 DC 总成）均带有互锁回路，当其中某个插接件被带电断开时，动力电池管理器便会检测到高压互锁回路存在断路，为保护人员安全，将立即发出警告并断开主高压回路电器连接，同时激活主动泄放。比亚迪·秦高压互锁流程如图 5-57 所示。

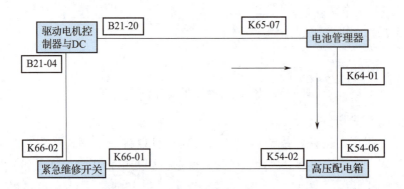

图 5-57　比亚迪·秦高压互锁流程图

（3）故障排查

1）车辆上 ON 档电，使用诊断仪读取故障码，见表 5-19。

表 5-19　高压互锁故障码

序号	故障码	故障解释
1	P1A4A00	高压互锁，一直检测为高信号故障
2	P1A4000	高压互锁故障

2）清除故障码，关闭点火开关后重新上电，检查故障码是否重现。

3）若故障码重现，使用诊断仪读取高压电池管理器及驱动电机控制器数据流，检查高压电池管理器中"高压互锁"状态是否为"锁止"状态，高压接触器是否为"断开"状态，如图 5-58 所示，反之，则检查高压电池管理器故障。

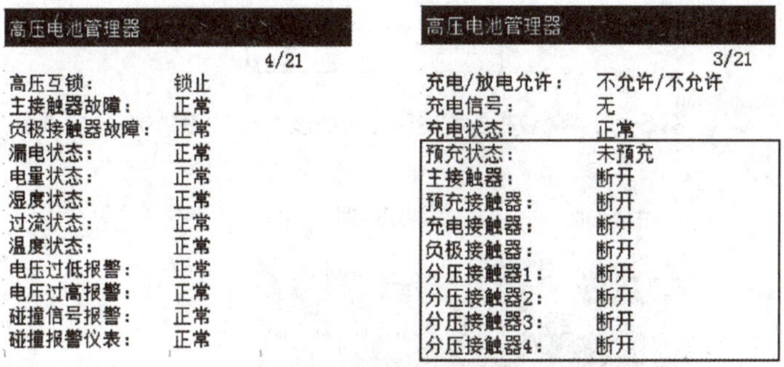

图 5-58　比亚迪·秦高压电池管理器数据流

4）检查高压电池管理器中"高压互锁"状态是否显示为"锁止"状态，高压接触器是否为"断开"状态，如图 5-57 所示。若出现上述状态，说明高压电池管理器故障，更换高压电池管理器；若高压电池管理器中"高压互锁"状态显示为"锁止"状态，高压接触器显示为"吸合"状态，说明高压接触器出现了烧结故障，更换高压配电箱处理。检测故障是否重现，若重现，按照下述步骤排除故障。

5）测量高压互锁端子及低压互锁线束是否连接正常。

（a）测量高压电池管理器 K64-1 与 K65-7 端子之间是否导通，如图 5-59 所示。若出现导通，说明"高压互锁"故障不是由高压电池管理器引起的；若不导通，说明高压电池管理器故障，更换高压电池管理器。

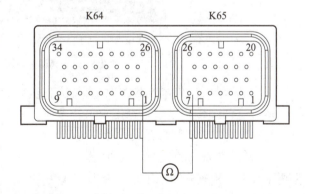

图 5-59　测量高压电池管理器是否出现高压互锁

（b）测量高压配电箱 K54-2 与 K54-6 针脚之间是否导通，如图 5-60 所示。高压配电箱上有 6 个用于互锁信号的插头，包括：动力电池包输入正、动力电池包输入负、驱动电机控制器与 DC-DC 变换器正极、驱动电机控制器与 DC-DC 变换器负极、车载充电器输入、输出至空调配电盒，如图 5–61 所示。这些插接件插上后互锁端子是串联状态，测量插接件 K54–2 与 K54–6 的导通性即可确认高压配电箱的高压互锁是否正常。若导通，说明"高压互锁"故障不是由高压配电箱引起的；如果不导通，检查高压及低压互锁端子是否有退针现象，如图 5–62 所示。若未出现高压及低压互锁端子退针，说明高压配电箱故障，更换高压配电箱。

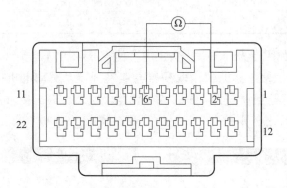

图 5-60　测量高压配电箱低压插接件 K54 互锁端子

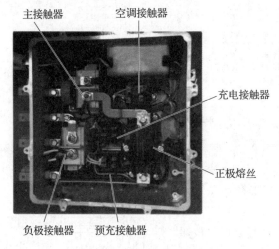

图 5-61　高压配电箱内部结构

（c）驱动电机控制器及 DC 总成无法直接测量，可以用排除法先测量维修开关 K66–1 与 K66–2 这两个端子导通是否正常。若导通，说明"高压互锁"故障不是由维修开关引起的；若不导通，说明维修开关故障，更换维修开关。

（d）若维修开关正常，拔掉所有高压线束，检查互锁端子是否有退针现象，如图 5–62 所示。若出现端子退针，处理互锁端子插头故障。

（e）若以上测量均正常，替换高压电池管理器后检查故障是否排除。

图 5-62　端子状态对比

任务七　混合动力汽车故障诊断与分析技能实训工单

（一、实训目标

1. 掌握混合动力汽车高压安全防护措施和操作规范。
2. 学会使用诊断仪对混合动力汽车进行检测和诊断。
3. 学会分析混合动力汽车发动机系统的常见故障原因以及故障诊断基本方法。
4. 学会分析混合动力汽车电力驱动系统常见故障原因以及故障诊新基本方法。
5. 学会国产典型混合动力汽车的故障诊断方法。
6. 了解日系等典型混合动力汽车的故障诊断方法。

（二、设备 / 工具 / 耗材

1. 比亚迪·秦、唐，或荣威 E550、E950、eRX5 等国产典型并联插电式混合动力汽车或台架，丰田普锐斯或其他混联混合动力汽车或台架。
2. 诊断仪（与实训车辆配套），万用表，试灯。
3. 举升机、工具车、绝缘工具、拆检工具。
4. 高压安全防护套装、绝缘垫。
5. 汽车维修护垫三件套、车内三件套、抹布。
6. 原厂维修资料。

（三、安全防护与操作

1. 安全防护要求

混合动力汽车具有高压装置，涉及整车高压的部分有：整车高压线束（橙色）、动力电池包、高压配电箱、车载充电器、驱动电机控制器及 DC 总成、电动力总成、一体化压缩机、PTC 加热器、维修开关等。为确保人身安全，避免操作不当引起安全事故的发生，在检测维修高压部分时，必须按以下要求操作：

1）维修人员必须佩戴必要的安全防护用品，例如绝缘手套（准备防高压电工手套以及防电池电解液酸碱性两种手套）、绝缘胶鞋、绝缘胶垫和防护眼镜等，电压等级必须大于需要测量的最高电压。

2）使用前，必须检查绝缘手套是否有破损，例如破洞或裂纹等，应完好无损，确保安全。

3）使用前，必须检查绝缘手套、绝缘胶鞋等防护用品，不能带水（或湿）进行操作，确保安全。

4）严禁未经培训的人员进行高压部分检修，禁止一切带有侥幸心理的危险操作，避免安全事故。

5）维修车辆时，必须设置专职监护人一名，由监护人监督维修。实训指导教师担任监护人必须具备中级以上电工证和低压电安全操作证，并具有丰富的电器维修经验，经考核合格后方能担任监护人。监护人的工作职责如下：

①监督维修的全过程，包括工具使用、防护用品、备件安全保护、维修环境警示牌是否符合要求。

②检查维修开关的接通和断开。

③对维修过程中的安全维修操作规程进行检查，在进行较复杂或较危险的作业时，监护人要按安全维修操作规程指挥操作，维修人员在做完一个操作后要告知监护人，监护人要在作业流程单上作标记。

④要认真责任，确保维修过程的安全，避免安全责任事故。

2. 安全维修操作规范

1）识别高压部件，包括动力电池包、高压配电箱、车载充电器、驱动电机控制器及DC总成、电动力总成、一体化压缩机、PTC加热器、维修开关。

2）整车橙色线束均为高压线，严禁带电触碰。

3）检修高压系统时，整车电源必须处于 OFF 档（并且车辆处于非充电状态），并拔下维修开关；紧急维修开关拔下后，由专职监护人员保管，并确保在维修过程中不会有人将其插上。

4）当需要维修或更换高压配电箱时，应小心拔出连接电池包的正、负极高压插接件，使用绝缘胶带包好裸露的电线头，避免触电。

5）在断开紧急维修开关 5min 后，进行检修高压系统前应使用万用表测量高压回路，确保无电：

①测量电池包正极和车身之间的电压来初步判断是否漏电。若检测到电压大于或等于50V，则说明电池包漏电，应立即停止操作。

②使用万用表测量高压时，需注意选择正确量程，检测用万用表精度不低于 0.5 级，要求具有直流电压测量档位，量程范围不小于或等于 600V，并遵守"单手操作"原则。

③所使用的万用表一根表笔线上配备绝缘鳄鱼夹（要求耐电压为 3kV，过电流能力大于 5A），测量时先把夹子夹到电路的一个端子，然后用另一只表笔接到需测量端子，测量读数。每次测量时只能用一只手握住表笔；测量过程中，严禁触摸表笔金属部分。

6）在低压调试时维修开关不装配，在进行高压调试时，必须由专职监护人指挥装配维修开关。

7）高压调试必须在低压调试好的前提下进行，以便判断电池是否有漏电情况。如有漏电情况应及时检查，不能进行高压调试。

8）拆装动力电池包总成时，首先把高压配电箱连接高压线束插接件用绝缘胶带缠好，拆装过程不要损坏线束，以免发生触电危险。

9）检修或更换高压线束、油管等经过车身钣金孔部件时，需注意检查与车身钣金的防护是否正常，避免线束、油管磨损。

四、作业单

姓名：＿＿＿＿＿＿　班级：＿＿＿＿＿＿　学号：＿＿＿＿＿＿

实训车型：＿＿＿＿＿＿　VIN：＿＿＿＿＿＿

混合动力汽车类型：＿＿＿＿＿＿　汽车上诊断座位置：＿＿＿＿＿＿

诊断仪型号：＿＿＿＿＿＿

1.客户进厂报修，填写问诊单（表5-20）

表5-20　比亚迪环检问诊单

	比亚迪汽车服务店车辆环检问诊单						
是否预约　是□否□　车牌号			接车时间：　年　月　日　时　分				
基本信息	车主□ 送修人□	姓名		车型		购车日期	
		电话		备用电话		总里程	
		VIN				EV里程	
顾客描述		保养：□首次维护　□强制维护　□一般维护　□常规维护 发动机：□难起动　□急速不稳　□动力不足　□油耗高　□易熄火　□抖动　□加速不良 异响：□发动机　□底盘　□行驶　□变速器　□制动　□仪表板　□座椅车门 灯亮：□发动机故障灯　□SVS灯　□ABS灯　□空气囊灯　□机油压力警告灯 　　　□胎压警告灯　□EPS灯/IREPS灯　□ESP灯　□充电系统灯　□动力系统故障灯 　　　□电机故障灯　□主警告指示灯　□动力电池故障灯　□发动机冷却液警告灯 　　　□电机冷却液警告灯 空调：□不制冷　□异响　□有异味　□出风冷热不均 漏水：□冷却液　□车身　□天窗　□前风窗玻璃　□后风窗玻璃 混油：□发动机　□变速器　□制动　□转向 事故：□保险事故整形油漆　□局部整形补漆 具体描述（5W2H）：					
物品确认（有打"√"，无打"×"）		□备胎　□随车工具　□灭火器　□点烟器　□警示牌 □充电线　□其他					
环车检查		□内饰检查　□外观检查 □检查结果：良好□异常□					
服务顾问提醒		1.维修旧件（非索赔件）处理：□顾客要求带走　□顾客选择不带走 2.维修后洗车：□洗车　□不洗车 3.维修后充电：□充电　□不充电　□预估充电用时 4.已提醒您将车内贵重物品带离车辆并妥善保管。□已确认					
		服务顾问				顾客签字	
服务/技术顾问初步		签字：					
维修班组诊断结果		维修项目	所需备件	备件确认		索赔确认	
				□有　□无		□是　□否	
				□有　□无		□是　□否	
				□有　□无		□是　□否	

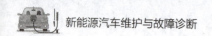

2. 对车辆检查，填写健诊报告单（表 5-21）

表 5-21　比亚迪汽车健诊报告单

比亚迪汽车健诊报告单					
顾客姓名		车牌		车型	
健诊项目		健诊结果		参考值	
VDS 程序扫描		□无程序更新　□有程序更新 □车辆无故障　□车辆有故障			
模式转换	EV、HEV	□转换正常　□不能转换		此项只针对新能源车型； 混合动力车型全检；纯电动车型只检查 EV（ECO、SPORT）	
	EV（ECO、SPORT）	□转换正常　□不能转换			
	HEV（ECO、SPORT）	□转换正常　□不能转换			
车辆灯光检测		□正常　□建议更换灯泡 □建议更换总成（　）灯故障		检查范围：远光灯、近光灯、雾灯、示宽灯、转向灯、制动灯、倒车灯、昼行灯	
冷却液液位检查		□正常　□缺少　□已添加 □建议更换		处于 MAX 标记和 MIN 标记之间	
转向助力泵油液液位检查		□正常　□缺少　□已添加 □建议更换		处于 MAX 标记和 MIN 标记之间（电动助力转向车型不检查此项）	
制动液检测	油壶液位	□正常　□缺少　□已添加		处于 MAX 标记和 MIN 标记之间	
	油质颜色	□正常　□建议更换		制动液颜色为浅黄色，若制动液颜色发生变化，建议更换 使用超过 2 年或 4 万 km 建议更换	
发动机传动带及附件检查		□正常　□传动带松旷，已调整 □传动带老化 / 开裂 / 严重磨损，建议更换			
空调滤芯		□正常　□已清洁　□建议更换			
胎压检测	前	左（　）kPa 右（　）kPa	□正常 □轮胎气压偏高 / 偏低	F3/ 新 F3/F3R/L3/G3/G3R/S6：200~220kPa F0/ 速锐 /G5：210~230kPa 思锐 /S7：220~240kPa F6/G6：230~250kPa M6/ 秦 /E6/ 唐：240~260kPa 宋：R18：220~240kPa 　　R17：210~230kPa 单位换算：1psi=6.895kPa 1bar=100kPa；1MPa=1000kPa；1kg/cm² =100kPa	
	后	左（　）kPa 右（　）kPa	□正常 □轮胎气压偏高 / 偏低		
	备用轮胎	（　）kPa	□正常 □轮胎气压偏高 / 偏低	F3/ 新 F3/F3R/L3/G3/G3R/S6：200~200kPa F0/ 速锐 / 思锐 /G5：210~230kPa F6/G6/S7：200~240kPa M6：240~260kPa 秦 /e6/ 唐：（420±10）kPa 宋：210~230kPa 单位换算： 1psi=6.895kPa 1bar=100kPa 1MPa=1000kPa 1kg/cm² =100kPa	

（续）

健诊项目		健诊结果	参考值
胎纹深度检测	前	□正常过度磨损　□轮胎换位 □建议更换（测量值：mm）	F3/ 新 F3/F3R/L3/G3/G3R/ F6/G6/M6/S6/ 速锐 /G5/ 思锐 /F0/ 秦 /e6/S7/ 唐 / 宋：大于 1.6mm
	后	□正常过度磨损　□轮胎换位 □建议更新（测量值：mm）	
	备用轮胎	□正常过度磨损　□轮胎换位 □建议更换（测量值：mm）	
摩擦块厚度检测	前	□正常过度磨损　□建议更换 （测量值：左　mm　右　mm）	F3/ 新 F3/F3R/L3/G3/G3R/F0/F6/G6/M6/S6/ 速锐 / G5/ 思锐 / 秦 /e6/ 宋：大于 2mm
	后	□正常过度磨损　□建议更换 （测量值：左　nim　右　mm）	F3/ 新 F3/F3R/L3/G3/G3R/F6/G6/M6/S6/ 速锐 / G5/ 思锐 / 秦 /e6/S7/ 唐 / 宋：大于 2mm P0：大于 1mm
车轮螺母力矩		□螺母力矩正常　□螺母力矩已紧固	F3/ 新 F3/F3R/L3/G3/G3R/ 速锐 /G5/F6/G6 思锐 /e6：110N·m M6/S6/ 秦 /S7/ 唐：120N·m F0：103N·m 宋：108N·m
底盘检查		□无油液泄漏　□无磕碰损伤　□底盘螺栓已紧固	底盘螺栓力矩以技术资料参数为准
		高低压电源线路：□无磕碰损伤　□存在磕碰损伤	此项只针对秦车型
建议关注项目（目前不须更换，但是存在一定程度的老化、磨损等情况）			
维修技师		检查日期：　年　月　日　时　分	

3. 观察 KOEO（Key On Engine Off）和 KOER（Key On Engine Running）状态下仪表板显示情况，填写表 5-22 和表 5-23

（1）仪表

表 5-22　仪表板显示情况

仪表图形	作用	显示情况		分析是否正常
		KOEO	KOER	

（2）警示灯

表 5-23　警示灯显示情况

警示灯仪表图符	作用	显示情况		分析是否正常
		KOEO	KOER	

（3）总结分析仪表盘显示情况

4. 读取故障码。在 KOEO 状态下读取故障码，记录填写表 5-24

表 5-24　读取故障码表

系统	故障码	故障码类型历史码：H；当前码：N	故障码含义	分析
		H　N		
		H　N		
		H　N		
		H　N		
		H　N		
		H　N		
		H　N		
		H　N		

5. 读取各系统的数据流，观察红色的故障数据，并填入表 5-25

表 5-25　KOEO 和 KOER 状态下的故障数据流分析

检测系统	显示红色的数据名称		显示值	单位	分析
	KOEO	KOER			

6. 清除故障码，起动运行后再次读取故障码，完整填写表 5-24（当前故障码）

7. 根据上述故障码和数据流分析故障原因，填写表 5-26

表 5-26　检测诊断步骤和方法

分析可能故障原因：

检测诊断步骤和方法		
步骤序号	检测诊断内容	操作说明

检测诊断故障结果：

故障排除方法：

实训体会：

教师点评：

8. 丰田普瑞斯 THS 的操作实习评价工单

将 IT2 与 DLC3 连接，并使得车辆在 "Ready" 模式。打开检查装置，从 HV 系统数据菜单选择 "新客户数据"，选择以下数据：车速、加速踏板开度、MG1 转速、MG2 转速、

MG1 转矩、MG2 转矩、发动机转速、需要动力和充电控制、HV 电池电压、HV 电池电流。
按照以下要求驾驶车辆，使用 5s 的"快摄"（Snapshot）功能记录以上定制数据：

- 当发动机运转时缓慢起步。
- 由低速全加速行驶。
- 减速 / 制动。
- 倒挡时进行减速。

你可以将这四个"定格"数据以任意名字保存在你的电脑内（请不要将保存的文件以行驶条件命名）填写以下的表格和画图。

（1）缓慢起车

1）在发动机运转时，使用 IT–Ⅱ 的"定格数据"功能记录数据。

*** 系统选择：HV 控制。

2）依照上面提示的情况驾驶车辆，将数据填入表 5–27。

表 5-27　缓慢起车数据

内容	数据
车速	
加速踏板开度	
MG1 转速	
MG1 转矩	
MG2 转速	
MG2 转矩	
发动机转速	
所需能量	
充电控制	

3）根据表 5–27 表格中的数据画图。

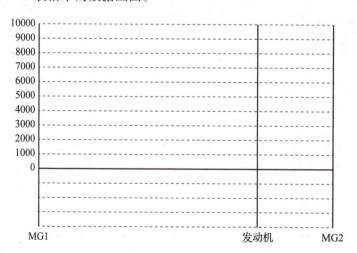

（2）全加速

1）使用 IT–Ⅱ 的"定格数据"功能记录数据。

2）依照上面提示的情况驾驶车辆，将数据填入表 5-28。

表 5-28　全加速数据

内容	数据
车速	
加速踏板开度	
MG1 转速	
MG1 转矩	
MG2 转速	
MG2 转矩	
发动机转速	
所需能量	
充电控制	

3）根据以上表格中的数据画图。

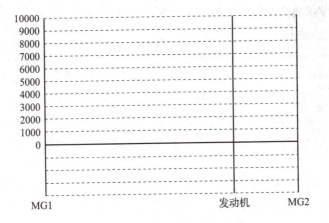

（3）减速 / 制动

1）使用 IT-Ⅱ 的"定格数据"功能记录减速或制动时的数据。

2）依照上面提示的情况驾驶车辆，将数据填入表 5-29。

表 5-29　减速 / 制动数据

内容	数据
车速	
加速踏板开度	
MG1 转速	
MG1 转矩	
MG2 转速	
MG2 转矩	
发动机转速	
所需能量	
充电控制	

3）根据以上表格中的数据画图。

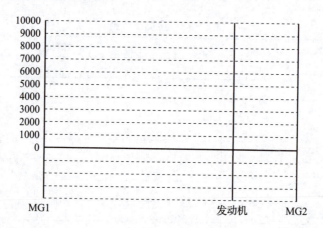

（4）倒车

1）使用 IT–Ⅱ 的"定格数据"功能在减速时记录数据。

2）依照上面提示的情况驾驶车辆，将数据填入表 5–30。

表 5–30　倒车数据

内容	数据
车速	
加速踏板开度	
MG1 转速	
MG1 转矩	
MG2 转速	
MG2 转矩	
发动机转速	
所需能量	
充电控制	

3）根据以上表格中的数据画图。

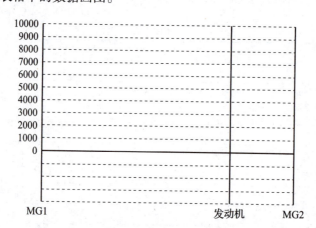

项目小结

1. 混合动力汽车按驱动方式可分为串联、并联和混联三种。

2. 判断混合动力汽车故障，首先要了解被检车辆的类型，还要了解在什么驱动模式下发生故障。

3. 混合动力汽车发动机系统故障诊断方法与传统电控发动机基本相同。

4. 混合动力汽车电力驱动系统部件故障主要包括动力电池与管理系统故障和驱动电机与控制系统故障。

5. 比亚迪系列和荣威系列混合动力汽车都是并联插电式混合动力汽车。因此了解发动机组成与控制系统、电力驱动组成与控制系统是故障诊断的基本条件。

6. 混合动力汽车的故障诊断方法：首先了解故障发生条件，确认故障真实性。其次使用诊断仪读取和分析故障码和数据流，查看需标定的系统，比较类似故障。最后结合维修手册检测诊断故障。

7. 丰田系列混联型混合动力汽车的基本故障码由 P××××+3 位信息码组成。同时有多个故障码出现时应按出现顺序读取分析，并分离无关的故障码。

8. 维修日系混合动力汽车时，必须使怠速停机模式不工作，否则会造成重大安全事故。

思考与练习

1. 判断混合动力汽车故障，首先要了解被检车辆是_____式、_____式或_____式；其次要了解在_____工作模式，或_____工作模式，或_____工作模式下发生故障。

2. 当荣威电驱动变速器出现某些故障时，_____会存储相关的诊断故障码（DTC），这些故障码可通过_____获取。

3. 蓄电池 ECU 对 HV 蓄电池的控制有 3 个控制内容：_____控制、_____控制、_____控制。

4. 在动力电池系统中，从故障发生的部位看，主要有_____故障、_____故障和_____故障。

5. 如果单体电池 SOC 偏低，应对该单体电池_____；如果单体电池 SOC 偏高，应对该单体电池_____。

6. 电池管理系统故障包括_____故障、_____故障、_____故障、_____故障、_____故障、_____故障、_____故障和_____故障等。

7. 内置于 HV 蓄电池 ECU 的"漏电检测电路"持续监视_____路与_____绝缘性能。如果绝缘电阻降至低于规定界限，则存储一个_____DTC，且_____。

8. 电机及管理系统的常见故障主要有_____故障、_____故障、_____故障。

参 考 文 献

［1］夏令伟. 新能源汽车维护与检测诊断［M］. 北京：人民交通出版社，2018.

［2］赵振宁，柴茂荣. 新能源汽车技术［M］. 2版. 北京：人民交通出版社，2018.

［3］包科杰，徐利强. 新能源汽车维护与故障诊断［M］. 北京：人民交通出版社，2017.

［4］王征，李永吉. 电动汽车维护与故障诊断［M］. 北京：人民交通出版社，2018.